ISBN 978-0-483-75745-5
PIBN 10614998

OTTONIS
DE SANCTO BLASIO
CHRONICA.

EDIDIT

ADOLFUS HOFMEISTER.

ACCEDUNT EX CHRONICA UNIVERSALI
TURICENSI EXCERPTA.

HANNOVERAE ET LIPSIAE
IMPENSIS BIBLIOPOLII HAHNIANI.
1912.

HANNOVERAE. TYPIS CULEMANNORUM.

HOC TOMO CONTINENTUR:

PRAEFATIO.

§ 1. De auctore Chronicae.

Chronica, quam hic edimus, Chronicae Ottonis Frisingensis in iis codicibus recensionis C Welfice interpolatae,
5 quos in Ottone Frisingensi edendo C 3 et C 4 signavimus,
ita subiuncta est, ut libri septimi capitibus posterioribus hic
illic mutatis, transpositis, decurtatis, post c. 33 (numeratum
28. vel 26 [1]) ad sua auctor continuo sub capitum numeris
29 — 80 (vel 28 [1] — 79) transiret, vix ulla distinctione facta.
10 Quam continuationem in Swevia scriptam esse, cum multa
diligenter et diserte hanc regionem spectantia in ea posita
inveniantur [2], viros doctos non fugit, neque ullum dubio locum esse, quin ad S. Blasii in Nigra Silva monasterium
potissimum pertineat, inde, quod c. 4. Conradus III. rex
15 a. 1152. Friburgi hospitatus esse dicitur, quippe quo loco
a. 1152. Ian. 12. diplomate dato Sanblasianis praeposituram
Ochsenhausen confirmavit [3], P. Scheffer-Boichorst sagaciter
evicit [4].

---

1) Scilicet in codice 2, ubi numerus 27 deest.   2) Cf. ex gr.
20 c. 21, p. 29 sq.: Preter hec multorum nobilium, qui heredibus carebant, predia donatione vel precio acquisivit, utpote . . . . . . multorumque aliorum in aliis regionibus, que nobis incerta sunt.
Hec enim in sola Almannia acquisierat; Thomae, 'Die
Chronik des Otto von St. Blasien' p. 5 sqq.; c. 30, p. 43, l. 9 sqq., de
25 milite Hierosolymis strenue agente, quem Swevum fuisse alibi accepimus.
3) Stumpf, 'Reichskanzler' II, nr. 3598. De monasterio S. Blasii cf.
F. X. Kraus, 'Die Kunstdenkmäler des Grossherzogtums Baden' III.
'Kreis Waldshut', Freiburg i. B. 1892, p. 68 sqq.; P. Lindner, Monasticon
metropolis Salzburgensis antiquae, Salzburg (Kempten) 1908, p. 511 sqq.;
30 I. Enderle, 'Studien über den Besitz des Klosters St. Blasien von den
Anfängen bis zum 14. Jh.', dissert. Freiburg i. B. 1909. De monasterio
Ochsenhausen cf. H. Hirsch, 'Studien über die Privilegien süddeutscher
Klöster des 11. und 12. Jh.', 'Mitteilungen des Instituts für Oesterreich.
Geschichtsforschung', 'Erg.-B.' VII, p. 555 sqq.   4) 'Forschungen
35 zur Deutschen Geschichte' XI, p. 488, n. 5. ad p. 487.

Auctor Otto monachus quidam de S. Blasio fuit.
Cuius nomen codicum nullus nisi 2 servavit[1]. *Quod testi-*
monium per se minime spernendum auctoritate Naucleri con-
firmatur, ex quo iam pridem auctoris nomen a posterioribus
interdum non bene in dubium vocatum Urstisius eruit[2]. *Nam Nauclerus, cum non pauca vel ex ipso Chronicae auto-*
grapho vel ex eius apographo satis diligenter facto et ab iis,
quae exstant, diverso desumpsisset, haec interdum expressis
verbis Ottoni de S. Blasio adscripsit[3]: ut scribit Otho de
sancto Blasio[4] *(l. II, generatio 39); Haec* Otho de S.
Blasio in continuatione chronicae Othonis Frising.[5] *(ib.):*
Idem scribit Otho de sancto Blasio in supplemento
Chronicę Othonis Frisingensis[6] *(gen. 40); ut refert* Otho
de S. Blasio[7] *(ib.); haec* Otho de S. Blasio[8] *(ib.).*

Auctorem medio aevo a paucis adhibitum[9] *et Cas-*
paro I. Molitoris abbati S. Blasii ex Nauclero, ut videtur,
obiter cognitum[10] *posteriores S. Blasii viri litterati iusta*
causa non suadente eundem atque Ottonem I. abbatem
a. 1222. electum, a. 1223. Iul. 21.[11] *mortuum fuisse puta-*
verunt[12]. *Neque enim quicquam de eo nisi nomen in co-*
dice 2 et apud Nauclerum servatum constat.

---

1) *Infra p. 3, n.* *; p. 88, n. *.   2) *In praefatione editionis*
principis, Germ. hist. ill. I (1585), p. 196.   3) '*Memorabilium omnis*
aetatis et omnium gentium chronici commentarii', Tubingae, opera
Thomae Anshelmi Badensis, 1516, *fo.* 190[v]. 191[r]. 201[v]. 203[r]. 203[v]. *Cf.*
infra p. XVIII. Haec cave ne confundas cum Chronica S. Blasii, *(vel*
ad S. Blasium*) quam Nauclerus ad a.* 1360. 1372. *in partes vocat (l. II,*
gen. 46, *fo.* 257[r]. 259[r]*), de qua cf. Th. F. A.* Wichert, *'Iacob von Mainz*
und das Geschichtswerk des Mathias von Neuenburg', Königsberg 1881,
p. 236 *sqq.* 311 *sqq.*   4) *Ex c.* 18. 19, *infra p.* 22, *l.* 10 *sq.*   5) *De*
clade Romanorum Tusculana, c. 20.   6) *De nuptiis Heinrici VI. a.* 1186,
c. 28.   7) *Ex c.* 38, *p.* 59, *l.* 1—3.   8) *Ex c.* 41, *p.* 66, *l.* 7.   9) *Infra*
p. XVI sq.   10) *Cf. infra p. XVIII.*   11) *Ita,* XII. kal. Aug., *Ann.*
necrol. S. Blasii, MG. *Necrol.* I, *p.* 330, *et titulus sepulcralis in Caspari*
abbatis Libro originum (cod. S. Pauli*) f.* 197[r], *sed* 12. kal. Iunii Caspar
abbas in textu suo ibidem (et ita etiam in titulo sepulcrali codex Karls-
ruh.); ad d. XI. Kl. Aug. '*Marie Magdalenae', Liber Annalium (Anni-*
versariorum) saec. XVI. *sub Casparo abbate scriptus (cod.* S. Pauli
membr. XXV. *c.* 33, *f.* 35[v]*);* X. Kal. Augusti M. Gerbert, *Hist. Nigrae*
Silvae II, p. 50. *et* Ussermann, *Germaniae sacrae prodromus II, p.* 449.
12) *Ex. gr.* Stanislaus Wüllberz, S. Blasii *archivarius († a.* 1755), *in*
Analectis ad historiam San-Blasianam t. I etc., cf. F. I. Mone, '*Quellen-*
sammlung der Badischen Landesgeschichte' I, p. (68); M. Gerbert, *Hist.*
Nigrae Silvae II, p. 50; Ussermann, *Germ. sacrae prodr. II, p.* 449.
Quos moderni secuti sunt, velut Chr. F. Stälin ('*Wirtembergische Ge-*
schichte' II, 1847, *p.* 9), Böhmer, Wilmans, Wattenbach, Thomae, Kohl,
F. X. Kraus, Giesebrecht, Schulte (*apud* Wetzer *et* Welte, '*Kirchen-*

*Nec maiore iure iidem Ottoni I. abbati alium librum
tribuerunt, quem sub Ottonis a Sancto Blasio nomine
ex Io.* Heroldi auctoritate Urstisius attulit et e codice quodam Vindobonensi chartaceo bibliothecae Caesareae a se ex-
5 scriptum et domi' cum membranaceo, forte autographo codice,
qui in incendio monasterii a. 1768. periit[1], collatum esse Gerbertus tradit[2]. *De quo Urstisius l. c. haec habet:* Eundem
porro Sanblasianum et alia quaedam elucubrasse, Io.
Heroldum, civem Basiliensem φιλάρχαιον, testem produ-
10 cere possum, qui in epistola quadam ad Casparem primum S. Blasii abbatem scripta, et in neglecta multarum
chartarum farragine abs me reperta, sic scribit: 'Pervenit
ad manus nostras liber, hoc titulo: *Ottonis a sancto Blasio
Chronica prima.* Libri series omnes sacrae historiae
15 genealogias, ad Timotheum Titumque Pauli discipulos
usque figuris pulchre distinguit. Opus sane et elegans
et non contemnendum. Exordium eius sic sonat: *Considerans historiae sacrae prolixitatem, necnon et difficul-
tatem[3], etc.'. Cuius libri apographum Ussermannus etiam
20 in monasterio S. Blasii vidit, sed, cum figuris ut plurimum
constaret, chronicam aeri incisam sistere operae pretii non
putavit[4].*

*Cum de codicibus 'Chronicae primae' certius nihil
eruere potuerimus, in dubio relinquamus oportet, utrum nostri
25 Ottonis an alterius eiusdem nominis monachi opus fuerit.
Certe alius Otto, nisi error et confusio quaedam nominis
intercedit, fuit, quem ab incarnatione Domini usque ad
a. 1332. pauca litteris mandasse Caspar I. abbas[5] eumque
secuti Gerbertus[6] et alii tradunt.*

---

30 *lexikon', ed. 2, IX, col. 1183), H. Hurter (Nomenclator literarius theologiae catholicae II, p. 127); paululum dubitanter Gundlach. Non vidi
(Columbani Reglin) Librum originum monasterii S. Blasii in Sylva
nigra, Waldshut, Ioh. Bapt. Walpart, 1716.*

1) 'quo continebatur D. Ottonis a S. Blasio chronica I. omnes
35 sacrae historiae genealogias figuris ab origine orbis usque ad Timotheum
et Titum Pauli discipulos continua serie distinguens', Gerbert., Hist.
Nigrae Silvae II, p. 152.   2) Hist. Nigrae Silvae II, p. 50.   3) Quae
cum ad verbum cum Petri Pictaviensis Epitoma historiae sacrae convenire videret, Wattenbach Ottonis librum inde abbreviatum esse coniecit,
40 in praefatione ad translationem Horstii Kohl p. VII, n. 1.   4) Germ.
sacrae prodr. II, p. 451.   5) Cf. F. I. Mone, 'Quellensammlung der
Badischen Landesgeschichte' I, p. (75). II, p. 56.   6) Hist. Nigrae
Silvae II (1788), p. 152, qui talem Ottonis librum 'iam deperditum'
desiderari adnotavit, cf. etiam I (1783), p. 185.

§ 2. *De eruditione auctoris et fontibus et ratione Chronicae.*

Auctorem in litteris praecipue theologicis adprime eruditum fuisse probant ea, quae de causa Gilberti Pictaviensis Bernhardum Clarevallensem secutus[1] *deque celeberrimis sae* 5
culi XII. et XIII. ineuntis magistris Parisius, ubi et ipsum nostrum studio vacasse forsitan conicere liceat, legentibus exposuit[2], *quae ad historiam, ut ita dicam, litterarum enucleandam non parvi momenti sunt. Quae quicumque diligenter reputaverit, Ottoni nostro libros Petri Lombardi et Petri* 10
Manducatoris, Petri cantoris, Alani, Prepositini, Humberti quoque Mediolanensis, de quo nostrae aetatis auctores tacent, tritos fuisse non negabit. Bernhardi Clarevallensis in Cantica sermones ipse diserte in partes vocavit[3] *nec minus expresse ad Gesta Friderici, quorum partem a Rahewino con* 15
scriptam sub Ottonis Frisingensis nomine laudavit[4], *lectorem remisit, quae in breve compendium non sine magnis et mirandis erroribus redacta primae libri sui partis, idest capitum 1—11. 14*[5], *fundamentum fecit. Ad Ottonis Frisingensis Chronicam non semel respexit*[6]. 20

Sed quibus auctoribus nisus ea quae sequuntur ab anno circiter 1160. incipiens rettulerit, adhuc incompertum est. Neque enim iis assentiendum esse puto, qui nostrum eodem, quo et Annales imperiales Argentinenses (in Annalibus q. d. Marbacensibus servati) libro usum esse coniecerunt[7] *neque* 25

---

1) *c.* 4, *p.* 5; *cf. c.* 2, *p.* 4. *de Abaelardo.*   2) *c.* 12, *p.* 13 *sq.;
c.* 40, *p.* 64 *sq.*   3) *c.* 4, *p.* 5.   4) *c.* 13, *p.* 14: sicut in Gestis Friderici imperatoris ab Ottone Frisingensi episcopo plenarie describitur. *Recensione B noster usus esse videtur.   Nam et ea quae in recensione A (A*) desunt, habuisse (cf. c.* 11, *p.* 12. *et G. Frid. III,* 47; *c.* 9. *et* 30
G. Frid. III, 20, *p.* 191, *n.* **; *c.* 13. *et G. Frid. IV,* 60 *sqq.) et a recensione C recedere (cf. c.* 8, *p.* 9, *l.* 22: ipso gladio evaginato; *G. Frid. III,* 10, *p.* 177, *l.* 26, *ed. B. de Simson:* [p r o p e *C*] exerto gladio) *videtur; cf. B. de Simson, 'N. Archiv' XXXVI, p.* 712, *n.* 5. *Cum c.* 20, *p.* 26. *fortasse conferri potest Appendix ad Rahewinum, in solis* 35
codicibus B 1. *B* servata, a.* 1168, *p.* 349 *sq.*   5) *Cf. etiam c.* 15. 16. *Vincentii Pragensis Annales eum vidisse vix quisquam serio contendet; cf. c.* 11. 14.   6) *Ex. gr. c.* 26, *p.* 37, *l.* 20 *sq.; c.* 28, *p.* 39; *c.* 29, *p.* 41, *l.* 6 *sqq.; c.* 37, *p.* 56; *cf. etiam c.* 20, *p.* 27, *l.* 1 *sq.:* Mediolanenses . . . mutatione rerum animati; *c.* 41, *p.* 65 *sq.; c.* 31, *p.* 44, 40
l. 20 *sq. (Otto Fris. Chron. VII,* 34, *p.* 367, *l.* 21 *sq.); c.* 16, *p.* 20, *l.* 2 *sq.:* desolatam sua presencia Germaniam *(Ottonis Fris. Chron. VII,* 29, *p.* 355, *n.* 6; *G. Frid. II,* 43, *p.* 151, *l.* 22 *sqq. II,* 51, *p.* 158).
7) *Thomae p.* 16 *sq.; Giesebrecht, 'Gesch. der dt. Kaiserzeit' VI, p.* 294; *F. Graef, 'Die Gründung Alessandrias', dissert. Berlin* 1887, *inter* 45

eum historias Welficas Weingartenses[1] *adhibuisse pro certo
statuerim, quamquam esse non abnuo, quae, ut has nostro,
etsi certe non admodum expilatas, tamen cognitas fuisse
credamus, adducere nos possint*[2]*. Cui opinioni forsitan*
5 *suffragari videatur, quod noster Ottonis Frisingensis exemplar Welfice alteratum, quod in monasterio Weingartensi vel
Zwifaltensi factum esse putamus, habuit*[3]*.*

 *Sed ut paucis hic summam rei absolvam, nullam con-
tinuam narrationem scriptam deficiente Rahewino nostro*
10 *praesto fuisse apud me constat, immo praeter breves fortasse
notas vel notulas hic illic libris Sanblasianis vel alterius
affinis ecclesiae adspersis, quales ex. gr. Annales S. Blasii
et Engelbergenses*[4] *et Annales S. Georgii in Nigra Silva
habemus*[5]*, iam de Friderici I. rebus gestis*[6] *non semel ea*
15 *potissimum in usus suos convertit, quae ab iis, qui ipsis
rebus interfuerunt, vel ipse audivit vel ab aliis audita accepit. Inter quos ministeriales et nobiles Alemanniae cum
imperatoribus Staufensibus Alpes indesinenter transgressos*

theses in fine annexas. *Contra quos cf. H. Kohl in praefatione trans-*
20 *lationis p. IX; W. Gundlach, 'Heldenlieder' III, p.* 316, *n.* 1; *H. Bloch,
'Die elsässischen Annalen der Stauferzeit' p.* 126 *sqq.*

  1) *Historiam Welforum Weingartensem cum continuatione Stain-
gademensi et ex Chronicorum Hugonis (codicis* 2) *et Honorii continuationibus Weingartensibus (ed. L. Weiland, MG. SS. XXI) praecipue Hugonis*
25 *continuationem codicis* 2.   2) *Cf. ex. gr. c.* 21, *p.* 30 *sq. (cf. c.* 32 *in.):
Hug. cont. cod.* 2, *SS. XXI, p.* 478, *l.* 34 *sqq.; c.* 24, *p.* 36, *l.* 13 *sqq.:
Hug. cont., p.* 475, *l.* 17 *sq.; c.* 30, *p.* 42, *l.* 27 *sqq.: Hug. cont., p.* 475,
l. 23 *sq.; c.* 44, *p.* 70, *l.* 18 *sqq.: Hug. cont. cod.* 2, *p.* 479, *l.* 19 *sqq.*
3) *Cf. praefationem meam in Ottonis Frisingensis Chronicam, Hanno-*
30 *verae et Lipsiae* 1912 *(SS. rerum Germanicarum), p. XXII.*   4) *De
quibus cf. H. Bresslau, 'N. Archiv' XXVII, p.* 131, *n.* 6.   5) *Quibuscum noster convenit ex. gr. c.* 7, *p.* 7, *l.* 26 *(A. Engelb. a.* 1155: F.
rex imperator efficitur, et Romanorum plures in bello occiduntur*);
c.* 13 *in., p.* 14, *c.* 18 *in., p.* 20, *c.* 21 *in., p.* 28 *(A. Engelb. a.* 1159*);*
35 *c.* 21, *p.* 31, *l.* 3—4 *(A. Engelb. a.* 1181: filium suum Heinricum natu
maiorem *etc.; A. S. Georgii a.* 1184: Heinricus vero eorum aetate
maior*); cf. etiam c.* 24 *in., p.* 35 *(A. Engelb., S. Georgii a.* 1179*);
c.* 24, *p.* 36, *l.* 2 *(A. S. Georgii a.* 1178*); c.* 35, *p.* 51, *l.* 18 *sqq. (A.
Engelb. a.* 1187*); econtra c.* 35, *p.* 52, *l.* 4—6. *aliter atque A. Engelb.*
40 *a.* 1187, *SS. XVII, p.* 280. *traditur. Quos ex parte saltem ei innotuisse
iam affirmare vix temerarium videtur. Sed in c.* 23, *p.* 33 *sq. librum
aliquem scriptum adhibitum esse I. Haller, 'Archiv für Urkundenforschung' III* (1911), *p.* 316 *sqq. probasse mihi non videtur.*   6) *Huc
referre non dubito c.* 20. *de rebus Romae a.* 1167. *gestis, etsi interdum*
45 *a vero quam maxime recedens et rhetorice veteris cuiusdam scriptoris
imitatione plus recto exornatum. Cf. etiam de prima Mediolani deditione a.* 1158, *c.* 11, *p.* 12 *sq.*

primos fuisse vix est, quod expresse dicatur. Quo factum est, ut de rebus in Italia gestis multa haud parvi pretii hic posita inveniantur[1]. *De Heinrici VI. bellis in Apulia et Sicilia gestis quae exposuit, nonnulla optime enarrans, plura foedissime confundens, multa praepostera tradens,* 5 *inter cetera*[2] *relatione hominis cuiusdam comperisse videtur, qui a. 1196. cruce accepta in Italiam migravit et, postquam cum Heinrico marscalco de Kalden prope Cataniam apud Paternonem rebelles Siculos mense Maio vel Iunio a. 1197. prostravit, in Terram Sanctam profectus fortasse, cum* 10 *reverteretur, mortuo imperatore, ab Apulis vel Siculis mala passus est*[3].

Epistolis quoque interdum usus esse potest, velut Fulconis de Novilleio presbyteri gesta c. a. 1195—1202. *ex epistola quam Bertoldus de Usenberg Heinrico de Veringen* 15 *custodi, postea (a.* 1202.) *episcopo Argentinensi misit, fusius exposuit*[4]. *Nec minus cartas etiam vel diplomata in usus suos convertisse videtur*[5].

Ceterum nonnulla ad Constantiam[6] *et Coloniam*[7] *aliquo modo redire ut negari, ita accuratius diffiniri non po-* 20

---

1) *Huc etiam spectat illud c.* 11, *p.* 12, *l.* 2 *sq.:* de cuius nomine dicitur adhuc Wernheri markia.   2) *Etiam de ingressu Panormitanae urbis a.* 1194. *facto ab iis qui interfuerunt Otto certior factus esse videtur, c.* 40, *imprimis p.* 62, *l.* 28 — *p.* 63, *l.* 1.   3) *c.* 42, *p.* 68. *de odio Transmarinorum in peregrinos a.* 1197: sicut ab his, qui eidem 25 expedicioni interfuerunt, audivimus, *et post pauca:* Heinrico rege eorum, ut fertur, in id ipsum consenciente, *et p.* 69. *de morte eiusdem Heinrici:* ut fertur, *et antea p.* 67. *de inani castri Toron obsidione:* Nam, sicut fertur, quidam de militibus Templi a paganis corrupti peccunia. *Cf. c.* 39, *p.* 60 *(cf. etiam infra p.* XIV, *l.* 1—4*); c.* 45, *p.* 72.   4) *c.* 47, 30 *p.* 76: Igitur pauca de pluribus, sicut Bertoldus de Osinberc Hainrico custodi Argentinensis ecclesie de Veringin, postea eiusdem ecclesie episcopo, transcripsit, qui his interfuit, in medium producentes declarabimus, *et supra p.* 75: ut veraci relatione comperimus, *p.* 76: sicut percepimus ab his, qui interfuerunt. *Argentinae Sanblasiani a.* 1211. *curiam* 35 *habuerunt, Enderle, 'Studien über den Besitz des Klosters St. Blasien' p.* 66, *et saeculo XII. exeunte Arnoldus de Argentina* unus ex senioribus nostris *inter fratres vita et moribus illustres invenitur in Libro constructionis monasterii ad s. Blasium III,* 13, *F. I. Mone, 'Quellensammlung der Badischen Landesgeschichte' IV,* 1, *p.* 111.   5) *Cf. ex. gr.* 40 *supra p.* VII, *l.* 14 *sqq.; c.* 28, *p.* 40, *l.* 5 *sqq. de curia Mediolanensi a.* 1186 (amnestia . . . in eternum mansura stabilitur); *fortasse etiam c.* 40, *p.* 62, *l.* 28 — *p.* 63, *l.* 1.   6) *c.* 7, *p.* 7, *l.* 32 *sq.; c.* 10, *p.* 10; *c.* 27, *p.* 39; *c.* 44, *p.* 71.   7) *c.* 7, *p.* 7, *l.* 32; *c.* 16, *p.* 19, *de Tribus Magis,* qui incorrupti et quasi adhuc vivi in singulis de precioso metallo sarcophagis 45 in eadem ecclesia actenus reservantur *(cum his cf. Ann. Isingrimi mai. a.* 1160, *SS.* XVII, *p.* 314, *l.* 37 *sq.:* quorum corpora adhuc, ut ipse,

*test, nisi quod ex relatione scripta hausta esse vix videntur.
Quem auctorem secutus Friderici I. expeditionem Hierosolymi-
tanam descripserit, non constat*[1]*. A contribulibus qui interfuerunt de hac aliisque rebus in Terra Sancta gestis non*
5 *pauca accepisse*[2]*, imprimis de Acconitanae civitatis diuturna
obsidione et tandem expugnatione et de Richardo I. rege
Anglorum Leopoldoque VI. duce Austriae*[3]*, de quibus etiam
fama celeberrima docente certior fieri potuit, peculiaris tra-
ditio ei suppetiisse videtur*[4]*. De Constantinopolitana civi-*
10 *tate a. 1204.*[5] *capta a Martino abbate Pairisiensi Alsatiae
vel eius comitibus obiter edoctus fuisse videtur; sed Guntheri
Historiam Constantinopolitanam adhibitam esse A. Pannenborg
perperam contendit*[6]*. De Conrado cancellario, episcopo
Wirziburgensi a. 1202. peculiare quoddam audivit*[7]*. Curiis*
15 *Augustensi et Wirziburgensi a. 1209. Ianuario et Maio ab
Ottone IV. tunc rege habitis auctorem ipsum vel potius abbatem eius interfuisse putaverim*[8]*. De itinere Ottonis Italico
ea magis, quae ante susceptum iter rex se gesturum esse pro-
nunciaverat, quam quae re vera gessit, referre videtur*[9]*.*
20 *Quibus ipse auctor rebus interfuerit quosve homines vel
quae loca ipse viderit*[10]*, vix certo modo definiri potest. Sed
recordari libet posteriore saeculi XII. parte inter fratres
S. Blasii versatum fuisse Iringum, qui omnes paene orientis
et occidentis terras et insulas circumierat et inter cetera*
25 *etiam* Siciliae saepe urbes Catinam et Syracusam sanctarum

dum venissem Coloniam, aspexi, integra, utpote balsamo condita);
c. 31, p. 45; c. 33, p. 48, l. 4. *Cf. etiam c. 20, p. 26, n.* 1, *et alibi, ubi
noster cum Chronica regia Coloniensi, quam eum vidisse nemo contendet,
convenit.*

30 1) *Ipsum itineri interfuisse ex c.* 34, *p.* 49, *l.* 28: nostris equo
Marte eis congredi cupientibus *non efficitur. Paucis, quibus ad Historiam q. d. Peregrinorum propius accedit, locis nihil evincitur; cf. ex.
gr. c.* 31, *p.* 45, *l.* 4 *sqq., et Hist. Peregr. p.* 54 (504): Imperator . . .
edicto prohibuit, ut nemo pedes, nemo usibus armorum m i n u s i d o -
35 n e u s, nullus etiam, qui ad minus in biennium sumptus itineris habere
non posset, peregrinationis viam secum arriperet, q u o n i a m a d t a m
l a b o r i o s a m e x p e d i t i o n e m m a g i s i m p e d i r e q u a m e x -
p e d i r e v u l g u s i m b e l l e e t d e b i l e consuevit. 2) *Cf. ex.
gr. c.* 30, *p.* 43, *l.* 9 *sqq. (supra p. VII, n.* 2). 3) *Cf. etiam infra*
40 *p. XV, n.* 4. 4) *c.* 36, *cf. c.* 38. *Nota P i s a n o r u m non semel in
hac re operam laudari; c.* 33, *p.* 48, *l.* 9; *c.* 36, *p.* 53, *l.* 19. 5) *Quod
anno* 1205. *tribuit (c.* 49*), quo anno Martinus abbas Pairisiensis in
patriam rediit.* 6) 'Forschungen zur Deutschen Geschichte' XIII,
p. 330 *sq. Cui suo iure restitit Thomae p.* 23 *sqq. Cf. infra p. XIV,
45 n.* 3 *fin.* 7) *c.* 42, *maxime p.* 68. 8) *c.* 50, *p.* 83 *sq.; c.* 51, *p.* 85 *sq.*
9) *c.* 52. 10) *De Parisiensi, Coloniensi civitatibus ex. gr. cogitari
potest; cf. supra p. X. XII, n.* 7.

Agathae et Luciae sepulchris insignes visitavit[1]. *Cuius S. Agathae ecclesiae Catinensis a.* 1197. *propter rebellionem civium et episcopi igni traditae etiam noster diserte mentionem facit*[2].

Ea, quae noster aut solus aut aliter ac ceteri tradit, ut in adnotationibus, utrum recte an perperam dicta essent, quam brevissime explicarem[3], nec minus, ubi in temporum computatione erratum esset, ut ostenderem, studui. De auctoris librique indole in universum bene b. m. R. Wilmans ita egit: 'Res inter sacerdotium et imperium gestas laudanda integritate refert, neque vehementissimum pontificiae partis studium, quo veteres Sanblasiani agebantur, apud Ottonem umquam reperies, econtra ipsum potius ex verbis c. 22. spretoque in ignominiam cesaris pontifice Calixto[4] a caesarianorum partibus stetisse coniceres, nisi c. 23. eundem a Friderico constitutum antipapam scismaticum appellaret[5]. At de Germanico imperio semper magna sensisse videtur[6]. In enumerandis annis, quibus singulae res gestae sint, saepissime erravit, ex quo interdum factum est, ut ex falsis computationibus etiam falsa argumentaretur'[7]. Sed deficientibus saeculo XII. posteriore et XIII. ineunte uberioribus fontibus liber Ottonis, quem a Staufensium parte stetisse vix est, quod moneam, haud parvi pretii est, etiamsi non semper omnia, quae noverat, litteris mandare ei visum est, sive ne fidem suam incredibilia narrando suspectam redderet[8], sive alia quadam causa intercedente[9]; cuius narratio, ut iterum

1) *Liber constructionis mon. ad s. Blasium III,* 21, *Mone,* 'Quellensammlung der Badischen Landesgeschichte' IV, 1, p. 114. 2) c. 39, p. 60.   3) *Quibus pauca addere libet.* P. 1, l. 18. *Adala perperam* imperatricis *nomine insignitur. Ad c.* 7, *p.* 7, *l.* 21. *cf. Epist. Friderici imperatoris ad Ottonem Frisingensem p.* 2, *l.* 6 *sq.:* in valida manu Longobardiam intravimus *(sed cf. p.* 5, *l.* 1 *sq.). P.* 66, *l.* 12 (c. 41) *primus Heinrici VI. imperatoris ex Italia reditus a.* 1191. *cum secundo a.* 1195. *confunditur. P.* 81, *l.* 2 *sqq.* (c. 49) *auctor peregrinos a.* 1202—4. *terrestri itinere profectos esse perperam putare videtur.*   4) *P.* 31, *l.* 16. 5) *P.* 34, *l.* 27.   6) *Cf. ex. gr. c.* 15, *p.* 18, *l.* 13 *sqq.; c.* 26, *p.* 37, *l.* 19 *sqq.; c.* 32, *p.* 47, *l.* 25: Romana potencia Germanicaque fortitudine; *c.* 34, *p.* 50, *l.* 25 *sqq.; c.* 35, *p.* 52 *sq.; c.* 36, *p.* 55, *l.* 3 *sqq.; c.* 43; *c.* 45, *p.* 71. *Ut Teutonicos plurimis locis laudibus extulit, ita Anglicam perfidiam (c.* 36, *p.* 55, *l.* 6*) et Graecam astutiam (c.* 32, *p.* 47, *l.* 25; *cf. praeter Rahew. G. Frid. IV,* 20, *p.* 193. *etiam Vergil. Aen. II,* 152: dolis instructus et arte Pelasga; *Iuvenal. sat. X,* 174: Graecia mendax*) detestatus est; cf. etiam c.* 34, *p.* 49, *l.* 21. *de soldano Iconiensi:* barbarus et Scita perfidissimus. *Cf. etiam Thomae p.* 14 *sq.* 7) *Cf. c.* 33. *et* 34. *et saepius.*   8) c. 38, *p.* 58, *l.* 26 *sqq.*   9) *De turpi Conradi ducis Sueviae morte tacet, solo facto excepto, c.* 44, *p.* 70, *l.* 19, *cf. c.* 37, *p.* 57.

Wilmansii verbis utar, 'hoc etiam prae se fert, quod stilo satis culto conscripta est'. Elocutionem suam maxime secundum celeberrima exempla hac aetate trita, Hegesippum dico vel Iosephum, Sallustium, alios, in quibus indagandis 5 *labor adhuc non inefficax fortasse ponendus erit[1], sed etiam secundum ipsum Ottonem Frisingensem et Rahewinum moderatus est, ex quibus ea, quae maxime ad rem facere videbantur, adnotavi.*

§ 3. Quo tempore Chronica conscripta sit.

10 *Quo tempore Chronica nostra composita esset, viri docti paululum dubitaverunt. Nam cum Ottonem I. abbatem auctorem fuisse putarent, hunc postremis demum vitae suae annis librum conscripsisse et a. 1223. morte praeventum usque ad finem non perduxisse quidam coniecerunt[2], cum aliter* 15 *explicari non posse, cur in a. 1209. scribendi finem fecisset, crederent. Cui opinioni, cum Ottonem abbatem auctorem fuisse evinci non posse ostenderimus, omne fundamentum ereptum esse iam patet; quae etiam ex ipsa libri indole commendari vix recte videtur. Neque enim, qui consuetudinem auctoris* 20 *diligentius spectaverit, ullo modo sibi persuadebit fieri potuisse, ut auctor, si a demum 1222. vel 1223. Chronicam conscripsisset, Beatricem Ottonis IV. sponsam[3] a. 1212. immatura morte praereptam esse, Fridericum II. in regem a. 1212. sublimatum, a. 1220. in imperatorem consecratum imperium* 25 *stirpi suae revindicasse et maxime Zaeringensium genus, quorum non minus quam Staufensium[4] et Welforum saepe mentio fit quique S. Blasii advocati erant, in Bertoldo V. duce a. 1218. mortuo exstinctum esse, quo casu monasterii advocatia ad regnum rursus devoluta est, incidenter adnotare* 30 *neglexisset. Itaque Chronicam, in qua nullius rei, quae post Ottonem IV. imperatorem coronatum evenit, mentio fit, iam a. 1209. exeunte vel ineunte a. 1210, antequam novum inter papam et imperatorem discrimen oreretur, compositam esse apud nos constat[5].*

35 1) *Lucanum et Vergilium novit. Cf. etiam Thomae p.* 10 *sq.* 2) *Thomae p.* 9; *H. Kohl in praefatione translationis p. VII; Giesebrecht 'DKZ.' VI, p.* 294. 3) *Cf. praecipue c.* 51. 4) *Etiam duces Austriae, Staufensium consanguinei, saepius commemorantur. De necessitudine, quae inter S. Blasii monasterium et monasteria regionis* 40 *Orientalis intercesserit, cf. A. Hauck, 'Kirchengeschichte Deutschlands' III³, p.* 871. 5) *Ita H. Bloch, 'Die elsässischen Annalen der Stauferzeit' p.* 126. *Quod etiam W. Gundlach, 'Heldenlieder' III, p.* 322. *magis probat. Wattenbach, 'DGQ.' II⁶, p.* 285. *rem iniudicatam relinquere videtur.*

*Quae certo non per longum temporis spatium paula-
tim, sed uno, ut ita dicam, calamo perscripta est. Nam
3. post mortem Friderici I. ducis Austriae a. 1198,
7 (p. 8, l. 25) post mortem Ottonis I. ducis Baioariae
. 1183, c. 10. et c. 46. post mortem Philippi regis a. 1208,* 5
*24 (p. 36, l. 11) post mortem Heinrici Leonis a. 1195,
42 (p. 67, l. 6) post imperialem Ottonis IV. coronationem
&. 1209[1], c. 45 (p. 72, l. 15) complures annos post Heinrici VI. imperatoris mortem scriptum est. Contra c. 30.[2]
ante Friderici II. expeditionem transmarinam a. 1228—29.* 10
scriptum esse patet.

§ 4. Qui Chronica usi sint.

*Ottonis de S. Blasio Chronica medii aevi temporibus
non multum in usu fuit, et nisi in regione Suevica paene
incognita fuisse videtur. Si tempora solum spectas, fieri* 15
*potuit, ut in Annalium Marbacensium postrema retractatione
(Neuburgi, si Blochium sequimur) adhiberetur. Cui opinioni
cum forte suffragari videatur, quod in illo monasterio codex
quidam Ottonis Frisingensis recensionis C exscriptus est[3],
non tam praecise quam Bloch[4] restiterim, quamquam certi* 20
*quicquam diffiniri vix potest. Neque certius ut negari, ita
affirmari potest Burchardum Urspergensem[5] et S. Galli
monachos[6] Chronicam nostram legisse ex eaque paucissima*

---

1) *Et, ut mihi quidem videtur, Ottone IV. superstite († a.* 1218.
Maii 19).   2) *P.* 43, *l.* 23 *sq.:* ipsaque regio iam per multos annos 25
paganis subdita gemit. *Cf. etiam c.* 35 *fin., p.* 53.   3) *Cf. praefationem meam in Ottonis Frisingensis Chronicam p. LII.*   4) *'Die
elsässischen Annalen der Stauferzeit' p.* 128. *Quod ratum habuerunt
O. Holder-Egger, 'N. Archiv' XXXIV, p.* 247, *K. Hampe, 'Zeitschr.
f. d. Geschichte des Oberrheins' LXIII ('N. F.' XXIV), p.* 357, *in du-* 30
bium vocavit H. Simonsfeld, 'Histor. Vierteljahrschrift' XII (1909),
p. 417.   5) *Ad Ottonem de S. Blasio c.* 33, *p.* 48 *sq. inter cetera referre potueris, quod Urspergensis a.* 1192. *de Tusculo diruto habet,
SS. XXIII, p.* 363, *l.* 43 *sq.:* Pro qua re imperatori improperatum est
a multis. *Ceterum cf. ex. gr. c.* 18, *p.* 21, *l.* 3 *sqq., et c.* 19 *in.: Chron.* 35
Ursperg. a. 1165, *p.* 355; *c.* 21, *p.* 30 *sq.: Chr. Ursp. a.* 1176, *p.* 358,
l. 29 *sqq.; c.* 26, *p.* 37 *sq.: Chr. Ursp. a.* 1181, *p.* 358.   6) *Cf. Conradi de Fabaria Contin. casuum S. Galli c.* 9, *ed. G. Meyer von
Knonau, 'Mittheilungen zur vaterländischen Geschichte' XVII ('N. F.'
VII), St. Gallen* 1879, *p.* 150 *sq.* (= *c.* 7, *SS. II, p.* 168*):* Unde ac- 40
cidit, ut maiori pro parte principes Suevie Philippum sibi regem, acsi
tutorem fratruelis adhuc infra annos degentis, eligerent, in Sicilia
sub tutoribus constituti, *et Otto de S. Blasio c.* 45, *p.* 71, *l.* 16, *et p.* 72,
l. 4 *sq., c.* 46, *p.* 73, *l.* 2 *sqq.; ib. p.* 152: in civitate Babinberch presto-
lante rege, quoadusque universus colligeretur exercitus, flebothomisatus 45
ibi requievit *etc., et Otto de S. Blasio c.* 50, *p.* 82, *l.* 12 *sqq.; Notae S. Galli*

desumpsisse. Fortasse rectius hi omnes, quos enumeravimus,
ex communibus tunc temporis in Suevia vulgatis traditioni-
bus pendere putandi sunt.
    Circa medium saeculum XIII. Ottonis Chronica Ture-
5 *gum allata[1] et paulo post integra fere in Chronicam univer-*
salem Turicensem recepta est[2]. Eodem fere tempore in vicino
S. Trudperti monasterio in Annalibus condendis exscripta est[3].
Gobelinum Person in Cosmidromii de colloquio Clavennensi
loco celeberrimo[4] ad Ottonem nostrum aliquo modo redire[5] non
10 *cum viris clarissimis P. Scheffer-Boichorst[6], F. Güterbock[7],*
I. Haller[8] prorsus negaverim, etsi certi quicquam statuere non
audeo. Annales Bebenhusani saeculo XVI. compilati[9] sua iam
ex Chronica impressa Naucleri desumpserunt, qui primus,
quod sciam, praeter Iohannem Fuchsmagen[10] inter recentiorum
15 *temporum viros doctos Ottonis librum in usus suos convertit[11].*

§ 5. De codicibus Chronicae.

    Superest, ut de codicibus pauca dicamus. Archetypus
auctoris codex aetatem non tulit. Quem a. 1768. Iul. 23.
cum ipso monasterio S. Blasii flammis consumptum esse

20 codicis nr. 455. circiter a. 1227. scriptae de aedificatione Laudensis civitatis ad a. 1161. et Alexandriae ad a. 1170, quas propter annorum
errorem ex Ottonis de S. Blasio c. 15. et 22. desumptas putat C. Henking,
'Mittheilungen zur vaterländ. Gesch.' XIX ('N. F.' IX), St. Gallen 1884,
p. 326, n. 283.
25   1) Vide infra p. XIX, sub codice 1. Monasterium S. Blasii in pago
Turicensi et in ipsa civitate non pauca bona possidebat; curiam ante
muros Turicenses apud Stampfenbach ad Limmat fluvium a. 1224. acquisivit; cf. Enderle, 'Studien über den Besitz des Klosters St. Blasien', p. 66.
Cf. etiam A. Nabholz, 'Geschichte d. Freiherrn v. Regensberg' (infra
30 p. XIX, n. 2).   2) Vide infra p. 89 sqq.   3) MG. SS. XVII, p. 291—293.
4) Ed. M. Jansen, Münster 1900, p. 41; cf. infra c. 23, p. 33, l. 21 sq.
5) Quod putavit G. Waitz, 'Götting Gelehrte Anzeigen' 1870, p. 1792.
6) 'Forschungen zur Deutschen Geschichte' XI, p. 496 sq. ('Gesammelte
Schriften' II, p. 285 sq.); 'N. Archiv' XXVII, p. 681. Quem A. Hage-
35 mann, 'Über die Quellen des Gobelinus Persona', dissert. Halle 1874,
et M. Jansen secuti sunt.   7) 'Der Prozess Heinrichs des Löwen',
Berlin 1909, p. 10, n. 2.   8) 'Archiv für Urkundenforschung' III,
p. 326. Quem secutus est K. Hampe, 'Histor. Zeitschrift' CIX, p. 65 sq.
9) Apud Ger. Hess, Monumentorum Guelficorum pars historica. Typis
40 Campidonensibus 1784, p. 254. ad a. 1166. 1169.   Apud K. Pfaff,
'Württembergische Jahrbücher für vaterländische Geschichte, Geographie
etc.' 1855, fasc. 2 (Stuttgart 1857), p. 172 sqq., prior Annalium pars,
quam minus recte totam ex Chronica Urspergensi compilatam putavit,
omissa est. — Ab impresso quodam libro etiam Annales Bartholiniani
45 saec. XVII. ad a. 1156 (cf. infra c. 8, p. 9, l. 1 sqq.), apud Langebek,
SS. rerum Danicarum I, p. 340, pendent.   10) Vide infra p. XXI, sub
codice 2.   11) Vide infra p. XVIII.

pridem conieci[1]*. Sed cum Caspar I. Molitoris abbas, qui
a. 1541—1571. monasterio praefuit, in praefatione Libri
originum S. Blasii*[2]*, Ottonem apud Nauclerum aliosque
auctores laudatum Chronicam ab incarnatione Domini usque
ad a. 1332. conscripsisse dicat*[3]* neque quicquam ex Chronica nostra, quae neque ab incarnatione Domini incipit
neque ultra a. 1209. producta est, ullo loco desumpserit, nunc
apud me quidem constat, iam medio saeculo XVI. Chronicae nostrae neque autographum neque apographum in monasterio S. Blasii exstitisse, immo, quicquid antea exstabat,
iam periisse aut ablatum fuisse. Et monasterium quidem
cum libris suis iam a. 1322. April. 30. igne adeo deletum
est, ut, qui post id temporis res S. Blasii conscriberent, anti-
quiorem traditionem domi scriptam vix reperirent*[4]*. Sed cum
et codex 2 optimae notae a. demum 1482. in regione Bris-
gawiae, nescio an ex ipso autographo*[5]*, transscriptus sit et
circiter a. 1500. Iohannes Nauclerus vel ipso autographo vel
apographo eius satis diligenter facto, quod a codicibus 1 et 2
recedit*[6]*, usus sit, magis crediderim non ante annum fere
1500. codicem autographum periisse, sive Nauclero commo-
datum nec monachis restitutum sive a. 1525. a rusticis monasterium devastantibus deletum*[7]*.*

1) *In praefatione ad Ottonis Frisingensis Chronicam p. XLVII.
et LXXI. Ita etiam, ut videtur, P. Lindner, Monasticon metropolis
Salzburgensis antiquae, Salzburg (Kempten) 1908, p. 517. Cf. supra
p. IX.* 2) *Qui exstat in codice monasterii S. Pauli in valle Lavantina Karintiae, quo monasterio S. Blasii a. 1806. suppresso monachi
cum parte librorum a. 1809. transmigraverunt, chartaceo nr. XX a/98
(saec. XVI), ad cuius folia numeri infra positi respiciunt, et in codice
archivii generalis Karlsruhensis chartaceo nr. 490 (saec. XVI); cf.
F. I. Mone, 'Quellensammlung der Badischen Landesgeschichte' I,
p. (73) sqq. II, p. 56 sqq.* 3) *Mone l. c. I, p. (75). II, p. 56. Cf.
supra p. IX fin.* 4) *Caspar abbas f. (1ᵛ, non numerat.). 269 sq., imprimis f. 270:* In summa, was von anfang des gotzhauses biss zu der zeit
zesamen gepracht ist von vil gelerten scribenten, ist man uff dise stund
darumb khommen. 5) *Cf. praefationem meam in Ottonis Frisingensis
Chronicam p. LXXVII, n. 1. LXXIX, n. 7; infra p. XXII.* 6) *Pauca
tantum, quae ad genuina auctoris verba perspicienda facere videbantur,
attuli. Cf. ex. gr. p. 21, n. a (ubi Nauclerus non codice nisus, sed
coniciendo rectum ponere videtur); p. 22, n. k; p. 24, n. f; p. 28, n. s;
p. 61, n. e; p. 62, n. b; p. 63, n. c. g; p. 66, n. a. Nauclerum non
codice 2 (Ottonis Frisingensis C4) usum esse, probatur etiam singulis
Ottonis Frisingensis locis, ex. gr. p. 182, n. m:* Sed Naucl., Si C4;
p. 182, n. n: nec Naucl., *non C4; p. 362, n. p:* nullumque Naucl.,
*nullum C4. — De codice a Nauclero exscripto cf. etiam infra p. XXII,
n. 2.* 7) *Caspar abbas f. 418ᵛ, Mone l. c. II, p. 62:* Die köstlich
unnd hupsch liberey, so uff dem creutzgang stůnd, ward mit buechern
und aller zierdt zu grund gericht.

*Ad autographum iam deperditum duo apographa nullo
codice, qui superstes sit, intercedente redeunt, quorum alterum
(1) paulo post medium saeculum XIII. pulcherrime sed negle-
genter scriptum, alterum (2) a. 1482. satis diligenter exa-*
5 *ratum est.*

1) *Codex Turicensis bibliothecae cantonalis (uni-
versitatis) 'Stiftsbibl.' C. 33, membranaceus in fol., saec. XIII.
inter a.* 1254. *et* 1273, *fortasse ante a.* 1261. *Alexandro
papa IV. superstite, scriptus. Primo fratrum ordinis Prae-*
10 *dicatorum Turicensium, deinde maioris monasterii Turicensis
fuit. De quo in praefatione Chronicae Ottonis episcopi
Frisingensis pluribus egi*[1]. *Ottonis de S. Blasio Chronica
Ottoni Frisingensi nulla distinctione facta auctorisque nomine
non adscripto f_i* 103[r] — 124[v]. *subiuncta est. Menda,*
15 *quibus textus scatet, ex parte a scriba et ab alio vel aliis
paulo posterioribus non ex alio quoquam codice, sed suo ingenio ita emendata sunt, ut non semel verba auctoris mutata
inveniantur. Fortasse etiam Liutoldus de Reginsberg ord.
Praed., quem codicem a.* 1277. *in manibus habuisse constat*[2],
20 *huic labori operam dedit, cui complures earum, quae marginibus aliis manibus adspersae sunt, notarum deberi videntur;
nec tamen semper certo distingui potest, qua manu hae notae
scriptae sint*[3]. *Hunc codicem Berolini contulit B. Schmeidler,
ipse identidem examinavi.*

25 *Ex* 1 *descriptus est codex* 1 *a. Praeterea ad* 1 *codices
Chronicam universalem Turicensem exhibentes redeunt*[4], *de
quibus vide infra p.* 89 *sqq.*

1 *a) Codex Parisinus bibl. nat. nr.* 4895 *A (olim
Colbertinus), membranaceus in fol., saec. XIV*[5], *cui inscri-*

30 1) *P. LXXI. sqq. Ubi signatus est C* 3. *Ad p. LXXIV, l.* 33.
adde, ad a. 1282. *Andream 'sacerdotem incuratum' et decanum S. Petri
inveniri apud Sal. Hess, 'Geschichte der Pfarrkirche St. Peter in Zürich',
Zürich* 1793, *p.* 75. 2) *L. c. p. LXXIII. Non in omnibus recte
A. Nabholz, 'Geschichte der Freiherrn von Regensberg', diss. Zürich* 1894,
35 *imprimis p.* 30, *n.* 1. 3) *Vide p.* 6, *n.* *; *p.* 7, *n.* *; *p.* 26, *n.* *;
p. 29, *n.* *; *p.* 33, *n.* * *et* **; *p.* 35, *n.* * *et* **; *p.* 46, *n.* *; *p.* 65, *n.* i;
p. 73, *n.* *; *p.* 74, *n.* *; *p.* 80, *n.* * *et* **; *praeterea ad c.* 6, *p.* 7, *l.* 2
(constaret) *manu quae Liutoldi videtur in margine adscriptum est:* Nota
originem ducatus Austrie, qui prius marchia fuit. *Cf. etiam in Ottonis*
40 *Frisingensis Chronica p.* 162, *n.* *; *p.* 178, *n.* *; *p.* 185, *n.* *; *p.* 194,
n. *; *p.* 262, *n.* *; *p.* 281, *n.* **; *p.* 311, *n.* ***; *p.* 384, *n.* *; *p.* 385,
n. **. 4) *Itaque Ussermannus cum interdum, num ea quae in
codice* 1** *deessent (ex. gr. c.* 47, *Germ. sacrae prodr. II, p.* 509, *n.* 167)
auctori iure tribuerentur, subdubitavit, longius a recto tramite aberravit.
45 5) *De quo cf. Catalogus codicum manuscriptorum bibliothecae regiae IV,
Parisiis* 1744, *p.* 15; *'Archiv' I, p.* 302. 308. 500; *G. Waitz, 'Archiv' XI.
p.* 330 — 332, *et SS. XXII, p.* 16 *sq.*

bitur: Liber iste cronicorum est domini Iohannis cancell.
domini regis Romanorum [1]. *Continet* f_l 1 *sqq.: Gotifredi
Viterbiensis Pantheon (C 8);* f_l 118ᵛ: *libellum de ortu
Pilati et alia complura, imprimis de Carolo Magno et ex
operibus s. Hildegardis;* f_l 150: *ex Gilberti qui dicitur*
*Chronica pontificum et imperatorum continuata, ex codice
Turicensi (supra* 1) *exscripta (C* 2) [2]; f_l 151 — 161: *Ottonem
de S. Blasio in c.* 5. *incipientem:* Fridericus I. dux Sueviae rex creatur. Anno dominicae incarn. 1153. Fridericus dux Suevorum mortuo Chuonrado patruo suo a
principibus rex creatus *etc.; in fine c.* 52, *f.* 161, *alia
manu add.:* Hic liber est vocatus liber cronicorum;
f_l 161 — 162. *sequuntur alia manu pauca ex opusculis
s. Hildegardis excerpta. Hunc codicem a v. cl. Wilmans* 2
signatum ante multos annos contulit v. d. Faerber b. m. [3].

1 *b) Codex bibl. Karlsruhensis Sanblas. nr.* 18,
saec. XVIII, chartaceus in fol. [4], *qui continet:* f_l 1ʳ. *Ottonis
Frisingensis Chronicae librum VII* [5], f_l 31ʳ. *Registrum de
curia Romana, quod vocatur provinciale Tancredi, utrumque ex codice* 1 *exscriptum;* f_l 41ʳ—84ᵛ. *Ottonis de S.
Blasio Chronicam, ex editione Muratoriana exscriptam, cui
varia lectio ex codicibus Turicensi (*1) *et Vindobonensi
(Chron. univ. Turic.* 1**) *et notae ex* Chron. S. Blasii *et*
Chron. S. Georgii [6] *adscriptae sunt;* f_l 84ᵛ: Explicit Otto
de S. Blasio in codice Turicensi et Urstisio; f_l 85ʳ—118ʳ.
*complura 'ex cod. Weingartensi' exscripta. Hunc codicem
a v. cl. A. Holder benigne indicatum et descriptum postea
ipse evolvi* [7].

1) *Quis fuerit, nondum exploratum est. De Alberti I. regis cancellario, episcopo Eichstadensi (a.* 1305—1306), *postea Argentinensi
(a.* 1306—1328), *cogitavit Waitz.*   2) *Ed. O. Holder-Egger, SS. XXIV,
p.* 117 *sqq.; cf. SS. XXII, p.* 359 *sqq.*   3) *Codex* 1*a ex* 1 *descriptus
esse probatur his locis: infra p.* 6, *n.* c. g *et n.* *; *p.* 26, *n.* *; *p.* 35,
n. **; *p.* 80, *n.* ** (SS. XX, *p.* 305, *n.* e; 306, *n.* a; 313, *n.* n; 316,
n. g; 331, *n.* i).   4) *In praefatione Chronicae Ottonis Frisingensis
p. LXXIV, n.* 2. *signatus C* 3*a.*   5) *F.* 27ʳ. *haec habes:* In scheda
recentioris manus sec. XVI. initio affixa haec leguntur: Hic codex
perantiquus — protrahantur, ut credam — sunt, *quae Ussermannus, Germ.
sacrae prodr. II, p.* 451 *sq. ex codice Turicensi affert, cf. praefationem
meam Chronicae Ottonis Frisingensis p. LXXV.*   6) *Quas habes
apud Ussermannum, Germ. sacrae prodr. II, p.* 438 *sqq. et in notis ad
editionem Ottonis de S. Blasio; cf. MG. SS. XVII, p.* 275 *sqq. (Annales
S. Blasii et Engelbergenses), p.* 295 *sqq. (Annales S. Georgii in Nigra
Silva).*   7) *De quo cf. etiam E. Ettlinger, 'Die ursprüngliche Her-
kunft der Handschriften' etc. ('Beilage III' ad 'Die Handschriften der
Hof- und Landesbibliothek in Karlsruhe'), Heidelberg* 1901, *p.* 26.

2) *Codex Vindobonensis bibl. palat. nr. 3334
(Univ. 838, Schw. I, 611), chartaceus in fol., foliorum 183,
a. 1482. una manu* Iohannis Fuchsmagen doctoris[1] *impensa scriptus, qui* f_t 126^r — 153^v. *Ottonem de S. Blasio*
5 *exhibet;* f_i 126^r. *eadem manu in margine:* Hactenus Otto
Frigisen eps. Abinde Otto de Sancto Blasio; *f.* 153^v:
Hactenus Otto de Sancto Blasio. Et finis Deo gracias 1482.
*De quo codice in praefatione Chronicae Ottonis Frisingensis
uberius egimus*[2]. *Codicis satis diligenter scripti, nec tamen*
10 *omnino mendis carentis marginibus manu scribae pauca adscripta sunt*[3]. *Hunc codicem optimae notae ipse Berolini contuli.*

*Codex S. Pauli in valle Lavantina Karintiae charta-
ceus nr. XIX. d. 80 (saec. XVIII*[4], *in fol.),* f_t 183 *sqq.
apographum Chronicae Ellenhardi inde ab Ottone IV. im-*
15 *peratore*[5] *exhibens, ad Ottonem de S. Blasio nihil pertinet,
quamquam* f_t 183^r. *ad titulum* Ex Cod. Magni Ellenhardi
a. 127 [6] *scripto in margine adscriptum est:* ceu continuatio Ottonis de S. Blasio; f_i 225 — 252. *ad textum Ellenhardi repetitum multa sub nota* Chron. S. Georgii *vel* Chr.
20 S. G. *ab a* 1224. *usque ad a.* 1308. [7] *adnotantur, ex quibus
pars posterior Annalium S. Georgii in Nigra Silva, qui
MG. SS. XVII, p. 295 sqq. ex Gerberti et Ussermanni
libris impressis collecti sunt, nonnullis locis emendari et sup-
pleri potest*[8].
25 *Codices Ottonis de S. Blasio hoc modo inter se coniuncti sunt:*

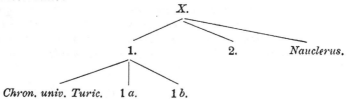

1) *Friburgi Brisgaviae immatriculatus a.* 1469. *Oct.* 25 (Iohannes
Fusmag de Hallis Brixens. dioc.), *bacc. a.* 1471, *mgr. a.* 1472/73, *dec.
fac. art.* 1478, *canon. lic.* 1484, *secundum Herm. Mayer, 'Die Matrikel*
30 *der Universität Freiburg i. Br.' I* (1907) *p.* 44.   2) *P. LXXVI sqq.
Ubi signatus est C* 4.   3) *Infra p.* 40, *n.* *; *cf. in Ottonis Frisingensis Chronica p.* 215, *n.* * *et p.* 256, *n.* *. *De notis longe posteriore
manu ad c.* 8. *et c.* 52. *adscriptis vide praefationem meam Chronicae
Ottonis Frisingensis p. LXXVII, n.* 2.   4) *Minus recte saeculo XVII.*
35 *tribuitur in 'Zeitschrift für die Geschichte des Oberrheins' XLIII
('N. F.' IV), p.* 53.   5) *MG. SS. XVII, p.* 120, *l.* 55 *sqq.*   6) *Ita c.*
7) *Quae finiunt in verbis:* est occisus. Explicit Fragmentum Chronici
S. Georgii.   8) *Cf. etiam supra p. XX, l.* 23 *sq.*

Quo stemmate genuina auctoris verba, si felicissime cesserit, non nisi ex consensu codicum 1 et 2 restitui posse evincitur; quae si X ipsius auctoris codicem ponis, non semel mendosa fuisse patet. At si, quod, etsi necessaria causa suaderi vix videtur, non omnino negandum esse 5 *censebis, codices 1 et 2 non ad ipsum auctoris codicem, sed ad idem eius apographum non post medium saeculum XIII. exaratum redire malueris, haec menda ex parte saltem librario tribuere ampliusque coniciendo studere licebit. Quod tamen minus elegerim* [1]. *At ubi 1 et 2 inter se* 10 *discrepant, nisi, quod saepius evenit, aut lectio codicis 1 ex lectione, quam 2 servavit, manifesto depravata aut, quod paucis tantum locis fit, in codice 2 mendum latere perspicuum est aut Nauclerus* [2] *alteri suffragatur aut similibus locis comparatis alter praestare evincitur, uter prae-* 15 *ferendus sit, certo diiudicari vix poterit. Itaque his locis plerumque lectionem 1 in textu posui, quamvis eam sola antiquitate, non auctoritate superiorem esse non ignoraverim. Utriusque codicis 1 et 2 variam lectionem integram fere enotavi, ut, quid de iis iudicandum sit, per se quisque ex-* 20 *plorare possit. Nec loci desunt, quibus et 1 et 2 una minus recta, si regulas Latini sermonis respexeris, tradere non negabis. Quos tamen plerosque emendare non meum duxi, cum auctorem ipsum ita labi potuisse non semel patere putarim, paucis exceptis, quae, si in auctoris codice ita fuerint,* 25 *quin non consilio sed mero calami errore orta sint, quaeque quomodo emendanda sint, dubium esse non potest. Ea quae in 1 vel in 2 manu scribae vel aliis manibus addita sunt, quae quantulumcumque ad rem facere videbantur, in notis asteriscis signatis posui; quae cave ne ullo modo ad aucto-* 30 *rem referenda esse credas.*

In re orthographica codicem 1, utpote auctoris aetate non nisi plus minus 50 annos posteriorem secutus sum, paucis exceptis, ubi nimis peculiariter procedere videbatur; quae tamen omnia enotavi [3]. 35

---

1) *Cf. supra p. XVIII.*   2) *Quem tamen, sive X autographum sive autographi apographum ponimus, ad idem X, communem codicum 1 et 2 fontem, redire suoque Marte coniciendo mendum expunxisse, ubi ab 1 et 2 recedens rectum praebere videtur, putaverim; cf. p.* 21, *n.* a; *p.* 66, *n.* a.   3) *Semper* necessitas, necessarius *scripsi. Codex 2 semper* 40 Bauaria *etc.,* Ihrĭm, Iĥos. *etc. (pro* Ierusalem, Ierosol. *etc.) habet, quae singulis locis afferre supersedi.*

§ 6. *De editionibus Chronicae, et qui de ea egerint.*

Editiones priores hae sunt:

1) *Princeps, quam, cum Pithoeus Ottonis Sanblasiani continuationis* integrae recuperandae spe aliquamdiu, *sed frustra* oblactatus *fuisset*[1]*, curavit Christianus Urstisius in Germaniae historicorum illustrium tomo I, 'Francofurdi, Apud heredes Andreae Wecheli'*, 1585, *p.* 197 — 227, *codicem Turicensem (1) a. D. Ludovico Lavater sibi transmissum secutus*[2].

2) *Urstisii Germaniae historicorum illustrium tomi duo recusi sunt Francofurti ad Moenum, sumptibus Iacobi Godofredi Seyler*, 1670, *nihil nisi erroribus typothetarum hic illic emendatis.*

Novam Urstisianae collectionis 'diligenter recognitae, maximam partem cum codicibus mscr. collatae, novis accessionibus auctae et adnotationibus passim adspersis illustratae' editionem parabat G. Chr. Ioannis Argentorati impensis Ioannis Reinholdi Dulsseckeri a. 1728. *prodituram, quae prelo nunquam subiecta, sed omnibus modis absoluta in codicibus Monacensibus Latinis nr.* 709. *et* 710. *nobis servata est*[3]*. Chronicae nostrae nihil nisi variam lectionem codicis Chronicae universalis Turicensis* 1** *ex editione Muratoriana desumptam et adnotationes ad res pertinentes adscripsit.*

3) *Urstisium secutus L. A. Muratori Chronicam tomo VI. Scriptorum rerum Italicarum, Mediolani* 1725, *col.* 865 — 910. *inseruit, adhibito etiam codice Vindobonensi nr.* 540 *(Chronicae universalis Turicensis* 1***), cuius variam lectionem Pio Nicolao Garellio debebat.*

4) *Denuo codice Turicensi (1) ipse usus novam editionem paravit P. Aemilianus Ussermann in tomo II. Germaniae sacrae prodromi seu Collectionis monumentorum res Alemannicas illustrantium, Typis San-Blasianis* 1792, *p.* 453—514. *Qui etiam textum suo ingenio emendare conatus praescriptiones capitum* 21—52. *et adnotationes plurimas et pro tempore utiles adiecit.*

---

1) *P. Pithoeus, Ottonis episcopi Frisingensis Chronicon, Basileae* 1569, *in fine; sed cf. infra p.* 90.   2) *Cf. ea, quae Urstisius p.* 196. *exposuit; vide etiam praefationem nostram in Ottonis Frisingensis Chronicam p. LXXIV.sq. et XC. Cf. ex. gr. infra p.* 5, *n. e. h. k.* o; 6, *n.* *; 35, *n.* *; 73, *n.* *; 77, *n.* e.   3) *Cf. Docen, 'Archiv' II, p.* 187 *sqq.*

5) Ussermanni editionem repetiit I. F. Böhmer in tomo III. Fontium rerum Germanicarum, Stuttgart 1853, p. 582—640.
6) Novam editionem R. Wilmans codicibus 1, 1a[1] et Chronicae universalis Turicensis 1*a, 1**[2] usus instituit[3], 5
quae a. 1865. absoluta a. 1868. in Mon. Germ. SS. XX, p. 304—337. prodiit, eodem tempore una cum Ottonis Frisingensis Chronica inter Scriptores rerum Germanicarum in usum scholarum recusa, Hannoverae 1867 (!), p. 422—492.
Quae editiones cum omnes ad unum tantum codicem 10
Turicensem (1) vel eius propaginem redeant neque ipsum codicem Turicensem satis diligenter excusserint, Chronica Ottonis de S. Blasio hic primum ad plenam codicum fidem restituta et critice recognita prodit, multis locis codice 1 accuratius denuo collato et codice 2 optimae notae hic pri- 15
mum adhibito emendata.
Chronicam Germanice vertit H. Kohl in 'Geschichtschreiber der deutschen Vorzeit', Leipzig 1881, '2. Gesammtausgabe' t. LVIII. (saec. XII, t. X).
De ratione operis, de fide eius, de fontibus, unde sua 20
auctor desumpserit, cum et antea et postea multi in singula quaeque inquisivissent[4], H. Thomae, 'Die Chronik des Otto von St. Blasien kritisch untersucht', dissert. Leipzig 1877, sobrie quidem et utiliter egit, nec tamen penitus rem absolvit, et nimis acerbum iudicium de auctoris fide tulit[5]. 25

---

1) *Quos signavit* '1', '2'.   2) *Quos signavit* '1*', '3'.   3) *Ex cuius adnotationibus perpaucas quas repetivimus littera* 'W.' *apposita indicavimus.* 4) *Cf. imprimis I. F. Böhmer in praefatione, Fontes rerum German. III (1853), p. LXXVI. sq.; R. Wilmans in praefatione editionis, MG. SS. XX (1868), p. 302—304; W. Wattenbach, 'Deutschlands Geschichts-* 30 *quellen im Mittelalter', 6. ed., t. II (1894), p. 284 sq.; W. de Giese-brecht, 'Geschichte der deutschen Kaiserzeit' VI (1895), p. 294. et saepius; W. Gundlach, 'Heldenlieder der deutschen Kaiserzeit' III (1899), p. 313—322; C. Varrentrapp, 'Erzbischof Christian I. von Mainz', Berlin 1867, p. 30 sqq. (de rebus Romae a. 1167. gestis, c. 20); Th.* 35 *Toeche, 'Kaiser Heinrich VI.', Leipzig 1867, p. 585 sq. ('Otto v. S. Blasien über Heinrichs 2. und 3. italienischen Zug'); E. Winkelmann, 'Kaiser Otto IV. von Braunschweig', Leipzig 1878, p. 485 sq. ('Über die angeblichen Hoftage zu Hagenau und Frankfurt im März 1209') et p. 487 sqq. ('Zu Otto's IV. Romfahrt'); H. Bloch, 'Die elsässischen* 40 *Annalen der Stauferzeit', 'Regesten der Bischöfe von Strassburg' I, 1, Innsbruck 1908, p. 126—128 ('Die Hohenburg-Neuburger Chronik und die Continuatio Sanblasiana des Otto von Freising'). Minoris momenti sunt, quae E. Michael, 'Zeitschrift für katholische Theologie' XXVI. (1902), p. 521 sq. de Ottone exposuit.   5) Quem, quamquam aequius* 45 *ex. gr. L. de Ranke, 'Weltgeschichte' VIII, p. 193 sq., Wattenbach l. c.*

Nos cum et in annotationibus et in hac praefatione Chro-
nicae nonnulla ad hoc negotium pertinentia attulerimus,
plenam investigationem, quippe quae longiore dissertatione
egeat, in aliud tempus reservamus.

5   *Restat, ut grato animo eos commemorem, qui in hac*
editione paranda me adiuverunt, imprimis praefectos biblio-
thecarum Turicensis, Vindobonensis, Monacensis, Karls-
ruhensis, S. Pauli in valle Lavantina Karintiae, archivi
generalis Karlsruhensis, qui codices custodiae suae commis-
10 *sos summa cum liberalitate Berolinum miserunt nec quae-*
renti mihi humanissime satisfacere umquam omiserunt, nec
minus eos, qui vel opera vel consilio mihi semper benignissime
adfuerunt, imprimis O. Holder-Egger b. m., quo ductore
haec editio inchoata est, tum B. de Simson Berolinensis,
15 *H. Bresslau Argentinensis, cuius auspiciis liber prelo sub-*
iectus ad finem perductus est, B. Schmeidler Lipsiensis,
E. Perels Berolinensis, qui etiam plagulas mecum correxe-
runt, W. Levison Bonnensis, G. Leidinger Monacensis,
I. Werner, H. Nabholz Turicenses, V. Samanek Vindo-
20 *bonensis, F. Güterbock Berolinensis.*

aliter iudicaverunt, secutus est F. Güterbock, 'Der Prozess Heinrichs
des Löwen', Berlin 1909, p. 19 sqq., quem refutavit I. Haller, 'Archiv
für Urkundenforschung' III, p. 316 sqq. 324, n. 3 (sed cf. supra
p. XI, n. 5 fin).

Berolini, mense Iulio a. 1912.

ADOLFUS HOFMEISTER.

INDEX CAPITULORUM.

.. a) *Hi numeri a me additi sunt. Codices indicem sine ulla distinctione immediate capitulis libri VII. Chronicae Ottonis Frisingensis subiungunt (cf. illic p. 33, l. 34 sq.), praemissis numeris XXVII. corr. XXVIII. usque ad XLVII. corr. XLVIII. (cf. infra p. 2, n. e.) in 1, omissis in 2.* b) Iherosol. 2, *et sic saepius.* c) Conr. 2. d) celebrato 1. e) Bernardus 2. f) clareuali 1. g) decederunt 2. h) *perperam novum caput (XXXII. corr. XXXIII.) incipit 1.* i) XXIII. *corr.* XXXIIII. *add.* 1. k) *abhinc* (XXXIIII. *corr.* XXXV.) *numeri in 1 uno maiores sunt.* l) He. 1. m) F. *in loco raso* 1. n) regis *om.* 2. o) repudiaciatione 1. p) impris *corr.* imperatricis 1. q) Wilhelmum 2. r) contra *eadem manu in loco raso* 1.

Otto de S. Blasio.

17. Imperator F[ridericus] iam tercia vice Italiam[a] ingreditur.

18[b]. De pugna ducis Welf et[c] palatini de[d] Tuingin.

19. De regressu imperatoris ab Italia[a] et recon- 5 ciliatione ducis et palatini.

20. Cesar quarta iam vice Italiam[a] intrat Romamque expugnatam devastat[e].

21. De possessionibus et diviciis Friderici imperatoris.   10

22. De constructione Alexandrie.

23. De obsidione Alexandrie.

24. Alexander papa scismate sedato sedem obtinet apostolicam conciliumque[f] cogit Lateranense.

25. De rege Yconii et obitu Alexandri pape suc- 15 cessoreque eius Lucio.

26. De curia apud Magunciam celebrata.

27. Lucius papa vita decedit eique Urbanus succedit.

28. De nuptiis Heinrici regis.   20

29. Wido Ierosolimorum[g] succedit.

30. Saladinus rex crucem dominicam cum Iherosolima capit regemque eius abducit.

31. Imperator F[ridericus] cum filio equivoco crucem peregrinacionis accepit.   25

32. Cesar F[ridericus] filio H[einrico] regalibus traditis Iherosolimam proficissitur[h].

33. Clemens successor Urbani et Gregorii obit eique Celestinus succedit. H[einricus] rex coronatur. Constantinopolis expugnatur.   30

34. Tamen Christianus exercitus patitur, Iconium capitur.

35. De morte F[riderici] imperatoris eiusque filii eiusdem nominis.

36. De expugnacione Accaron.   35

37. Imperator H[einricus] Ytaliam cum exercitu intrat.

38. De captivacione Richardi regis Anglorum.

39. Imperator Heinricus secunda vice Alpes transcendit[i].   40

a) yt. 2.   b) *numerus omissus, sed littera D colore caeruleo picta* 1.   c) et *alio atramento supra lin. suppl.* 1.   d) dtuingin 2.   e) *hic desinunt capitula in* 1; *ea quae sequuntur solus habet* 2.   f) *ita scripsi;* consiliumque 2.   g) *supple* rex *vel plures voces.*   h) *ita* 2.   i) *ita emendavi;* ascendit 2.

40. Imperator H[einricus] Palernum in dedicionem accipit. Alanus, Prepositinus, Petrus magistri claruerunt.
41. De repatriacione H[einrici] imperatoris.
42. De tercia expedicione transmarina.
43. Imperator Heinricus tercia vice Ytaliam ingreditur.
44. De nuptiis Phylippi fratris Heinrici imperatoris.
45. De morte Heinrici imperatoris.
46. De Celestino papa vita decedente. Innocencius substituitur. Phylippus rex creatur.
47. De quodam sacerdote miracula crebra faciente.
48. Innocencius papa Phylippum collaudat in regem.
49. Qualiter a Christianis destructa sit Constantinopolis.
50. De occisione Phylippi regis simulque promotione Ottonis.
51. Qualiter filia Phylippi regis desponsatur Ottoni regi.
52. De consecracione regis Ottonis.

1ª.. Anno dominice incarnationis M⁰C⁰XLVI. summus[b] pontifex Eugenius ecclesie transmarine paterne condolens multos ad Ierosolimitanum iter accendit ac venerabili Bernhardo[c] Clarevallensi abbati onere predicationis vice sui imposito ex omnibus mundi partibus cismarinis innumerabilem exercitum coadunavit. Venerabilis itaque pater Bernhardus[d] *indut*us *virtute* *Spiritus ex alto*[1] ad iniunctum sibi predicationis officium non segniter accingitur virtuteque verbi *omni gladio ancipiti penetrabilior*i[2], miraculorum comitante incomparabili gratia, totam Galliam et Germaniam peragravit et ad expedicionem transmarinam innumerabiles accendit.

1146.
G.Fr.I,35-44.

Luc. 24, 49.

Hebr. 4, 12.

*) *Eadem manu in margine add.* 2: Hactenus Otto Frigisensis *(!)* episcopus. Abinde Otto de Sancto Blasio.

a) *numeri capitulorum secundum Urstisium; XXIX. et sic deinceps usque ad* LXXX. 1; 28. *et sic deinceps usque ad* 79. 2; *nam uterque codex ea quae sequuntur immediate Ottonis Frisingensis Chronicae libro VII. subiungit, cf. illic p.* 366, *l.* 25. b) summis corr. alio atram. summus 1.   c) Bernardo 2.   d) Bernardus 2.

1) *Luc.* 24, 49: quoadusque induamini virtute ex alto. 2) *Hebr.* 4, 12: Vivus est enim sermo Dei et efficax et penetrabilior omni gladio ancipiti.

1147.　　2. Anno dominice incarnationis M⁰C⁰XLVII. Cŏn-
G. Fr. I,
40—42. 46. radus[a] rex mortuo fratre suo Friderico Swevorum duce filio
47. 62. 63. ⟨eius⟩[b] eiusdem nominis ducatum concessit ac pariter cum ipso
cruce peregrinationis accepta Hierosolimam adiit. Preterea
Welf[c] dux, Heinricus[d] Noricorum dux et multi alii nostra- 5
rum parcium principes et episcopi cum innumerabili diverse
condicionis exercitu eandem viam aggressi per Ungariam et
Greciam iter arripiunt, ac Francorum regi Ludewico[e] cum
multis principibus sue gentis illuc tendenti consociantur.
In itinere itaque multa pericula passi plurimisque diverso 10
modo consumptis Cŭnradus[a] rex cum suis mari emenso
1148. Ptolomaidam applicuit, ac inde itinere terreno Ierosolimam
veniens cum maximo tripudio a patriarcha[1] et rege[2] et
universis civibus suscipitur. Post hecque Ludewico[e] Francorum rege cum reliqua parte exercitus pari honore sus- 15
cepto contra Sarracenos procinctum movent. Regione itaque
paganorum diversis modis igne ferroque profligata[3]
Damascum obsidione cingunt ipsamque urbem, paganis pro
posse resistentibus, toto nisu impugnant. Itaque pagani
vim Christianorum non sustinentes condiciones militibus 20
Templi mediantibus pro velle principum statuunt, sicque
obsidione soluta exercitus Christianorum discessit ac
Ierusalem veniens cum triumpho suscipitur[4].

. Fr. I, 50. His[f] diebus Petrus Baiulardus prava de Trinitate senciens contrariaque catholice fidei dogmatizans heresim 25
Arrianam[5] resuscitare molitur. Contra quem venerabilis
abbas Bernhardus[g], veludh contra ecclesie hostem, insurgens
viva voce scriptisque ipsum magnifice convincens hereticum
1140. probavit scriptisque eius synodaliter examinatis ab apostolico
et dampnatis ipsi de cetero silencium inposuit. 30

1148.　　3. Anno incarnationis dominice M⁰C⁰XLVIII. Cŏnrado[i] rege repatriante Heinricus[k] Noricorum dux, filius
Leopaldi[6], sororius Heinrici[k] imperatoris, frater Cŏnradi[i]
1149. regis, filiam imperatoris Constantinopolitani[7] prius sibi in

　　　a) Chŭnr. 2.　　b) eius supplevi; om. 1. 2.　　c) Welfo 2.　　d) Henr. 2. 35
e) Ludwico 2.　f) Hŭs 2.　g) Bernardus 2.　h) velut 2.　i) Chŭnr. 2.　k) Henr. 2.

　　　1) Fulchero.　2) Balduino III.　3) Ad voces cf. c. 11, p. 11, l. 12;
c. 15, p. 18, l. 2; c. 18, p. 21, l. 6; c. 20, p. 27, l. 10; c. 34, p. 50, l. 6 sq.
4) Econtra humilem et non bonum exitum expeditionem accepisse auctor
apud Ottonem Fris. Gest. Frid. I, 65. legere potuit.　5) Sabellianus hereticus 40
iudicatus est Abaelardus Suessionis a. 1121, G. Fr. I, 49. Sed cf. G. Fr.
I, 50.　6) Leopaldi III. (IV.) marchionis Austriae.　7) Theodoram Com-
nenam filiam Andronici sebastocratoris, fratris Manuelis I. imperatoris;

itinere desponsatam in matrimonium accepit et ex ea
Leopaldum, patrem Leopaldi ducis Orientalis et Friderici
fratris sui, qui trans mare obiit[1], ducem serenissimum[a],
genuit. Hic Heinricus[b] dux bello cum Ungaris habito
5 victor extitit ipsosque de terminis suis, multis ex eis
occisis, gladio fugavit[2].

4. Anno dominice incarnacionis M⁰CLIL Chůn- 1152.
radus[c] rex moritur, eodem videlicet anno, quo hospitatus *(Febr. 15)*.
est in civitate Friburgensi[d,3], Spiramque[e,4] deportatus
10 obsequiis[f] regalibus sepelitur, anno regni sui XV[5].

Hiis[g] temporibus Eugenius papa[6] synodum episco- 1148.
porum Remis[h] congregavit, cui ipse presidens multaque *Bernh. Clar.*
prava corrigens inter cetera librum Gisilberti[i] Pictaviensis episcopi suspectum eo presente[7] examinavit, in quo super verba
15 Boecii de Trinitate, sana quidem et catholica, male commentatus
est, hoc modo: 'Pater est veritas, id est verus; Filius est veritas, id
est verus; Spiritus sanctus est[k] veritas, id est verus. Et hi tres simul
non tres veritates, sed una veritas, id est unus verus'. Que expositio
pape ceterisque episcopis perversa visa est omninoque suspecta,
20 quia secundum Augustinum[8] Deus[l] non nisi ea magnitudine
magnus est, que est quod ipse[m], et non nisi ea veritate verus
est, que est quod ipse, alioquin illa erit maior magnitudo vel
veritas, qua Deus magnus vel verus est, quam ipse; quod
fateri absurdissimum est. Hanc expositionem venera-
25 bilis abbas Bernhardus[n] in libro suo super Cantica can-
ticorum, capitulo LXXXI.[9] sic correxit: *Pater est verus,
id est veritas; Filius est verus, id est veritas; Spiritus
sanctus est[o] verus, id est veritas.* Sicque verbis tantum

---

a) sᵗnissimū 1; strenuissimum *Urstis.*   b) Henr. 2.   c) Conr. 2.   d) Fri-
30 singensi *Ussermann, perperam.*   e) -que *om.* 1.   f) *ita* 1. 2, *cf. infra c.* 27, *p.* 38,
l. 29; exequiis *Urstis.*   g) His 2.   h) Remis *om.* 1.   i) sigilberti 2.   k) est *om.* 1.
l) Dɪ (= dicitur) 2.   m) est *add. Ussermann.*   n) Bernardus 2.   o) est *om.* 1.

*C. Neumann, 'Griechische Geschichtschreiber und Geschichtsquellen im
12. Jahrh.', Leipzig* 1888, *p.* 68 *sq. De tempore nuptiarum, quas Ann.*
35 *Palid.* 1148, *SS. XVI, p.* 83, *ante adventum in Terra Sancta ponunt,
cf. W. Bernhardi, 'Konrad III.', p.* 656, *n.* 4.
    1) *Die* 16. *April.* 1198.   2) *Minime, sed die* 11. *Sept. a.* 1146
(Cont. Zwetl. I, MG. SS. IX, p. 538*) inter Leitham et Fischam fluvios
ab eis plane devictus est, G. Fr. I,* 33.   3) *Die* 12. *Ian. a.* 1152, *Stumpf,*
40 *'Reichskanzler' II, nr.* 3598, *Friburgi monachis S. Blasii praeposituram
Ochsenhausen confirmavit.*   4) *Eodem modo errant Ann. Veterocell.,
SS. XVI, p.* 42, *et Cron. Minor, Monumenta Erphesfurtensia, ed. Holder-
Egger (SS. rer. Germ.), p.* 638, *l.* 15.   *Conradus rex Bambergae et
mortuus et sepultus est.*   5) *Immo XIV.*   6) *Bernh. Clarev. In Cantica*
45 *serm.* 80, *nr.* 8; *cf. Otto Fris. G. Fr. I,* 52—61.   7) *Cf. G. Fr. l. c.*
8) *Augustinus De Trinitate V,* 10, 11, *quem auctor ex Bernhardo l. c.
nr.* 7 *attulit.*   9) *Immo LXXX, nr.* 8.

Bernh. Clar. transpositis sanus est intellectus. Idem liber[1] in nonnullis locis a vera fide visus est discrepare et ideo synodaliter reprobatus et dampnatus est, episcopo libri ipsius auctore humiliter consenciente ipsumque ore proprio dampnante[2]. Sicque solutum est concilium[a.3].   5

1152.   5. Anno dominice incarnationis M⁰C⁰LIII. Fridericus
(Mart. 4.) dux Swevorum mortuo Cŏnrado[b.*] a principibus rex creatus
G. Fr. II, 1.
1153. nonagesimus IIIIᵘˢ ab Augusto regnavit.   Eugenius
(Iul. 8). papa obiit, cui Anastasius[c] successit.   Eodem anno pie
. Fr. II. 10. memorie beatissimus Bernhardus[d] *abbas Clarevallensis[e], 10 doctor egregius ac multorum monasteriorum pater[4], XIII. *p.*
Aug. 20. Kalendas[f] Septembris migravit ad Dominum.   Ana-
1154. stasius papa obiit, cui Adrianus[g] successit, in ordine
(Dec. 3). centesimus sexagesimus.

1154.   6. Anno dominice incarnationis M⁰CLIIII. Hein- 15
. Fr. II, 7. ricus dux Saxonie, filius avunculi Friderici regis, filius
. 11. 42. 43.
5, *cf. I,* 45. Heinrici[h] ex filia imperatoris[i] Lotharii[5], ducatum Noricum sui iuris hereditate paterna affectans cum Heinrico[h], filio Leopaldi, patruo Friderici regis, qui eundem ducatum beneficii loco a rege Cŏnrado[b] acceperat, toto nisu contendit, 20 Heinrico[h] non minore ambitione sibi resistente.   Quorum litem Fridericus rex sedare cupiens — utrumque enim linea
1156. consanguinitatis tangebat — consilio principum taliter dif-
(Sept. 17). finivit[k], ut marchia Orientalis, que prius ducatui Norico iure beneficii subiacuit, a ducatu seiuncta per se consistens 25

*) 1 *alia manu in marg. add.:* patruo suo.

a) consilium 2.   b) Chŭnr. 2.   c) IIII. *alia manu superscr.* 1.   d) Bernardus 2.   e) Clarevallensis *om.* 2.   f) K. 1; kł 2.   g) IIII. *alia manu superscr.* 1. h) Henr. 2.   i) -is *alia manu suppl.* 1.   k) *ita* 1. 2; definitum est *Urstis.;* definivit *Wilmans.*   30

1) *Cf. Bernh. Clar. l. c. nr.* 8.   2) *Bernh. Clar. l. c. nr.* 9. *Sed minime Giselbertum ipsum ipsiusque libros a papa et episcopis damnatos esse constat; immo liber quorundam discipulorum eius a magistro ipso reprobatus publice scissus est; cf. B. Geyer, 'Die Sententiae divinitatis', Münster* 1909, *p.* 48 *sqq. (Baeumker - Hertling - Baumgartner, 'Bei-* 35 *träge zur Gesch. der Philosophie des Mittelalters' VII,* 2—3). 3) *Finita demum synodo Remensi a prudentioribus et vicinioribus ad hoc retentis causae Giselberti finem datum esse ex G. Fr. I,* 58. *constat; cf. etiam (Joh. Saresb.), Hist. Pontif. c.* 11, *MG. SS. XX, p.* 525.   4) *Vita S. Bernardi lib. V. auct. Gaufrido c.* 2, 15, *MG. SS. XXVI, p.* 120: 40 Bernardus, Clarevallensis cenobii primus abbas, aliorum quoque amplius quam 160 monasteriorum pater, 3. *(lege* 13.*)* Kal. Sept. inter filiorum manus obdormivit in Christo.   5) *Gertrudi. Cf. Otto Fris. Chron. VII,* 25. 26; *G. Frid. I,* 19.

nulloque respectu iuris duci[a] Bawarie subiacens ducatus *G. Fr. II,55*
iure et nomine constaret hocque Heinricus filius Leopaldi
principis iure et ducis nomine et honore sublimatus[b] con-
tentus esset, ducatu Norico Heinrico duci Saxonie cedente [1].
5 Ad hoc utroque consenciente lite decisa, qui prius marchio,
dux Orientalis deinceps dictus est. Sicque Heinricus
fratruelis Welfonis [2] ducatu Bawarie et Saxonie potitus
hereditatem paternam consequitur.

7. Anno dominice incarnationis M⁰CLV. Fridericus 1157.
10 rex contra ducem Polanorum[c·3] procinctum movens regionem *G. Fr. III, 1—5.*
ipsius armata manu ingressus est transitoque preter spem
quodam fluvio [4] cum exercitu regione devastata ipsum ad
dedicionem coegit ac censum iam per aliquod [d] annos
neglectum reddere compellens et expedicionem Italicam[e]
15 ipsi indicens omnimodam subiectionem sacramento sibi firmari
fecit. Quo promisso omnimodis frustratus est. Nam post
regressum regis periurus effectus nec expedicioni interfuit
nec cetera, que sacramentis firmaverat, custodiens iram denuo
regis promeruit.　　Eodem anno dispositis pro voluntate 1154.
20 sua in Gallia et Germania rebus universis Fridericus rex *G. Fr. II, 11 12. 16—38.*
contracto ex omnibus regni visceribus exercitu [5] validissimo
procinctum movit in Italiam[e·] Ubi multis pro libitu con-
summatis omnibusque rebellibus subactis Terdonam, que sola
restabat, obsidione cinxit expugnatamque cepit et destruxit.
25 Exin ad Urbem tendens Romanis resistentibus Urbe arcetur,
quos forti aggressione in brevi expugnans, multis occisis [6],
favente sibi* apostolico, Urbem ingreditur, ab eoque consecratus imperatoris et augusti nomen XC[us] IIII[us f] ab
Augusto sortitur, Romanis interim sedicione mota cum 1155.
30 exercitu imperatoris confligentibus. Tandem fugatis et victis *(Iun. 18).*
et ad dedicionem coactis, omnibusque ibidem bene dispositis,
suadentibus Coloniensi archiepiscopo [7] et Hermanno Constanciensi episcopo et quibusdam[g] aliis principibus, ad
ulteriora contra Willehelmum[h] filium Rogerii [8], qui Apuliam

35　　*) 1 *alia manu in marg. add.:* Adriano IIII⁰.

a) duce *alia manu corr.* duci 1.　　b) sublimatus *om.* 2.　　c) colan. *alia manu corr.* Polan. 1.　　d) aliquot 2. *Urstis.*　　e) ytal. 2.　　f) XC⁹ V⁹. 2.　　g) quibus 2.
h) -lle- *eadem manu supra lin.* 1; Wilhelmum 2.

1) Cf. 'Privilegium minus' quod dicitur, MG. LL. Constit. I,
40 nr. 159, p. 221 sq.　　2) Cf. G. Frid. IV, 46, ed. tertia p. 287, l. 1.
3) Boleslaum IV.　　4) Oder.　　5) Ad voces cf. infra c. 20, p. 22, l. 15 sq.
6) Haec fabulosa.　　7) Arnoldo II.　　8) G. Frid. II, 11.

G. Fr. II, 39—41.

usurpato regio nomine tenebat, progredi disposuit. Sed ab aliis dissuasus hoc in posterum differens ad Cisalpina[1] revertitur. In quo itinere insidias a Veronensibus passus, ipsis non impune talia licere necessario iratus sic ostendit. Ponte enim eius iussu ad transponendum exercitum per 5 Attasim fluvium a Veronensibus navibus compactis structo, quidam[a] Albericus[2] ex ipsa civitate et aliunde latronum manu in[b] inmensum conflata preparatis quibusdam natatilibus instrumentis in superioribus fluminis insidias tendit, ut parte exercitus fluvium transeunte ipsi eisdem[c] instrumentis 10 compage navium dissoluta reliquam partem exercitus citra remanentem pugna invaderent. Sed sicut conatus eorum in vanum, sic eventus cessit in periculum. Machinati enim, ut dictum est, ubi statuerant imperatorem invadere, ipse iam copiis ex toto fluvio transpositis progressus fuerat iam- 15 que cum omni exercitu ad Alpes tendebat. Illi itaque per notum sibi compendium precurrentes[d,2] in angustis[e] Alpium, parte exercitus iam progresso[f,3], imperatorem cum reliquis offendunt ac, nisi pecunia se redimat, viam sibi intercludi belloque congredi minantur. Imperator itaque, ut semper 20 et ubique imperterritus, tale pactum cum latronibus imperatorem[g] inire dedecorosum existimans et hoc protestans cum exercitus[h] parte que substitit[i] restabat ac se ad configendum modis omnibus preparavit. Igitur Otto palatinus de Witilisbach[k] senior, pater Ludewici[l] ducis[4], qui postmodum 25 Bawarie dux effectus est[5], lectis de exercitu strennuis, valle girata, hostibus insciis, signo retecto, montana ascendit ipsosque a tergo signo dato cum clamore invadens in precipicium compulit. Sicque omnibus morti datis captos ex eis XII precipuos imperatori tradidit. Ex quibus XI patibulo 30 suspensis, uno dimisso, qui reliquos illaqueaverat, imperator per vallem Tridentinam triumphans gloriose repatriavit iamque Alpibus transmissis exercitum ad propria remisit[6].

---

a) quibusdam corr. quidam 1.   b) in om. 2.   c) ei⁹dem, ut videtur, alia manu corr. eisdem 1.   d) procurreutes 2.   e) angustiis Urstis.   f) ita 1. 2, sed 35 alia manu corr. progressa 1.   g) imperato2̸ alia manu corr. -torem 1.   h) -s alia manu suppl. 1.   i) restabat substitit legendum esse videtur.   k) Winlisbach 2. l) Ludwici 2.

1) Transalpina G. Frid. II, 37.   2) Seriem rerum, quam in Ottonis Fris. G. Frid. invenit, auctor turbavit.   3) Imperator iam 40 antea apud Anconam exercitum dissolverat, G. Frid. II, 38, non nisi quibusdam principum ei adhuc adherentibus.   4) A. 1183—1231. 5) A. 1180; infra c. 24.   6) V. supra n. 3. Cf. G. Frid. II, 41, p. 150, l. 1 sq.: Inde, multis se ad propria dispergentibus domicilia etc.

307.   *8· Anno dominice incarnationis M⁰C⁰L⁰VI⁰ epi- 1156.
scopus Lundoniensis[a,1] cum quodam alio episcopo collega $^{G.\,Fr.\,III,}_{8-11.}$
suo[2] a Romana curia recedens ac[b] per Burgundiam repa-
triando iter faciens a quibusdam capitur rebusque omnibus
5 denudatus lucri gratia[3] in custodiam mittitur, dissimulante
imperatore querimoniamque pro hac re parvipendente.   Qua
de causa domnus[c] apostolicus legatos suos[4] ad imperatorem $^{1157.}_{(Oct.).}$
misit.   Qui Bisuntum[d], ubi generalem curiam tunc temporis
imperator habebat, venientes litteras apostolicas imperatori
10 coram principibus representant, in quibus pro dissimulata
captivatione Lundoniensis[a] episcopi redargutus[e] imperium
de manu apostolici se recepisse admonetur.   Quo audito
imperator et omnes presentes principes maxima indignatione
accensi, quod quasi iure beneficii sub hominio cesarem impe-
15 rium a se suscepisse papa gloriaretur, et cum clamoris
maximo strepitu in legatos invecti vix manibus temperabant,
indignum ducentes tali contemptu Romanos gloriari.   Unus
autem legatorum quasi pro apostolico loquens stolidissime
his ita respondit: 'Si ergo a domno[f] apostolico non habet,
20 a quo habet?'   Quibus verbis commotus Otto palatinus de
Witilinsbach[g], qui gladium maiestatis imperatori astans
tenebat, ipso gladio evaginato impetu in cardinalem facto
vix ab[h] imperatore retentus est, quin exicio cardinalem
dederit.   Tandem multis iniuriis impetiti a conspectu cesaris
25 eliminantur divertendique ad episcopia vel cenobia questus
gratia occasione omnino interdicta via regia[i] Romam reverti
iubentur.   Qui reversi apostolico iniuriam sibi irrogatam
conqueruntur seque vix mortem evasisse protestati sunt.
Imperator autem missis litteris in omnes regni terminos
30 cunctis principibus irrogatam imperio a papa et a Romanis
calumniam conquestus est et ulcisci dedecus imperii summopere nititur.

a) Lundouiensis 2.   b) a 2.   c) domn⁹ *alio atram. mut.* domin⁹ 1; dōn⁹ 2.
d) bisuntum *alio atram. mut.* bisuntium 1.   e) redagutus 1; redarguitur 2.   f) domno
35 *alio atram. mut.* domino 1; dōno 2.   g) Wintilisbach 2.   h) ipso *add. Ussermann.*
i) recta via *Rahew. G. Frid. III,* 10, *ex quibus hunc locum emendavit H. Kohl; sed cf.*
infra p. 46, *l.* 24.

    1) *Eskillus archiepiscopus Lundensis.   De tempore cf. H. Simons-*
feld, 'Jahrbücher des Deutschen Reiches unter Friedrich I.' I, p. 498, *n.*
40 2) *Alexander papa III. ad Arnulfum episc. Lexov., Jaffé-Löwenfeld,*
Reg. Pont. nr. 10627 (1. *April.* 1160): Archiepiscopos namque et episcopos a sede apostolica redeuntes in ignominiam et detrimentum
ecclesiae plerumque capi turpiter et inhoneste praecepit eosque fecit
carceris custodiae mancipari *(sc. Fridericus imperator).*   3) *Tit.* 1, 11.
45 1. *Petr.* 5, 2: turpis lucri gratia.   4) *Rolandum, postea Alexandrum III.*
papam, et Bernhardum presbyteros cardinales.

1158.
.Fr.III, 17.
9. Anno ab incarnatione Domini M⁰C⁰LVIII⁰[a]
principes[b] verentes, ne controversia inter regnum et sacerdocium in inmensum[c] conflata rem publicam involveret
exicio, apostolicum per episcopum Babinbergensem[d·1] et
alios Romam directos[2] eadem de causa conveniunt et, 5
ut imperatorem litteris mitioribus[e] et aliis nunciis de notabili
priorum litterarum arrogancia se excusans placaret, dant
G. Fr. III,
18—22. consilium[3]. Apostolicus autem audiens nuncios cesaris, cancellarium[4] videlicet et Ottonem palatinum, Italiam[f] intrasse
negociaque imperii potenter disponere — nam conventus 10
imperatorios absque imperatore, immo curias si dici[g] fas
est, cum episcopis Italie[f], qui XV numero quodam conventu
congregati erant, et cum aliis Italie[f] principibus cele-
brabant[5] —, timensque superventurum cesarem salutifero
eorum consilio consensit ac supplicibus litteris cum condigna 15
salutacione per idoneos[h] legatos[6] de obiectis se excusans
mediantibus principibus cesarem placavit et a priori indignatione revocatum animequiorem reddidit. Sicque imperatoris ira contra Romanos excitata ad tempus quievit.

1153.
(Martio).
10. Circa hec tempora Fridericus imperator gene- 20
ralem curiam cum maxima principum frequencia apud
Constanciam habuit ibique coram Hermanno episcopo[7]
in choro Constanciensi uxorem suam, filiam marchionis[8]
de Vohiburch, Adalam[i] nomine, causa fornicationis
sepius infamatam[9] repudiavit eique postmodum filiam 25
1156.
. Fr. II, 48. Reginboldi[k] principis ac excellentissimi comitis Burgundie[l],
nomine Beatricem, superduxit. Ex hac Beatrice genuit[10]

a) M⁰C⁰LVII⁰ 2.   b) princeps *corr.* principes 2.   c) in- *alia manu superscr.* 1.
d) -g- *alia manu suppl.* 1.   e) minoribus 1.   f) ytal. 2.   g) dici si curias *signis
transposita, ita ut* curias *ante* dici si *collocandum videatur,* 1.   h) i- *superscr.* 1; yd. 2. 30
i) Ádalam 2.   k) Reginoldi 2.   l) -d- *e corr.* 1.

1) *Eberhardum II.*   2) *Perperam.* Commonitionem dilecti
filii nostri Heinrici Baioariae et Saxoniae ducis *laudat Hadrianus in
epistola excusatoria ad imperatorem data, G. Frid. III, 23, Eberhardi
episcopi Babenbergensis operam pro concordia imperii et sacerdotii* 35
*Heinricus cardinalis, alter posteriorum papae legatorum, in epistola ad
ipsum data, Gest. Frid. IV,* 22.   3) *V. epistolam episcoporum Teutonicorum ad Hadrianum, G. Frid. III,* 17.   4) *Reinaldum de Dassel,
postea archiepiscopum Coloniensem.*   5) *G. Frid. III,* 20 (21): *occurrenti-
bus eis ... archiepiscopis Ravennate et Mediolanense et de suffraganeis* 40
eorum 15 *episcopis necnon comitibus etc.*   6) *Heinricum presbyterum
et Hyacinthum diaconum cardinales.*   7) *G. Frid. II,* 11: *per apostolicae sedis legatos.*   8) *Diepoldi II.*   9) *Chron. Montis Sereni, MG.
SS. XXIII, p.* 149: *propter notam adulterii; G. Frid. II,* 11: *ob vin-
culum consanguinitatis. Cf. Simonsfeld l. c. p.* 156 *sqq.* 167 *sqq.*   10) *Cf.* 45
infra c. 21 *fin.*

Fridricum[a] ducem Swevie, Heinricum[b] imperatorem,
Cŏnradum[c] ducem, Ottonem comitem[d] Burgundie[e],
Phylippum[f] regem, qui omnes in brevi perierunt[1].
11. Anno incarnationis dominice M⁰C⁰LVIII. Fri- 1158.
5 dericus imperator[g] contra Willehelmum[h], Rogerii filium, in- *G. Fr. II,* 49. 50.
vasorem Apulie, Calabrie, Sicilie[i·2], expedicionem instaurans
a Mediolanensibus rebellantibus multis iniuriis affectus in
ipsos arma convertit et per vallem Tridentinam[3] secundo *ib.III,26.27*
in Italiam[k] exercitum duxit ac ad plana perveniens precipue
10 Papiensium[4] et Cremonensium[4] ope Italico[k] exercitu admodum
roboratus[5] Mediolanenses hostes pronunciavit totaque Liguria *ib. III,* 29—32.
igne ferroque profligata[6] Cremenses Mediolanensium fautores 1159.
obsidione cinxit multisque diebus diversisque modis attritos[1] *G. Fr. IV,* 47.48.67—7?
tandem per condicionem suscipiens, ut vite donati provincia
15 cederent, civitate tradita ipsam funditus evertit ac deinde[7] 1160. *(Ian. 27).*
contra Mediolanenses aciem direxit. Itaque signis contra 1158.
Mediolanum[m] erectis imperatore nesciente mille de exercitu *G. Fr. III,* 33—36.
milites instructissimi contra[n] Mediolanum[o] se proripientes[p] 38—43.
cives ante portas ad bellum ordinatos offendunt. Quos in-
20 caute aggredientes alacriter a civibus suscipiuntur, pugnaque
308. *conserta multis hinc inde occisis milites cesariani pre pau-
citate sui vim civium non ferentes fugam ineunt. Quo
peccato militum cesar iratus[q] a vindicta vix se continuit
ac[r] interdicta tali presumptione in posterum, militibus data
25 venia, urbem obsidione undique vallavit. Cecidit in hac
congressione ex parte cesaris Egebertus[s] comes de Butin[t] *(Aug. 5).*
et alii plures. Itaque cives cesaris industria undique artati
fortiter resistunt ac illatum sibi dampnum viriliter recompensantes portis sepius erumpunt patratisque hinc et inde
30 preclaris facinoribus, multis hinc inde[u] occisis, non sine
maximo exercitus dampno portis recipiuntur. Quadam enim *G.Fr.IV,4*
eruptione cum cesarianis, ubi[v] Italicis[k] militibus obsidebantur,

a) Frid⁴icum 2.   b) Henr. 2.   c) Cŭnr. 2.   d) comittem 1.   e) burgunnie 1.
f) Philippum 2.   g) imperator *om.* 1.   h) Wilhelmum 2.   i) Sycilie 2.   k) yt. 2.
35 l) adtritos, -d- *erasum* 1.   m) medyolanum 2.   n) coram 2.   o) Mediolanenses,
-a- *in loco raso, alterum -s alio atram. suppl.* 1, *qui sequens* se *omittit.*   p) prorumpentes,
-ū꜀- *in loco raso* 1.   q) *ita* 1. 2; irritatus *Urstis.*   r) et 2.   s) Eggebertus 2.
t) ᵇutin *radendo et alia manu mut.* bitingŏ 1.   u) hinc "multis' iñ 1.   v) ubi *om.* 2.

1) *A.* 1191, 1197, 1196, 1200, 1208.   2) *Potius contra Graecos,*
40 *qui Wilhelmi fines invaserant, ut G. Frid. habent.*   3) *Qua via imperator Italiam intraverit, expressis verbis non designatur G. Frid. III,* 26.
4) *Cf. G. Frid. III,* 44.   5) *Cf. etiam G. Frid. III,* 39.   6) *Ad
voces cf. supra p.* 4, *n.* 3.   7) *Immo antea. Nota etiam in sequentibus
auctorem Cremensem et priorem Mediolani obsidionem confudisse.*

1159.
(Iul.).

G. Fr. III,
38—45.

1158.

ib. III, 47.

(Sept. 8).

.Fr. III,48.

congressi Wernherum[a] Italicum[b. 1] marchionem prestantissi-
mum cum multis aliis occiderunt[2], de cuius nomine[c] dicitur adhuc Wernheri markia[3]. Ex ipsis autem civibus
cottidie multi passim machinis[4] et congressionibus perime-
bantur, ac diversa sorte pessundati multis malis atterebantur. 5
Cives itaque cesaris impetum non sustinentes — arta quippe
obsidione omnibusque bellicorum instrumentorum machinis[4] impugnatos admodum attriverat — condiciones pacis,
mediante Friderico duce de Rotinburch, Heinrico[d] duce
Bawarie[e] et Saxonie[5], Bertolfo[f] duce Zaringe[g], necnon 10
et rege Boemie[h. 6], ab imperatore querunt multoque auri
pondere imperatrici collato necnon infinita peccunia imperatori vix impetratam tali modo accipiunt. Imperatore ad
impetrata, ut iam dictum est, vix assensum dante, pace
data dies statuitur[7], qua cives dediticii[i] se suaque omnia 15
in manus cesaris contraderent sicque obtentu principum
gratiam eius invenirent. Qua veniente imperator procul
a civitate per IIII[or] ferme miliaria Latina secessit ibique tribunali ambiciosissime instructo cum frequencia
principum resedit, cuncto exercitu per turmas suas tractu 20
longissimo[k] a civitate usque ad locum[l] tribunalis ex-
tento[8] tociusque militaris glorie apparatu decentissime
instructo. Via itaque per medium exercitum usque ad imperatorem civibus patefacta, primo procedit archiepiscopus[9],
sacerdotalibus[m] indutus[10], nudis pedibus[n], cum omni clero 25

---

a) Werhnerum 2.   b) yt. 2.   c) nomine *a scriba in marg. suppl.* 1.
d) Henr. 2.   e) *primum -a- e corr.* 1.   f) *super -t- alio atram. superscr.* d 2.
g) Zaringe *alia manu mut.* Zaringie 1.   h) Bohemie 2.   i) dedicii 2, *sed certo
legendum est* dediticii *(et infra p.* 18, *n.* a dediticias*), ut paret p.* 25, *n.* a*; post* cives
sequitur d *erasum et spatium vacuum trium vel quatuor litterarum* 1.   k) longisissimo 2. 30
l) log 1.   m) socerdotalibus 2.   n) pedib; *alia fortasse manu corr.* pedibus, -is *in loco
raso, sequentibus circiter* 11 *litteris erasis, ubi fortasse scriptum erat* sagis induti exertis 1.

---

1) Anconae *G. Frid. IV,* 48.   2) *Mors Wernheri II. marchionis in Cremae, non Mediolani obsidione evenit.*   3) *Anconitana
marchia. W.*   4) *Haec magis ad Cremae quam ad priorem Medio-* 35
lani obsidionem pertinent. Sed cf. Vincent. Prag. a. 1158, *MG. SS. XVII,
p.* 674.   5) *Perperam; nam Heinricus Leo priori Mediolani obsidioni
non interfuit. Sed a.* 1160. *in deditione Cremensium intercessit, G.
Frid. IV,* 70. 72, *quae auctor turbavit.*   6) *Wladislao II. Mediolanenses* primo regem Boemiae ducemque Austriae, dehinc mediantibus 40
illis alios principes *convenisse G. Frid. III,* 47. *tradunt.*   7) *Vinc.
Prag., SS. XVII, p.* 674, *l.* 35.   8) *Cf. Vinc. Prag., SS. XVII,
p.* 674, *l.* 50: licet tentoria imperatoris a portis Mediolanensium satis
fuerint remota, processio tamen illa a predictis portis usque ad tri-
bunal imperatoris durabat.   9) *Otbertus.*   10) *Cf. Vinc. Prag.,* 45
SS. XVII, p. 674, *l.* 46 *sqq.*; prelatis crucibus *G. Frid. III,* 48.

et ceteris ordinibus ecclesiasticis, simili[1] habitu, lugubri *G.Fr. III,48.*
facie reliquias sanctorum gestantes. Post hos consules
aliarumque dignitatum barones cum omnibus libere condicionis[a] ordinibus, nudis pedibus, sagis induti[2], exertis
5 gladiis collo impositis. Post hos servilis conditionis cum
omni vulgo torque[b] collo innexo eadem via suo quisque
ordine venientes pedibus imperatoris provolvuntur seque
maiestatis reos verbis et gestibus profitentur[3]. Principibus ergo pro eis supplicantibus subiectioneque omni-
10 moda sacramentis firmata, imperator ad misericordiam flec- *G. Fr. III,
49. 50.*
titur ipsosque vite et civitati pristinisque honoribus[c] redditos
de malis peiores — sicut in sequentibus ostendemus —
reddidit, sicque soluta obsidione cum exercitu discessit.

12. His diebus Petrus Lombardus et Petrus Man-
15 ducator apud Parisius magistri insignes claruerunt multaque ecclesie profutura conscripserunt. E quibus Lombardus librum Sententiarum IIII[or] distinctionibus ordi-
natum confecit[4], in prima distinctione de Trinitate[d],
que Deus est, subtilissime tractans, in secunda de crea-
20 tione rerum primordialium, in tercia de incarnatione
verbi, in quarta de sacramentis ecclesiasticis. Preter
hec[e] Apostolum[5] necnon Psalterium per[f] continuas glosas
luculenter admodum exposuit Deoque digna conversa-
tione degens apud Parisius vita decessit[6].   Alter vero, 1160.
25 Manducator[7] scilicet, conversatione et studio huic non
dispar, librum Scolastice Hystorie utilissimum confecit
a principioque Geneseos incipiens Pentateuco[g] librum
Iosue Iudicumque et Ruth continuavit libroque Regum
Paralipomenon includens cum ultimis Ysaie[h] Tobiam[i]
30 complectitur transmigrationeque cum morte Godolie et
visionibus Danielis descripta Esdram, Hester, Iudit librumque Machabeorum diligenter prosequitur. Exin

a) condiciones *alia manu corr.* -nis 1.   b) torq̅;, ; *erasum* 1.   c) -que
add., sed erasum 1.   d) -tati *corr. alia manu* -tate 1.   e) *in secunda manu supra*
35 *lin. add.* 1.   f) per *om.* 1.   g) Pentateucos 1.   h) Ysaye 2.   i) Thobiam 2.

1) humili habitu *G. Frid. III,* 48.   2) abiecta veste *G.*
Frid. l. c.   3) *Cf. Vinc. Prag., SS. XVII, p.* 675, *l.* 5 *sqq.*   4) *Cf.*
M. Grabmann, 'Die Geschichte der scholastischen Methode' II (1911),
p. 359 *sqq.*   5) *Pauli epistolas. Cf. H. Denifle, 'Die abendländischen*
40 *Schriftausleger bis Luther über "Iustitia Dei" und "Iustificatio"',*
Mainz 1905, *p.* 56 *sq.*   6) *Die* 20. *Iulii a.* 1160 *(potius quam* 1164*). Fuit*
episcopus Parisiensis a. 1159—1160.   7) *Vel* Comestor *(sc. librorum),*
Trecensis, qui cancellarius ecclesiae S. Mariae Parisiensis a. 1164—1178.
occurrit.

Iosephum secutus a Iohanne Hircano usque ad regnum
Herodis nativitatemque Christi hystoriam deducit euan-
gelioque complexo in Actibus apostolorum opus totum
concludit, obscura queque dilucidans[a], ambigua certa
faciens, tradicionesque Hebraicas cum incidenciis hysto- 5
riarum notas faciens ecclesiasticarum tradicionum diversas species inducit.   Preter hec librum sermonum
mira subtilitate composuit[1], in quo preter alia utilia
moralitatem mentibus legencium miro modo inculcavit.

.*Fr. IV*, 52.   *13· Anno dominice incarnacionis M⁰C⁰L⁰IX⁰ Adriano 10

1159. papa mortuo factum est scisma in electione, quibusdam Oc-

(*Sept.* 1). tavianum cardinalem, Victorem vocatum, eligentibus, aliis
Rŏlandum cancellarium, Alexandrum dictum, intronizanti-

b. *IV*, 60 sqq. bus.   Divisis itaque tali scismate cardinalibus, novem numero
in parte Victoris, undecim[2] in parte Alexandri consistentibus, 15
res ad imperatorem refertur.   Qui habito principum consilio
ab ipsisque[b] tale scisma maiestate imperatoria sedandum
esse data sentencia generalem curiam omnibus regni principibus ad ineundum pro statu[c] ecclesie concilium[d] Papie
in epiphania[e] Domini[f.3] indixit[g].   Missique litteris suis 20
omnibus cismarinis regibus, utpote regi Ungarie, Anglie,
Dacie et omnibus regibus Hyspanie[h], ut episcopos suorum regnorum ad hoc concilium[d] pro instanti[i] ecclesie
necessitate dirigerent, rogavit[4] datoque conductu[k] utrique[l]
electo cum partibus[m] suis ambos ad[n] concilium[d] citavit[5]. 25
Extant diverse ad diversos utriusque partis de hac causa
epistole, suum queque pars electum canonizare cupien-
cium, sicut in Gestis Friderici imperatoris[o] ab Ottone
Frisingensi episcopo[6] plenarie describitur.   Igitur ex

G. *Fr. IV*,
74—82. omnibus mundi partibus ecclesiasticorum[p] et secularium 30
principum personis cum infinita multitudine clericorum, lai-

---

a) delucidans 2.   b) -que *om.* 1.   c) stratu *corr.* statu 2.   d) consilium 2.
e) epyphania 2.   f) Domini *om.* 1.   g) edixit, e- *alia manu suppl.* 1.   h) Hisp. 2.
i) statu *alia manu mut.* status 1.   k) coductu 2.   l) utroque 2.   m) electo cum
parti- *in loco raso* 1.   n) ad *supra locum rasum* 1.   o) -is *alia manu suppl.* 1. 35
p) *ita Muratori, Ussermann, Böhmer;* ecclesiasticarum 1. 2.

1) *Cf. L. Bourgain, 'La chaire française au XIIe siècle', Paris* 1879,
p. 122 *sq.*   2) XIV *G. Frid. IV,* 62.   3) in octava epiphaniae *G. Frid.
IV,* 65. 66.   4) *Extat epistola Heinrico II. regi Angliae directa,
MG. LL. Constit. I, nr.* 183, *p.* 254 *sq.   In epistolis a Rahewino receptis* 40
imperator ipse se omnes episcopos imperii *sui* et aliorum regnorum,
Franciae videlicet, Angliae, Hispaniae atque Ungariae, *evocasse dicit,
G. Frid. IV,* 65. 66.   5) *Extat epistola Rolando cancellario (Alexandro
papae III.) directa G. Frid. IV,* 65.   6) *Potius a Ragewino Ottonis
continuatore. W.*   45

corum, nobilium sive ignobilium, ad hanc curiam Papiam *G. Fr. l. c.*
confluentibus, concilio^a ab episcopis habito, exclusis primum 1160.
cum imperatore laicis, Octavianus^b qui et Victor cum sua *(Febr.)*.
parte iudicio istius concilii^c se presentavit seque iudicium
5 ecclesie humiliter subire profitetur^d. Rûlandus^e autem qui
et Alexander cum sua parte se canonice, utpote a maiori
et saniori parte, electum affirmans[1] nec summum pontificem a laico citari omnesque ipsius iudicio subiacere et
ipsum a nemine iudicari debere contestans huic concilio^a se
10 absentavit nec responsales aliquos pro se destinavit. Cuius
absentacione concilio presidentes permoti electionem domini Victoris canonicam iudicantes Alexandro reprobato ipsum
in summum pontificem favente imperatore omnibus presentibus receperunt omnique obediencie reverencia ei exhibita,
15 pedibus eius utpote apostolici cum oblationibus osculatis,
concilium solvitur, ascendentique equum imperator strepam
pro sacerdotali reverencia tenens se fautorem et auctorem^f
promocionis ipsius ostendit. Alexander autem cum ma-
iori parte cardinalium vim cesaris non sustinens Urbe
20 cessit[2] ac in partes Apulie, Calabrie et Sicilie[3] apostolica nichilominus utens auctoritate se contulit fautores-
que Victoris cum concilio Papiensi detestans[4] in potestate Willehelmi^g regis Sicilie mansit aliquamdiu.

   14. Anno ab incarnatione Domini M⁰CLX. Fride- 1158.
25 ricus imperator convocatis omnibus Italicis^h baronibus ge- *(Nov.).*
neralem curiam apud Roncaliam cum maximo principum *G.Fr.III,53*
conventu celebravit ibique renovatis antiquis legibus novas *IV, 1—10.*
de suo promulgavit ac diversis imperii negociis expeditis
iura disuetaⁱ in consuetudinem reduxit et, quo iuris genere
30 civitates Italice^k subiacerent imperio, iudicialiter exquisivit.

a) consilio 2.   b) Octovianus 2.   c) consilii 2.   d) -i- *alio atram. in loco*
raso 1.   e) Rôl. 2.   f) *sequuntur circiter 7 litterae erasae* 1.   g) Wilhelni 2.
h) yt. 2.   i) *ıta* 1. 2; desueta *Ûrstis.*   k) ytalie 2.

   1) *Cf. epist. Alexandri, G. Frid. IV,* 61.   2) *Iam multo ante*
35 *concilium Papiense a.* 1159. *Sept., paulisper tantum a.* 1161. *Iun. Romae*
moratus.   3) *Perperam. Anagniae et Terracinae aliisque patrimonii*
Romani locis Alexander moratus est, dum a. 1161. *Dec. exeunte nave*
conscensa, Ianuae aliquamdiu moratus, a. 1162. *Mart. exeunte in Fran-*
ciam navigaret, unde a. 1165. *Nov. Romam reversus inde ab a.* 1167.
40 *diutius in regno Siciliae apud Beneventum exulavit.*   4) *Iam a.* 1159.
Sept. 27. *Terracinae Victore anathemate percusso (Jaffé-Loewenfeld,*
Reg. pont. nr. 10587*) Alexander a.* 1160. *Mart.* 24. *Anagniae impera-*
torem omnesque Victoris adiutores sollemniter excommunicavit, Jaffé-
Loewenfeld, Reg. pont. nr. 10628.

G. Fr. l. c. Quod a principibus et ˈlegum dominis[a.][1] diligenter exami-
natum generali omnium sentencia adiudicatur omnia regalia
civitatum, utpote monetas, telonea[b], navigia, necnon et
dignitates potestatum[c], consulum, iudicum ad ius spectare
imperii electasque a civibus[2] ad has dignitates personas 5
de manu imperatoris iure beneficii easdem suscipere nec
.Fr. IV,7.8. sine eius consultu susceptas deponere. In hac etiam
curia iam per multa tempora oblivioni et neglectui datos ad
XXX[a] milia talentorum annuos reditus imperio acquisivit[d].
Preterea vectigalia antiquitus constituta necnon exacti- 10
ones pro imperii necessitate exigendas[e] in rationem cesaris, ubi, quando et a quibus et quomodo tractentur,
.Fr. IV,13. decretum est et edicto confirmatum. Ad que promul-
23 sqq. ganda et instituenda nuncii imperiales[3] per Italiam desti-
nantur, inter quos precipui cancellarius, Otto palatinus de 15
Witilinsbach[f], Wido comes Blanderanensis[4], Gozwinus[g]
comes fuerunt. Qui peragratis[h] eadem de causa pluribus
1159. civitatibus[5] Mediolanum venerunt convocatisque in conci-
(Ian.). onem civibus decreta imperialia pandunt[i.][6] et ad hec
ib. exequenda constanter insistunt. Cives, utpote talium in- 20
sueti, edicta imperialia spernunt expulsisque cum dedecore
legatis rebellionem toto nisu denuo moliuntur. Igitur legati
vix fuga elapsi ad imperatorem redeuntes suam iniuriam
rebellionemque Mediolanensium referunt ipsumque ad ulcis-
cendum summopere incitaverunt. Qui nil moratus igno- 25
miniam imperii principibus conquestus militem instaurat con-
traque Mediolanum procinctum movens igne ferroque cuncta
demolitur. Liguribus itaque pro posse resistentibus, cesar
.Fr. IV,51. *inito cum Papiensibus consilio ipsos ad rapienda Mediola- *p.
nensium in pascuis peccora inmisit, se cum lectissimis 30
militibus in insidiis collocans[7.] Papienses itaque ad raptum

---

a) dñis *alio atram. corr.* dñis 1.   b) tenolonea *corr.* telonea 1; thelonea 2.
c) postestates 2.   d) aquisivit 1..   e) *ita* 1. 2; *lege* exigendae.   f) Wïtilisbach 2.
g) *super* -o- *locus rasus et* -z- *in loco raso* 1.   h) peragrãs, *ut videtur, corr.* peragratis 2.
i) pandũt 1; panderunt 2.   35

---

1) *Bulgaro, Martino, Iacobo, Hugone Bononiensibus cum aliis.*
Cf. F. C. de Savigny, 'Geschichte des Römischen Rechts im Mittelalter',
ed. 2, III (1834), p. 170 sq. 205.   2) *Aliter G. Frid. IV, 9; cf. Con-
stitutio pacis, ib. IV, 10, MG. LL. Constit. I, nr.* 176, c. 5, p. 246.
3) Nuntii imperatoris *Vinc. Prag. a.* 1159, *SS. XVII,* p. 676, *l.* 15. 25, 40
cf. p. 675, l. 52.   4) Comes Blanderatensis *nominatur G. Frid. IV,* 23,
sed non inter legatos imperatoris, de quorum tamen numero fuit secundum
Vinc. Prag. l. c. p. 675, l. 55. *Praenomen* Widonis *habes ex. gr. G. Frid.*
III, 45.   5) *Ita Vinc. Prag. l. c. p.* 676, *l.* 1; *cf. G. Frid. IV,* 23.
6) *Cf. Vinc. Prag. l. c. p.* 676, *l.* 9.   7) *Cf. Vinc. Prag. l. c. p.* 677, *l.* 17 *sqq.* 45

peccorum effusos eaque abigentes[a][1] totis viribus Medio- G.Fr.IV,51
lanenses insecuntur, cesaremque ordinatis legionibus ex insidiis erumpentem incidunt[b], eique necessitate cogente bello
congrediuntur. Cuius impetum ferocitatemque Teutonicorum [2]
5 in acie non ferentes, multis occisis, quingentis[c][3] de nobilioribus captis, fugam ineunt et se in civitatem receperunt.
Sicque imperator victoria potitus magnifice de Mediolanensi- 1159.
bus triumphavit[4], ac castellum Trecense, ubi presidia eorum G.Fr.III,3 *(Iul. 15.).*
fuerant, aggressum expugnavit captisque vel occisis castellanis 1158.
10 suos inibi collocavit[5]. Ligures itaque[d], cesare exinde digre- G.Fr.IV,3: *(Iul.).*
diente, civitate effusi expugnatum castellum funditus destru- 1159.
unt captisque cesarianis Latinos tormentis adactos occidunt, *(Apr.).*
Teutonicis reservatis[6].

15. Anno dominice incarnationis M⁰C⁰LX⁰I. Fride-
15 ricus imperator vires imperii omnibus Ytalicis in Mediolanensibus ostensurus coacto in unum exercitu ad futurum certamen se modis omnibus preparavit[e] missisque 1159.
ad Cisalpina litteris[7] ex omnibus imperii finibus auxilia
contraxit. Rex quoque Ungarie[8] cohorte[f] militum cum
20 sagittariis cesari missa exercitum ampliavit. Itaque ex
diversis regnis et regionibus exercitu coadunato primo
in auxiliarios Mediolanensium arma convertit ac Placen-
tinos in multitudine turrium suarum confidentes[9] obsidione cinxit fortique aggressione expugnatam, turribus
25 universis deiectis, civitatem ipsam solo coequavit[10]. Exin

---

a) abigentib; *corr.* abigentes 1. b) inciderunt 2. c) quingentes *alia manu*
corr. -tis 1. d) itaque *om.* 1. e) p̄pavit 1. f) co- *superscr. eadem manu* 1.

1) Iam enim predam abigere coeperant G. *Frid. IV*, 51. 2) *Cf.*
infra c. 20, *p.* 24, *l.* 2; *c.* 23, *p.* 33, *l.* 1 *sq.*; *c.* 35, *p.* 53, *l.* 1; *E. Dümmler,* 'Über
30 den *furor Teutonicus', in* 'SB. der Akad. der Wiss. Berlin' 1897, *p.* 119;
F. G. Schultheiss, 'Geschichte des deutschen Nationalgefühles' *I.* (1893),
p. 221 *sqq.* 3) 600 *imperator ipse in epist. ad Albertum episc. Frising.,*
G. Frid. IV, 51; *cepit milites trecentos Gesta Federici I. imp. in Lomb.*
ed. Holder-Egger, p. 37, *(SS. rerum German.).* 4) *Cf. Vinc. Prag. l. c.*
35 *p.* 677, *l.* 26. 5) *Hoc perperam hic insertum est.* 6) *Quod re vera ante*
cladem supra relatam factum est. 7) *Similia Rahewinus Gesta Frid.*
IV, 28. *ad a.* 1159. *tradit. Sed vere anni* 1161. *non pauci principes milites*
trans Alpes duxerunt. 8) *Geisa II. a.* 1158. *quingentos* 'Sarracenos' *misit,*
Vinc. Prag., SS. XVII, p. 667, *l.* 15 *sqq.; plures promisit a.* 1159, *G.*
40 *Frid. IV,* 24. *Quo a.* 1161. *Maii* 31. *mortuo imperator cum Ladislao II.*
rege frustra de eadem re egit; Burch. epist. ad Nicol. abb. Siegburg.,
Sudendorf, Registrum II, p. 137. 9) *Cf. ex. gr. Iudith* 9, 6 : confidentes . . . in multitudine bellatorum; *ib. v.* 9: qui confidunt in multitudine sua. 10) *Haec fabulosa. Rahew. G. Frid. IV,* 11. *Placentiae*
45 *vallum et turres ex sententia iudicum curiae imperalis a.* 1158. *destructa esse*
tradit; cf. ib. IV, 31; *MG. LL. Constit. I, nr.* 206, *p.* 287 *(a.* 1162. *Maio).*

ad Mantuanos divertens cunctis ad eos pertinentibus
igne ferroque profligatis[1] ipsos ad dedicionem coegit[2]
omnesque civitates Mediolanensibus faventes simili modo
aut dediticias[a] fecit aut funditus evertit novamque Lau-
dam[3] inter Mediolanum et Placenciam -ad receptionem 5
exercitus a fundamentis edificavit et in ea sedem belli[4]
contra Mediolanenses constituit. Igitur Mediolanenses
undique bello videntes se impeti futuris cladibus idoneos
omnimodis se preparant, fossatis, muris, turribus ac diversis missilium machinis, armis ac ciborum ad ferendam 10
obsidionem necessariis civitatem suam tota[b] industria
muniunt seque ad resistendum summo nisu instruxerunt,
sed inaniter. Nam animositatem cesaris pondusque imperii ferre non prevalens contra impetum fluminis conari[5]
esse periculosum maiestatique non cedere stultum Medio- 15
lanum civitas egregia[c], caput Ligurie[6] tociusque flos
Ytalie, funditus eversa liquido demonstravit.

16. Anno incarnationis dominice M⁰CLXII⁰ imperatrix comitante eam Cônrado[d] Augustensi episcopo necnon
et Welfo dux multique nostrarum parcium nobiliores cum 20
milicia transalpinantes imperatori[7] coniunguntur[e,] coactoque
in unum corpus toto exercitu et ad C milia pugnatorum
computato Mediolanum denuo obsidione cingitur ac diversis machinis tota industria impugnatur. Cives autem
necessitate cogente — nichil quippe necessitate pugna- 25
tius[f,8] — pro patria, pro parentibus, pro liberis et
uxoribus, postremo pro vita[9] sepius audacissimis erumpentes incursibus fortiter resistunt, missilibus[g] insuper
sagittis iaculis de propugnaculis[h] hostes arcentes. Cesar
autem dispositis undique contra incursus eorum presidiis 30

Margin notes:
1158.
(Aug. 3).

1159.
cf. G. Fr.
IV, 46.

1161.

---

a) *ita scripsi;* dedicias 2; dedi, *sequente spatio raso unius litterae* 1; dedi *Urstis.;*
cf. *p.* 25, *l.* 11.   b) *ita* 2; totam 1; *cf. infra c.* 16, *l.* 24; *c.* 20, *p.* 23, *l.* 25.   c) egg₊ia 1.
d) Cûnr. 2.   e) coniug. 1.   f) pugnācius 2.   g) -ssi- *supra lin.* 1.   h) propign.
corr. alia manu propugn. 1.

1) *Ad voces cf. supra c.* 2, *p.* 4, *l.* 17; *infra c.* 18, *p.* 21, *l.* 6; 35
c. 20, *p.* 27, *l.* 10.   2) *Haec fabulosa.*   3) *Ad Adduam fluvium
sitam a Lauda vetere ex oriente.*   4) *Lucan. Phars. II, v.* 394:
Haec placuit belli sedes; *infra c.* 36, *p.* 55, *l.* 13.   5) *Eccli.* 4, 32:
nec coneris contra ictum fluvii; *cf. Otto Fris. Chron. II,* 24, *p.* 94
A. Otto, 'Die Sprichwörter und sprichwörtlichen Redensarten der Römer', 40
Leipzig 1890, *p.* 139 *sq.*   6) *Cf. G. Frid. II,* 13, *ed. de Simson p.* 114.
7) *Qui in obsidione Cremae constitutus erat. Seriem rerum auctor turbavit.*
8) *Cf. Hegesipp. De bello Iud. III,* 9 *(allatum G. Frid. II,* 21, *p.* 124):
Nulla enim res promptiorem bello militem reddit quam necessitas
proeliandi et praeruptum periculum; *Sall. Catil.* 58, 19: necessitudo, 45
quae etiam timidos fortes facit.   9) *Cf. Sall. Catil.* 58, 11: nos pro
patria, pro libertate, pro vita certamus.

ipsos diversis missilium machinis, balistis, arietibus omnique telorum genere aggreditur, militibus in conspectu
cesaris pro gloria, honore, premio, ambicione, ostentatione
alacriter pugnantibus, multis hinc inde passim procum-
bentibus. Tandem diversis attriti[a] cladibus miseri cives 1162.
dextras petunt ac[b] multis modis iram cesaris sedare *(Mart. 1).*
temptantes nullo modo nisi hac sola condicione pro-
ficiunt, scilicet ut traditis armis civitatem[c] relinquentes *(Mart. 6—7.*
egrediantur[d], vita tantum rebusque necessariis, licet *19.).*
exiguis[e], sibi indultis. Quo pacto accepto cum maximo
luctu egressi hostibus civitatem relinquunt ac sub oculis
dilecta menia omnimodis destrui[f] conspiciunt. Ingressus *(Mart. 26).*
enim imperator cum toto exercitu inmensa ac ditissima
spolia in ecclesiasticis thesauris aliisque rebus preciosis
diripuit[1], reliquiisque sanctorum, quibus hec civitas
egregie nobilitata fuit, per ecclesias collectis ac cum
magna reverencia asportatis, tres Magos, qui[g] cum muneribus stella duce Christum in cunabulis adoraverunt[2],
inibi inventos Reginoldo Coloniensi episcopo, qui in hac
obsidione cum sua milicia precipue claruit, dono dedit[3],
quos venerabilis pontifex[h] ad Cisalpina transferens Coloniensi ecclesie intulit hisque[i] patronis totam Ger- 1164.
maniam illustrans[k] universam Teutonicorum gentem *(Iul. 23).*
magnifice nobilitavit. Incorrupti enim et quasi adhuc
vivi in singulis de precioso metallo sarcophagis[4] in eadem
ecclesia actenus[l] reservantur.   Igitur cesare, ut pre-
scriptum est, Mediolanum ingresso, muro diruto, turribus 1162.
deiectis, totam civitatem a *fundamentis evertit[m.5] ac *(Mart. 26).*
omnimodis inhabitabilem[6] reddens igne postremo reliquias omnino consumpsit divisisque in IIII[or] partes civibus, regione inculta ipsis ad inhabitandum concessa,
IIII[or] eos oppida edificare iussit ipsosque, ut dictum est, *(April. ex.)*
per partes divisos ea[n] incolere fecit.   Igitur confecto
bello Ligurico imperator principibus grates pro industria

---

a) atti 1.   b) a 2.   c) civitatem *om.* 1; urbem rel. *Urstis.*   d) -a- *et* -ur
in loco raso 2.   e) exigs, ¹ *alia manu in loco raso* 1.   f) desstrui 1.   g) qui *alia*
manu superscr. 1.   h) quos ven. pontifex *a scriba in marg. suppl.* 1.   i) Isque 2.
k) -ll- *e corr.* 1.   l) actenus *alia manu mut.* hactenus 1; hactenus 2.   m) evertit
versu exeunte om. 1.   n) eos 2.

1) *Deut.* 3, 7: spolia urbium diripuimus.   2) *Matth. c.* 2.
3) *A.* 1164; cf. *R. Knipping, 'Die Regesten der Erzbischöfe von Köln'*
II, nr. 804.   4) *In una arca magnificentissime ex auro et gemmis*
elaborata.   5) *Ad vocem* cf. *infra c.* 18, *p.* 21, *l.* 10.   6) *Ex gr.*
Ierem. 48, 9: civitates eius desertae erunt et inhabitabiles.

2*

1162. referens militibusque[a] dona pro meritis liberaliter largiens nobili triumpho repatriavit ac multis diebus desolatam sua presencia Germaniam cum inestimabili tocius exercitus tripudio demum revisit ac aliquamdiu cis Alpes manens, colloquia diversa in diversis regñi locis pro negociis imperii cum principibus habens, cuncta pro libitu bene disposuit ac iudicia exercuit.

1163.   17. Anno dominice incarnationis M⁰C⁰LXIII. Fridricus[b] imperator tercia vice, sed sine instructu bellico, Italiam[c] ingreditur inibique[d], sicut et in Germania, diversis placitis cum Italicis[c] baronibus per loca habitis negocia[e] imperii iudicialiter exercuit ac per aliquod[f] tempus cum eis quietus permansit[1].

1164.   18. Anno dominice incarnationis M⁰C⁰LXIIII. Vic-
(April. 20). tore uno pontificum Rome[2] defuncto[g], Pascalis[h] ab hiis[i],
(April. 22). a quibus et Victor prius electus est, substituitur, Alex-
1164. andro adhuc sedente[k].   Eodem[3] anno Hugo palatinus de Tuingin[4] tres latrones, quórum duo sui homines erant, tercius ducis Welfonis, apud Moringin[5] capiens, suos[l] abire permisit, suspenso illo, qui Welfonis erat. Pro quo Welf[m] iunior permotus maxima indignatione in palatinum exarsit et igne ferroque acceptam iniuriam ulciscitur. Palatinus itaque a duce artatus ad Fridricum[n] ducem de Rotinburch, filium Cônradi[o] regis, se contulit auxiliumque eius contra Welfonem nanciscitur[p]. Igitur Welf[q] Bertoldo duce de[r] Zaringin[s,6] in adiutorium ascito ac ab utroque summo studio exercitu congregato contra palatinum et ducem Fridricum[t] procinctum movent ipsosque apud Tuingin[u] invadunt, a quibus non segniter

---

a) militib⁹; *corr. a scriba* militibq̃; 1.   b) *in marg. alia manu add.* I⁹ 1; Fridˢicus 2.   c) yt. 2.   d) in- *a scriba superscr.* 1.   e) -a *in loco raso* 1.   f) aliquot 2.   g) deffuncto 2.   h) Paschalis 2.   i) his 2.   k) cedente 2.   l) *alterum* -s *alia manu superscr.* 1.   m) Welfo 2.   n) Fridericum 2.   o) Cônradũ *corr.* *radendo* -radi 1; Cũnr. 2.   p) *prius* -c- *e corr.* 1.   q) Welf 2.   r) de *om.* 2. s) *ita* 2; Zir. *corr.* Zer. 1.   t) Frider. 2.   u) *prius* -n- *alia manu superscr.* 1.

1) *Mense Octobri a.* 1163. *Italiam ingressus imperator mense Octobri a.* 1164. *trans Alpes reversus est.*   2) *Immo Luccae, die* 20. *April.* 1164.   3) *Fortasse iam a.* 1163. *Cf. Hist. Welf. Weingart. c.* 30. 4) *Qui Elisabetham, filiam Rudolfi comitis de Bregenz et sororis Welfonis senioris, in matrimonio habuit; Walteri Hist. Marchtel. c.* 6, *SS. XXIV, p.* 665.   5) *'Möhringen auf den Fildern' teste L. Schmid,* 'Gesch. der Pfalzgrafen von Tübingen', 1853, *p.* 77, *qui disertius de hoc bello disputavit. W. S. Adler, 'Herzog Welf VI. und sein Sohn', Hannover* 1881, *p.* 67 *sqq. W. de Giesebrecht, 'Gesch. der deutschen Kaiserzeit' VI, p.* 439. 454.   6) *Aliisque multis, Hist. Welf. c.* 30.

excipiuntur cum expeditis militibus, consertaque pugna[1] 1164.
duces a palatino fugantur, captis de eorum exercitu[2] *(Sept. 5).*
nongentis[3] militibus. Quo infortunio filii[a] Welf senior
inflammatus militem instaurat venienteque Bertoldo duce 1165.
5 cum milicia sibi in adiutorium cunctis rebus palatini
igne ferroque profligatis[4] castrum Chelmunz obsedit ac
post aliquod[b] dies expugnatum funditus destruxit. Exinde[c]
ad castrum Hildratshusin[5] divertens simili modo expugnatum destruxit ac inde per Gilstin[d. 5] transiens
10 turres ecclesie pro castello munitos[e] a fundamentis evertit[6]. Deinde[f] castrum Wilare obsidione circundedit.
Ubi aliquantisper moratus castrum forti aggressione captum destruxit omnibusque palatini prorsus igne consumptis dimisso duce Bertolfo cum victoria in Sweviam
15 rediit. Interim dux Fridericus de Rotinburc[g] educto 1166.
Boemico exercitu[7] Welfonem insequitur ac apud Gaizi- *(Ian.).*
burron morantem prima noctis vigilia de repente facto
incursu Welfonem expergefactum cum suis in castrum
Ravensburc[h] fugavit. Sed non inpune cessit eis hec
20 temeritas. Nam quidam de nobilissimis Boemicis[i] baronibus a Heinrico de Landisberch in ipso impetu occiditur inibique cum maximo planctu a suis sepelitur,
succensisque quibusdam Welfonis territoriis ad propria
revertuntur.

25   19. Anno incarnationis dominice M⁰C⁰LXV. auditis 1164.
per principes in Cisalpinis partibus regni devastationibus *(Oct.).*
Fridricus[k] imperator ex Italia[l] regreditur[8], eiusque
iussu[9] dimissis a palatino captivis militibus Welfonis

---

a) *ita recte Nauclerus (et etiam Urstis.);* filius 1. 2.   b) *aliquot* 2.   c) Exin 2.
30 d) gistim 2.   e) *ita* 1. 2; *munitas Urstis.*   f) Dein 2.   g) Rotinburch 2.   h) Ra-
vensburch 2.   i) Bohemicis 2.   k) Fridꞏicus 2.   l) yt. 2.

1) *Die 5. Septembr.* 1164; *Schmid l. c. p.* 82. W. *Cf. Walteri
Hist. Marchtel. c.* 5, *SS. XXIV, p.* 665.   2) *Quem* in duobus milibus et
ducentis armatorum et eo amplius *fuisse Hist.Welf. c.* 30. *tradit.*   3) *Item*
35 *Hist. Welf. c.* 30 *fin.; Flores temporum a.* 1165, *SS. XXIV, p.* 239.
4) *Exeunte anno* 1165. W. *Cf. Hist. Welf c.* 31. *Ad voces cf. supra
c.* 2, *p.* 4, *l.* 17; *c.* 15, *p.* 18, *l.* 2; *infra c.* 20, *p.* 27, *l.* 10.   5) *De
Hildrizhausen et Gültstein Hist. Welf. tacet.*   6) *Ad vocem cf. supra
c.* 16, *p.* 19, *l.* 28.   7) *Inter epiphaniam (Ian.* 6) *et purificationem*
40 *sancte* Marie *(Febr.* 2) *Hist. Welf. c.* 31.   8) *A.* 1164. *Nov.* 1. *Ulmae
curiam habuit, ubi Welfo dux cum filio et Friderico et Bertholdus
duces aderant; Stumpf nr.* 4035.   9) *Item Ann. Isingrimi mai. a.* 1165,
SS. XVII, p. 315, *l.* 1; *Chron. Ursperg. a.* 1165, *SS. XXIII, p.* 355;
Flores temporum a. 1165, *SS. XXIV, p.* 239 *sq.; aliter Hist. Welf. c.* 31 *in.*

1166. generalis[a] curia in quadragesima[b·1] apud Ulmam prin-
(Mart.). cipibus indicitur. Quo Welf dux cum[c] fratruele suo
Heinrico duce Saxonie et Bawarie et Bertolfo duce de
Zaringin ac multis aliis terre maioribus perveniens ab
imperatore honorifice[d] cum filio suscipitur, ac palatino, 5
ut sine omni condicione in manus ipsorum se tradat pro
iniuria ipsis illata aut[e] regno cedat, ab imperatore iube-
tur. Qui tribus vicibus coram duce Welf[2] in terram
corruens, ipso suscipere dedignante, tandem receptus capitur captusque in exilium Reciam Curiensem ad castrum 10
Nuinburch transportatur[3]. Sicque Welfone placato[f]
imperator inde digreditur.

1166.   *20· Anno incarnationis dominice M⁰CLXVI. Fri- *p.
dericus imperator sedata, ut dictum est, principum controversia ac bene dispositis in Germania rebus, ex omni- 15
bus regni visceribus congregato exercitu Alpes iam IIII[a]
vice transcendens[4] procinctum movit in Italiam[g] inde-
1167. que Appenninum transiens[5] ac per Tusciam[5] exercitum ducens in markiam Anconianam[h] divertit et An-
(Maio ine- conam urbem rebellem obsidione cinxit. Interea Regi- 20
unte). noldus Coloniensis archiepiscopus antea[6] pro negociis
(Martio in.) imperii ab eo digressus, dum cum sua milicia rediret ad
(Maio). cesarem, in castrum Tusculanense iuxta Romam aliqua
tractaturus[i] divertit. Quod ab exploratoribus Rome
compertum, Romani tota urbe effusi et ad triginta milia 25
(Maii 27). armatorum[k] computati archiepiscopum in castro in ignominiam cesaris obsidione de[l] repente concludunt. Quod
imperatori Ancone[m] nunciatum[7], convocatis principibus,
utrum archiepiscopo dimissa Anconiana obsidione subveniendum esset necne, consuluit, quod quibusdam[n] prin- 30

---

a) genalis 2.   b) XL 1; X̄L 2.   c) ī (= in) 1.   d) honorice 1.   e) aù 1.
f) placato *om. versu exeunte* 2.   g) yt. 2.   h) Anconianam *alia fortasse manu mut.*
Anconitanam 1; Anchonianam 2.   i) tracturus *corr. alio atram.* tractaturus 1.
k) *ita* 2. *Nauclerus;* pugnatorum 1.   l) de *radendo mut.* & (= et) 1.   m) Anconie 1;
Anchone 2.   n) a *ante* quibusdam *suppl. Urstis.*   35

1) In feria tercia capitis ieiunii *(idest die Martis post diem cinerum*
[= Mart. 15]? sed cf. Stumpf nr. 4066, d. 8. Mart. a. 1166) Hist. Welf.
c. 31.   2) *Iuniore secundum Hist. Welf. c. 31 fin.*   3) *Post annum et dimi-*
dium, Welfone iuniore a. 1167. mortuo, liberatus est; Hist. Welf. c. 31 fin.;
Flores temp., SS. XXIV, p. 240.   4) *Exeunte mense Octobri* 1166. W. 40
5) *Minime.*   6) *Imola mense Martio ineunte ab imperatore dimissus,*
ut una cum Christiano archiepiscopo Maguntino, qui primum Ianuam
adiit, per Tusciam Romam versus progrederetur; Vinc. Prag. a. 1167,
SS. XVII, p. 683.   7) *Ea quae sequuntur a vero quam maxime*
abhorrent; cf. Thomae p. 35; *C. Varrentrapp, 'Erzbischof Christian I.* 45
von Mainz', Berlin 1867, *p.* 30 *sqq.*

cipibus et maxime laicis sinistram famam de obsidione 1167.
solvenda metuentibus dissuadetur. Hac dissuasione principum egregius archiepiscopus Maguncie Christianus ac-
census indigneque ferens, quod laici principes se suosque
5 compares ita parvipensos periculo relinquerent, convocatis suis omnibus et aliis, quos prece vel[a] precio potuit
adipisci, quingentos milites et sariandos[b,1] octingentos[2]
ad bellum instructissimos coadunavit, sicque contra Romanos versus Tusculanum ad liberandum archiepiscopum
10 iter flectit. Quo perveniens locatis ex opposito illorum
castris[3] Romanos ea die tantum ad quietem exercitus (Maii 29).
sui pro pace per internuncios interpellat, virtutem libe-
ralitatis antiquorum Romanorum eis ad memoriam reducens, per hoc postulata ab eis adipisci existimans.
15 Ipsi autem in his et in aliis omnibus antiquis omnino
dissimiles se nolle acquiescere postulatis respondent, sed
ipsum omnemque eius exercitum volucribus celi et bestiis
terre in escam super faciem terre ea die se daturos[4]
arrogantissime minantur et sic dimissa obsidione triginta
20 milia pugnatorum[5] contra quingentos[6] milites Teutonicos in aciem deducunt. Archiepiscopus autem tali responso ab eis recepto nequaquam territus — nec enim
inexpers fuit ante laborum[7] — suos quamvis respectu[c]
illorum paucissimos, sed tamen admodum exercitatos ad
25 bellum promissis, minis, tota industria hortatur et, ne
spem in fuga ponant, utpote a patria et exercitu[d] imperatoris quantum ad fugiendum remotissimi, sed genuine
fortitudinis sue et innate hostium ignavie[8] memores pro

---

a) ? e corr. 1.   b) Caesarianos *Urstis.*   c) respectu *om.* 2.   d) exercitui 2.

30   1) *Vel sarientes i. e. servientes, unde Francogallis 'sergeants
d'armes'; mercenarii milites (cf. Ragewinus I, 32 [G. Frid. III, 35]),
qui ab aliis historicis hanc rem narrantibus 'brabanzons' dicuntur.
Vide Ficker, 'Reinald von Dassel' p. 110. Cf. infra c. 43. W. A. Schultz,
'Das höfische Leben zur Zeit der Minnesinger' II[2] (1889), p. 198.*
35 2) Cum 500 fere sariantibus *Chron. regia Colon. ed. Waitz, p. 117.*
3) *Apud Montem Porcium.*   4) *Ierem.* 19, 7: dabo cadavera eorum
escam volatilibus caeli et bestiis terrae; 16, 4: non sepelientur, in
sterquilinium super faciem terrae erunt . . . et erit cadaver eorum in
escam volatilibus caeli et bestiis terrae.   5) *Item* (plus de triginta
40 milia) *Anon. Laud., SS. XVIII, p.* 651, cf. *Epist. Reinaldi, Sudendorf,
Registrum II, p.* 148; 40 000 *Reinaldus l. c. p.* 147, *alii;* cf. *Giesebrecht 'DKZ.' VI, p.* 464.   6) Cf. *Anon. Laud., SS. XVIII, p.* 651.
7) *Vergil. Aen. I, v.* 198: neque enim ignari sumus ante laborum, *ubi
Otto Fris. G. Frid. II,* 40, *ed. de Simson p.* 148, inexpertes *pro* enim
45 ignari *praebet.*   8) Cf. *Ottonis Fris. Chron. VII,* 20 *in.*

1167. vita totis viribus decertent [a. 1], exhortando magnanimiter
concionatur. Videns autem milites Teutonica animositate [2]
alacres — nam hortatu eius insuperabilis quodammodo
alacritas menti eorum incidit — acies ordinat [b] et, qui
primi committant, qui consertos hostes a latere irrum- 5
pant [c], qui subsidia pondere prelii [3] laborantibus ferant,
semet ipsum ad ferenda cum lectissimis subsidia collocans, ordinanter disponit [d]. Et sic signis erectis extensis-
que in longum cohortibus Deo spem suam committens
contra Romanos ad bellum procedit. Archiepiscopus 10
autem Coloniensis cum castellanis et suis omnibus, qui
ad trecentos [4] milites bene armis instructos erant [e] computati, ad subveniendum se modis omnibus preparavit
et in castro usque ad congressionem silenter delituit [5].
Igitur bello commisso fractisque primitus militari con- 15
cursu lanceis res gladiis agitur [6], sagittariis partis utriusque sagittis lucem diei in modum nivium obtenebrantibus.
Et ecce Coloniensis cum expeditis militibus castello
erumpens Romanos a tergo invadit eisque fortiter cedendo instat, sicque bello ante et retro circundati undi- 20
que impugnantur. Romanis itaque tantum multitudinis
inpressione pugnantibus, Christianus episcopus cum sub-
sidianis [f] aciem illorum a latere irrupit eosque mediotenus dividens tribus in locis artificialiter disiunctos
cecidit. Itaque multis occisis, pluribus captis Romani 25
superati fugam ineunt ac Urbem versus a victoribus
insecuti cruentissima cede mactantur. Presules itaque
militibus a cede revocatis ad locum belli redeunt ac
cum maxima leticia triumphantes noctem illam duxerunt. Mane facto Romani ad tollenda cadavera 30
occisorum ad locum belli properantes per presules im-
missis in eos militibus fugantur [7] reversique ad Urbem
vix evadunt. Tandem missis ad presules nunciis, ut
amore sancti Petri et respectu christianitatis eis mortuos

a) dec*tent, * alio atram. in loco raso 1.   b) ita Wilmans; ordināt 1. 2. 35
c) -e irrū- in loco raso 1.   d) disposuit 2.   e) computati erant 2.   f) ita 2; sub-
sidiariis Nauclerus; sūsidionis mut. suis 1.

1) Sall. Cat. 58, 11, supra p. 18, n. 9.   2) Cf. supra c. 14,
p. 17, l. 4; infra c. 23, p. 33, l. 1 sq.   3) 1. Reg. 31, 3: totumque
pondus praelii versum est in Saul.   4) 140 Chron. regia Colon. 40
ed. Waitz, p. 117 (106 Epist. Reinaldi, Sudendorf, Registrum II, p. 147).
5) Cf. Oberti Ann. Ian. a. 1167, SS. XIX, p. 74, l. 31: insidias Romanis posuerunt; Romoald. Salern. Ann., ib. p. 436, l. 22: positis insidiis.
6) Cf. Sall. Cat. 60, 2: pila omittunt, gladiis res geritur.   7) Cf.
Gotifr. Viterb. Gesta Frid. c. 26, v. 617: tumulanda vetant (sc. agmina). 45

p. 313. *suos tollere liceat, suppliciter obsecrant. Quod a pre- 1167.
sulibus hac condicione est concessum, scilicet ut occisorum vel captivorum eo prelio numerum ex sua parte
computantes sub attestatione iurisiurandi ipsis scripto
5 presentarent et sic demum pace data mortuos suos ad
sepulturam tollerent. Qua computatione facta invenerunt
occisorum seu captivorum de suis hoc prelio numerum
ad quindecim milia[1] dataque licencia cadavera occisorum demum cum maximo eiulatu tollentes sepelierunt.
10   His auditis apud Anconam cesar et omnis exercitus,
Ancona dediticia[a] facta, soluta obsidione contra Urbem
cum copiis tendunt ipsamque forti aggressione impug-
nantes invadunt[b]. Cives itaque superiori bello exhaustis[c] (Iul. 24).
viribus enervati inprimis utcumque menia defendentes,
15 cesari totis viribus Urbem irrumpenti maxima suorum
clade accepta cedunt[d] et ad ecclesias et ad queque mu-
nita confugiunt et precipue ad Sanctam Mariam ante
Sanctum Petrum et ad ecclesiam beati Petri, quam castelli vice munierant, congregati denuo pro posse resi-
20 stunt.   Milites autem cesaris ecclesias armata manu
aggressi valvas ecclesie beati Petri *in securi et ascia deie-* Ps. 73, 6.
cerunt ipsamque ductore Fridrico[e] de Rotinburch infesta
signa usque ad altare ferente occisione multorum pol-·
luerunt[2], sed et ecclesiam beate Marie igne succendentes, (Iul. 29).
25 profligatis occisione sive captivatione inibi repertis, multa
rapientes spolia profanaverunt, ut bene illud psalmiste
ad litteram impletum esse videatur: *Quasi in silva lig-* Ps. 73, 5. 6. 7
norum securibus[f] exciderunt ianuas eius in id[g] ipsum, in
securi[h] et ascia deiecerunt eam.   Incenderunt igni sanc-
30 *tuarium[i] tuum in terra, polluerunt tabernaculum nominis*
tui.   Facta est hec irruptio Urbis[k] per Fridricum
cesarem in Iulio mense, anno ab incarnatione Domini
M⁰CLXVI.[3].   Cesar itaque hac utinam non consecuta
victoria potitus, coronata imperatrice[4], ab Urbe recedit, (Aug.).

35   a) dedicia 2.   b) invaduut *om.* 1.   c) exhausti et, et *alia ut videtur manu*
in loco raso 1.   d) cederunt 2.   e) Frider. 2.   f) securibus *om.* 1.   g) id *om.* 1.
h) in securi *om.* 1.   i) scū 1.   k) Urbis *om.* 2.

    1) *Supra novem milia Romanorum cesa, quinque milia et amplius
capta esse Reinaldus ipse (Sudendorf, Registrum II, p.* 147; *cf. Chron.*
40 *regia Colon.) tradit; fere* 9 *milia caesos, captos fere tria habet Appen-*
dix ad G. Frid. a. 1168; *ultra duo milia interfecti, plus de tribus mille*
capti Anon. Laud., SS. XVIII, p. 652.   2) *Quae, nescio an perperam,
in dubium vocavit Giesebrecht, 'DKZ.' V, p.* 546. *VI, p.* 468 *sq.*   3) *Rec-*
tius 1167. *W.*   4) *Die* 1. *Aug.* 1167. *W.*

1167. statimque pestilencia tactum exercitum pene omnino ex-
(Aug.). tinxit. Nam a maioribus incipiens, iuxta[a] illud Eze-
Ezech. 9, 6. chielis: *A sanctuario meo incipite*[1], primo in morte principum grassatur consumptoque in principibus capite dein[b]
in reliquum corpus desevit[c] dira pestis. Nam Reginoldus 5
archiepiscopus Coloniensis[2] et[d] Eberhardus Ratisponensis[3]
et Gotefridus[e] Spirensis[f, 4] episcopi obierunt. Preterea
in partibus Tuscie dux Fridricus de Rotinburc[g, 5] filius
Cônradi[h] regis, Berengerus[i] princeps de Sulzbach[6], et
antea[k, 7] apud Sienem Welf[l] iunior Welfonis ducis filius, 10
cum aliis principibus, comitibus[m], liberis principumque
ministerialibus, cum multitudine vulgi de exercitu hac
pestilencia tacti occubuerunt. Ossa itaque Welfonis in
Alemanniam translata a patre Welfone duce[n] cunctisque ipsius terre maioribus apud Staingadin[o, *] cum 15
maximo planctu reconduntur necnon et Fridrici ducis[p]
de Rotinburch simili modo apud Hebera[8] tumulantur.

*) 1 *ad* Staingadin *manu quae Liutoldi de Reginsberg videtur in
marg. add.:* monasterium Premonstratensis ordinis
Augustensis diocesis, *quae* 1 *a ante* Staingadin *in textum* 20
recepit.

a) iusta 2.   b) deiū 1, *sed ⁻ post additum videtur.*   c) desaeviit *Urstis.*
d) et *om.* 1, *sed ante et post* Eberhard⁹ *littera signumve erasum,* ⁹ *alio atram. addi-*
tum est.   e) Gothefr. 2.   f) *ultimum* -s *alia manu suppl.* 1.   g) Rotinburch 2.
h) Cûnr. 2.   i) Beringerus 2.   k) *ita* 1 (aūa). 2; *haec vox num corrupta esset, dubi-* 25
tavit Wilmans.   l) Welfo 2.   m) comittibus 1.   n) duce *om.* 1.   o) stangadin 2.
p) duces *corr.* ducis 1.

1) *Similiter Chron. regia Colon. p.* 118.   2) *Die* 14. *Aug.* 1167. *W.*
3) *Die* 24. *Aug.* 1167, *Necrol. mon. super. Ratisbon., MG. Necrologia II,*
p. 343; *diem* 31. *Iulii habet Necr. Weltenburg., ib. p.* 377.   4) *Die* 30
28. *Ianuarii secundum Necrol. Spir., ed. Reimer in 'Zeitschr. f. d. Gesch.*
d. Oberrheins' XXVI (1874), *p.* 419, *quod propter Stumpf nr.* 4085.
4088. *ad a.* 1168. *referendum esse videtur.*   5) *Obiit [secundum Necr.*
Ebracense] die 19. *Aug.* 1167; *cf. [Chr. F.] Stälin, 'Wirtemberg Gesch.'*
II, p. 101. *W.*   6) *Gebhardi II. comitis filius, Conradi III. regis* 35
et Manuelis I. imperatoris Graecorum leviri; obiit d. 21. *Aug.* 1167, *in*
monasterio Kastel sepultus; cf. J. Moritz, 'Stammreihe und Geschichte
der Grafen von Sulzbach', in 'Abhandl. der Akad. der Wissensch.
München' I, 2 (1833), *p.* 272.   7) *Error nostri. Nam Welf iunior,*
teste Necrologio Weingartensi, [quocum septem alii conveniunt, MG. 40
Necrol. I, p. 228. 236. 85. 126. 204. *III, p.* 114. 128] *demum* 2. *Idus*
Septembris (1167) *[12. Sept.; diem* 11. *Sept. habent Necr. Zwifalt. et*
tres alii, MG. Necrol. I, p. 260. 26. 49. 136], *ergo post Fridericum de*
Rotinburch mortuus est. W. Nota simili errore mortem Welfonis in
Necrologio Petrishusano saec. XII. diei 11. *Augusti adscriptam esse.* 45
8) *Ubi etiam mater eius Gertrudis regina a.* 1146. *sepulta est.*

.Videntes itaque[a] Mediolanenses[b] vires augusti in exter- 1167.
minio[c] exercitus concidisse, mutatione rerum animati,
presente augusto in sua vicinia[d] ex omnibus quibus
dispersi erant locis congregati, ad ruinas urbis sue con- *(April. 27)*.
5 versi sunt ipsamque totis nisibus ac sumptibus reedifica-
verunt[1]. Imperator vero morte suorum quamvis sauciatus admodum, tamen ignominiam talem a Mediolanensibus[e] sibi exhibitam ex necessitate temporis non dissimulavit, sed per episcopatum ipsorum transiens cuncta
10 igne ferroque profligavit[2]. Ipsi vero iniurias suas ulcisci *(Sept.)*
cupientes imperatorem ad montana tendentem armati
insecuntur[3]. Apprehendens[f] itaque imperator obsides,
quos ab eis acceperat, dum Mediolanum eorum civitatem[g]
subverteret, eosque[h] in locis diversis suspendi precepit[4]. 1168.
15 Quos cum cesarem insequentes invenissent[i] suspensos, *(Mart. 9)*.
nimio terrore perculsi, unusquisque cadaver cari sui cum
lamento reducens, cesarem insequi omiserunt. Veniens *(Mart.)*.
igitur imperator[k] in civitatem Susam[5], que sita est in
ingressu Alpium, fraude civium occidi temptabatur. Ipse
20 autem ab hospite suo premonitus dolos eorum sic evasit.
*p. 314. *Ipsa enim nocte, cum mane ad mortem querendus esset
a civibus, militem quendam sibi similem, nomine Hart-
mannum de Sibineich[1,6], in lecto suo collocari fecit et

a) autem 2.   b) Medyol. 2.   c) *alterum* -i- *alia manu superscr.* 1.   d) vi-
25 cina 1.   e) Medialan. 2.   f) apphndēs 1.   g) ciuitē 2.   h) -que *erasum* 1.
i) suspensos invenissent 2.   k) ī pat* 1.   l) Sibeneich 2.

1) *Immo iam antea die* 27. *April.* 1167. *Mediolanum restitui
coeptum est; Gesta Fed. I. imp. in Lomb., ed. Holder - Egger (SS. r.
Germ.), p.* 61.   2) *Cf. Gesta Fed. I. imp. in Lomb. p.* 61; *Anon.*
30 *Laud., SS. XVIII, p.* 656. *Ad voces cf. supra c.* 2, *p.* 4, *l.* 17; *c.* 15,
p. 18, *l.* 2; *c.* 18, *p.* 21, *l.* 6.   3) *D.* 11. *Novembr. a.* 1167. *imperator
a Mediolanensibus fugatus est, Ioh. Saresb. ep. nr.* 228, *Migne Patrol.
Lat. CIC, col.* 259; *cf. Anon. Laud. p.* 657.   4) *Cf. Oberti Ann.
Ianuens. a.* 1167, *SS. XVIII, p.* 75, *l.* 21. *Sed re vera unum Zilium
35 de Prando obsidem de Brixia iuxta Sauxiam imperator suspendit, G.
Fed. I. imp. in Lomb., ed. Holder - Egger (SS. r. Germ.), p.* 62; *cf.
Ann. Brix., SS. XVIII, p.* 813; *Ioh. Saresb. ep. nr.* 244, *col.* 282 *sq.*
5) *Ita etiam Gotifr. Viterb. Gesta Frid. v.* 771 *sqq.; Ioh. Saresb. ep.
nr.* 244, *col.* 282.   6) Har(t)mannus camerarius noster de Siwenheich
40 *occurrit in charta Friderici I. imp. d. d.* 27. *Ian.* 1153, *Würdtwein,
Nova Subsidia dipl. VII, p.* 161 *[Stumpf nr.* 3658]; *quod huic narra-
tioni a nostro solo relatae fidem aliquam facit. W. Idem occurrit
a.* 1154. *Febr.* 3. *inter ministeriales* (Hartman de Sibeneich) *et a.* 1157.
Iun. 25. *et Nov.* (Hartmannus camerarius), *Stumpf nr.* 3681. 3772;
45 '*Mitteil. d. Inst. f. Oesterr. Geschichtsforschung' X, p.* 296; *fortasse
etiam a.* 1177. *Aug.* 17., *Stumpf nr.* 4212 (Hartimannus camerarius).

.1168. *ipse in habitu servi[1] cum duobus[2] aliis egressus est.*
(Mart.). Mane autem facto cives venientes imperatorem quere-
bant et, responso accepto a cubiculariis eum dormire,
moram non pacientes fores effringunt[a] ipsoque non in-
vento cognoverunt eum effugisse[b]. Dissimulata itaque 5
ira propter metum imperatoris elapsi exercitum abire[c]
permiserunt. Sicque evadens imperator transmensis[d]
Alpibus exercitum morte, morbo omnique miseria con-
fectum in patriam reduxit. Et cum post hec in Italiam[e]
1174. rediisset, predictam civitatem Susam funditus evertit[3]. 10
(Sept. 30).
1168. 21. Anno dominice incarnationis M°CLXVII. Pa-
schali papa defuncto[f,4], Calixtus ab his, a quibus prius
Pascalis[g] et Victor, substituitur, Alexandro in potestate
1168. sui iuris adhuc consistente. Eodem tempore Fridricus imperator[h] reversus ad Cisalpina, totam terram et 15
universam substantiam Fridrici[i] ducis de Rotinburc[k], di-
tissimi videlicet[l] in possessione prediorum principis[5],
fratruelis sui, hereditaria successione possedit ac multorum baronum possessiones postmodum in suam pote-
statem contraxit[6]. Welf vero dux orbatus herede 20
Gen. 6, 6. in amisso filio *tactusque dolore cordis intrinsecus* Heinricum ducem Saxonie et Bawarie fratruelem suum in here-
dem ascivit ab eoque pro hoc[m] quantitatem peccunie
exigens, dum consequi putat, frustratur promissis. Dux
enim Heinricus[n] quorundam pravorum consilio Welfo- 25
nem iam grandevum cito moriturum presagiens argentum
pro constituto dare distulit. Pro quo Welf[o] iratus imperatori[p] Fridrico[q] sororio[r] suo, recepta[s] ab[t] eo prius

---

a) efringunt 2.   b) efugisse 1.   c) abire — exercitum *(l. 8) a scriba alio atram.*
in marg. suppl. 1.   d) transmensis *mut. eodem atram.* transcensis 1.   e) yt. 2. 30
f) deffuncto 2.   g) Paschalis 2.   h) ī pat᷑ 1.   i) Frider. 2.   k) Rotinburch 2.
l) *ita* 2; fidel' 1.   m) pro hoc *om.* 2.   n) Henr. 2.   o) Welfo 2.   p) *ultimum* -i
in loco raso 1.   q) Frider. 2.   r) *super* Fridrico *alia manu* primo *et super* sororio
alio atram. superscr. filio sororis 1.   s) *ita* 1. *Nauclerus (qui* ab eo prius pro libitu
suo *om.);* accepta 2.   t) prius ab eo 2.   35

1) *Cf. Chron. Ursp. a.* 1175, *p.* 357, *l.* 42 *sq.;* assumpto habitu
servientis, quasi ut alicuius magni viri procuraret hospitium *Ioh. Saresb.*
ep. nr. 244, *col.* 283.   2) solo socio comitatus *Gotifr. Viterb., Gesta*
Frid. c. 30, *v.* 776; cum aliis quinque servientibus noctu egressus est
Ioh. Saresb. l. c.   3) *Cf. Gotifr. Viterb. G. Frid. c.* 32, *v.* 859 *sqq.;* 40
Gesta Fed. I. imp. in Lomb., ed. *O. Holder-Egger (SS. r. Germ.)*
p. 62; *Ann. Plac. Gib., SS. XVIII, p.* 462; *diem habet Boso, V. Alex-*
andri III, Liber pontif. ed. *L. Duchesne II, p.* 427.   4) *A.* 1168.
die 20. *Septembris. W.*   5) *Cf. Ann. Egmund., SS. XVI, p.* 466;
Hist. calam. eccl. Salzb. c. 7, *B. Pez, Thes. anecdot. noviss. II,* 3, *col.* 212 : 45
qui ipsi imperatori adhuc vivens potentia et opibus formidini extitit.
6) *Cf. Chron. Ursperg. a.* 1168, *SS. XXIII, p.* 356, *l.* 6 *sqq.*

pro libitu suo[a] peccunia, primo beneficiis scilicet ducatu Spoleti, markia[b] Tuscie, principatu Sardinie ipsi
resignatis, omnia predia sua ipsi contradidit eaque usque ad terminum vite pluribus aliis additis[c] recepit[1].
5 Simili modo Rŏdolfus comes de Phullendorf, sororius
comitis[d] Rŏdolfi de Bregancia[2], omnia predia sua heredis
loco imperatori tradidit[3]. Pro hiis[e] imperator Alberto
comiti[f] de Habisburc[g], qui filiam[4] comitis[h] Rŏdolfi[i] in
matrimonio[k] habebat, concessit Turicensem comitatum
10 et advocatiam Sechingensis ecclesie[5] cum prediis con-
quisitis de Biedirtan[1,6]. Preter hec multorum nobilium,
qui heredibus carebant, predia donatione vel precio acquisivit[*,7], utpote illius[8] de Swabeggi[m], de Warthusin[n],
de Bibra et[o] de Horningin[p] et[o] de Swainhusin[q] et[o]
15 de Biedirtan et[o] de Lenziburch[9] et de Werde[10], multo-

*) 1 *alia manu saec. XIII. in marg. add.*: Nota hic, quod
Fr(idericus) I[us] imperator multas possessiones imperio acquisivit.

a) suo *om.* 2.   b) marchia 2.   c) abditis 1.   d) comittis 1.   e) his 2.
20 f) comiti *radendo ut videtur corr. ex* comitti 1.   g) Habisburch 2.   h) comittis
radendo corr. comitis 1.   i) Rŭdolfi 2.   k) matrimoniū *alia manu corr.* -io 1.
l) Birdirtan 2.   m) Şuabeggi 2.   n) Warhusin 2.   o) et *erasum* 1.   p) Zormgin 2.
q) *prius* -i- *supra lin.* 1.

1) *Cf. Hist. Welf. Cont. Staingad., SS. XXI, p. 471. Beneficia*
25 *Italica Welfo c. a.* 1173—75. *resignasse, cf. Hist. Welf. l. c. et Mura-*
tori, Antiquit. Ital. IV, col. 167 *sq., de patrimoniis Teutonicis ante*
a. 1179. *cum imperatore convenisse videtur, cf. 'Wirtemberg. UB.' II,*
nr. 419, *p.* 204 *sq. (a.* 1178. *potius quam* 1179, *Dec.* 25); *Adler, 'Herzog*
Welf', p. 79 *sq.* 92 *sq.* 130 *sq.*   2) *Qui socer Hugonis II. palatini*
30 *comitis de Tübingen erat; cf. supra p.* 20, *n.* 4.   3) *Iisdem fere verbis*
Chron. Ursp. a. 1168, *p.* 356, *l.* 8 *sq. Rudolfus comes de Pfullendorf*
a. 1180. *Ierosolimam petiit et se perpetualiter sancti sepulchri servitio*
dicavit, SS. I, p. 71 *('Mitteil. z. vaterl. Gesch. (St. Gallen)' XIX, 'N. F.'*
IX, p. 323); *sed iam ante a.* 1170. *Maii* 15. *advocatiam Curiensem*
35 *Friderico filio imperatoris resignaverat, cf. Stumpf nr.* 4113.   4) *Itam.*
Cf. H. Steinacker, Regesta Habsburgica I, nr. 72.   5) *'Das Habs-*
burgische Urbar', herausgeg. von R. Maag' I, p. 56 *sq., n.* 3 *('Quellen*
zur Schweizer Geschichte' XIV). Comitatum Turicensem et advocatiam
Sechingensem comites de Lenzburg tenuerant.   6) *Ibidem p.* 13. *A. Schulte,*
40 *'Geschichte d. Habsburger in d. ersten 3 Jahrh.', Innsbr.* 1887, *p.* 98.
7) *Cf. Chr. Fr. Stälin, 'Wirtembergische Geschichte' II, p.* 242 *sq.;*
H. Niese, 'Die Verwaltung des Reichsgutes im 13. Jahrh.', Innsbruck
1905, *p.* 44—46.   8) *Adelgozi, qui fuit advocatus Augustae, Chron. Ursp.*
a. 1168, *p.* 356, *l.* 9 *sq.*   9) *Ulrico IV. et Arnoldo IV. consobrinis comiti-*
45 *bus ultimis stirpis a.* 1173. *Ian.* 5. *et a.* 1172. *Sept.* 5. *mortuis imperator*
a. 1173. *Febr.* 20. *Lenzburgi erat, Stumpf nr.* 4141. *Cf. infra p.* 31, *n.* 1.
10) *Manegoldus IV. ultimus inter a.* 1147. *et* 1156. *obiit, cui ex parte*

rumque aliorum[a] in aliis regionibus, que nobis incerta
sunt. Hec enim omnia in sola[b] Almannia[c] acquisierat.

1157.   Preter[d] hec Burgundiam[e] ingressus terram soceri sui
Reginaldi comitis[f], qui iam obierat[1], in dicionem suam
redegit[2] ac regnum Burgundie cum archisolio[g] Arela- 5
tensi[h, 3], quod duces de Zaringin[i] quamvis sine fructu
tantum honore nominis iure beneficii ab imperio iam
1156? diu tenuerant[4], a Bertolfo duce extorsit, prestitis sibi
trium episcopatuum advocatia cum investitura regalium,
scilicet Lausannensis[k], Genovensis, Sedunensis[5].   10
     Supradictorum etiam et aliorum, quorum predia in ius
cesaris cesserant, omnia beneficia, que ab ecclesiasticis
principibus, episcopis vel abbatibus, sub hominio habue-
rant, filiis suis prestari faciens[6], potestative[l] possedit
liberosque suos[m] omnes litteris adprime erudiri faciens 15
eos facultatibus redituum, excellenciis dignitatum per[n]
sortitas provincias delegaliter sublimavit[7]. Nam Fridrico,
qui secundus natu erat filiorum[8], ducatu Swevie[o] cum
hereditate Welfonis[9] et prediis Rôdolfi[p] comitis[q] de
Phullendorf[10] concesso, Cônrado[r] vero dignitatibus, 20

a) aliorumque *radendo corr.* aliorum 1.   b) -a *alia manu supra locum rasum* 1.
c) Alemannia 2.   d) *ita* 1. 2; Post *Ussermann;* Deinde Burg. *Nauclerus.*   e) bur-
gūniā *a scriba corr.* burgūdiā 1.   f) coͫtis 1.   g) archisoliū 2.   h) arelentensi 2.
i) Zaringem *corr.* -gen 2.   k) Lausennensis 2.   l) *ita* 1; potetati ue 2; pacative
Urstis.   m) suosque *radendo corr.* suos 1.   n) per *a scriba superscr.* 1.   o) Sueuie 2. 25
p) Rŭdolfi 2.   q) comittis 1.   r) Cûnr. 2.

*Fridericus comes palatinus (de Wittelsbach) successisse videtur; A. Steichele,
'Das Bisthum Augsburg, historisch und statistisch beschrieben' III,*
1852, *p.* 698 *sqq.*
     1) *Iam a.* 1148. *mortuus est. Cf. G. Frid. II,* 48.   2) *G. Frid.* 30
III, 12; *sed iam a.* 1156. *exeunte negotia sua se in Burgundia magni-
fice composuisse imperator Wibaldo scripsit, ep. nr.* 448, *Jaffé Bibl. I,
p.* 580.   3) *Cf. infra p.* 31, *l.* 2; *G. Frid. III,* 12; *Gotifr. Viterb.
Panth. XXIII, c.* 15, *SS. XXII, p.* 221; *S. Hirsch, 'Jahrbücher des
Deutschen Reichs unter Heinrich II.' I, p.* 379, *n.* 5.   4) *G. Frid.* 35
I, 9. *II,* 48. *Wibaldi ep. nr.* 383, *MG. LL. Constit. I, p.* 199.   5) *Tres*
civitates inter Iurum et montem Iovis, Losannam, Gebennam et N.
G. Frid. II, 48. *De tempore huius conventionis non constat, nisi eam
inter a.* 1156. *et* 1158. *factam esse.*   6) *Cf. ex. gr. Stumpf nr.* 4166.
4167; *A. Boss, 'Die Kirchenlehen der Staufischen Kaiser', dissert.* 40
München 1886; *H. Niese l. c.*   7) *Cf. id, quod Ann. Pegav. de curia
Wormatiensi a.* 1179. *Ianuario habent, SS. XVI, p.* 262. *Ad ea quae
sequuntur cf. infra c.* 32, *p.* 46, *et n.* 5.   8) *Quod num recte dictum
sit, diiudicari non potest; cf. P. Scheffer-Boichorst in 'Mitteil. d. Instituts
für Oesterreich. Geschichtsforschung' XI, p.* 635 *sqq.* (= *'Gesammelte* 45
Schriften' II, p. 384 *sqq.). Cf. supra c.* 10, *p.* 10 *sq.*   9) *Welf senior
grandaevus demum anno* 1191. *die* 15. *Decembris Memmingae obiit. W.*
10) *Supra p.* 29, *n.* 3.

beneficiis et prediis Fridrici[a] ducis de Rotinburch ditato,
Ottone archisolio Arelatensi cum Burgundia[b], Reinaldi
avi sui terra, sublimato[1], Heinricum[c], qui prior natu
erat[2], regem post se designavit[3], Phylippo[d] adhuc in-
5 fantulo. Preter[e] hec omnia res ecclesiarum ab episcopis
vel abbatibus sibi concessa[f] vendicans sub iure hominii
multa amore filiorum contraxit, quibus singulos cum
delegata sibi dignitate admodum ditavit.

315.   *22. Anno dominice incarnationis M⁰C⁰LXX⁰ Medio- 1168.
10 lanenses animum imperatoris sepius experti ipsumque
pro presumptione reedificate civitatis sue nimium metuentes omnibus Italie[g] civitatibus confederati preter Cu-
manos, Papienses, Cremonenses[4] cum aliquibus civitatibus
sibi faventibus, qui cum imperatore senciebant, ad fu-
15 turam imperatorie ultionis cladem se modis omnibus pre-
parabant spretoque in ignominiam cesaris pontifice Calixto, Alexandro pape iam diu exuli obediencia firmata ipsoque in apostolicum suscepto subiciuntur ac territorium
Palense[5] fossatis firmissimis et profundissimis cingentes, (Maii 1).
20 adductis electis ex omnibus sibi favencium civitatum
burgensibus in hanc colonis[6], civitatem firmissimam, utpote paludibus undique circundatam, non procul a Ver-
cellis Alexandriam Alexandri pape nomine nuncupatam
construxerunt ipsamque cibariis omnibusque[h] ad futu-
25 ram obsidionem necessariis habundantissime confertam ad
sustinendam imperii vim ac decontra vires tocius Italie[g]
demonstrandas[i] studiosissime munierunt.   Imperator
itaque his[k] compertis eis[l] non impune talia licere dignum necessariumque existimans undique contracto vali-
30 dissimo exercitu quinta iam vice Italiam[g] ingreditur 1174.

a) frdrici (!) 2.   b) burgūnia *a scriba corr.* burgūdia 1; bugundia 2.
c) Henr. 2.   d) Phil. 2.   e) Post₂2.   f) concessa *alia manu corr.* concessas 1,
et ita Urstis.   g) yt. 2.   h) omnib², *a scriba corr.* omnibusque 1.   i) *ita Urstis.;*
demonstrandam 1. 2.   k) hiis 2.   l) -s *alia manu suppl.* 1.

35   1) Cf. *Böhmer, Acta imperii p.* 151 *(Stumpf nr.* 4516, *a.* 1189.
April.). Cui etiam bona Lenzburgensia cesserunt; cf. Stumpf nr. 4505
(a. 1188. *Nov.* 22)*; W. Merz, 'Die Lenzburg', Arau* 1904, *p.* 38 *sq.*
2) *Cf. p.* 30, *n.* 8.   3) *Mense Iunio* 1169. *in conventu Bambergensi,*
qui die 15. *Augusti sequente Aquisgrani ab archiepiscopo Coloniensi*
40 *Philippo coronatus est. W.*   4) *Cremonenses cum Mediolanensibus*
faciebant; Bosonis Vita Alexandri III, Liber Pontificalis ed. L. Du-
chesne II, p. 418 *sq.*   5) *ad villam, quae vocatur Roboretum, ib.*
Cf. F. Graef, 'Die Gründung Alessandrias', diss. Berlin 1887, *p.* 40,
n. 6. *Alexandria derisorie 'Palea' appellabatur; SS. XXXI, p.* 167, *n.* 5;
45 *Romoald. SS. XIX, p.* 440.   6) *Homines Gamundii (Gamondo), Marinci*
(Marengo), Bergolii (Bergoglio) aliarumque quattuor vel quinque istius
regionis villarum a Lombardis adiuti Alessandriam condiderunt.

confluentibusque ad eum civitatibus auxiliariis procinctum Alexandriam versus movit ipsamque civitatem obsidione cinxit.

1174.   **23.** Anno dominice incarnationis M⁰CLXXI. obsessa est civitas. Hec obsidio nulli priorum comparanda 5 tum loci municione, tum civium resistencium atrocitate, tum militum cesarianorum oppressione et occisione, tum temporis diuturnitate[1]. Nichil enim calamitati et periculis ydoneum hic defuit, nichil patrandis in alterutrum immanissimis facinoribus impediens fuit. Nam cesare 10 forinsecus balistis, arietibus, missilibus[a] omnique telorum genere ac diversis machinarum instrumentis, turribus insuper ligno compactis civitate[b] supereminentibus admotis, impositis militibus et sagittariis[c], fortiter urbem inpugnante, oppidani[d] non minori virtute et industria 15 similium machinarum instrumentis illatum sibi dampnum recompensantes[e] magnanimiter vindicabant ac sepissime ordinatis agminibus portis erumpentes cesarianis gladiotenus congrediebantur, sepe repentinis incursibus maxima patratis audacia hostes adoriebantur. Interea Medio- 20 lanenses et Veronenses conflato ex civitatibus sibi faventibus exercitu cum cesare in obsidione civitatis posito congredi statuerunt, ut et his, qui obsidione premebantur, oportune concurrerent[f] et rursus ab eis adiuti facilius

1175. imperatorem superarent. Quo comperto cesar obsidionem 25
(April 13). solvit et a civitate recedit[g], quoniam eam superare nequivit. Cives enim turres ligneas, quas cesar ad expugnationem ipsorum fecerat, cum armatis desuper consistentibus per suffossionem bis[h] deiectis[i] igni concremarunt[k] magnumque ex hoc detrimentum exercitui[l] in- 30 tulerunt. Cesar itaque omnem reliquum apparatum, quem ad expugnationem ipsius civitatis fecerat, scilicet talpas, vulpeculas, ericios, cattos[2] — talibus enim censentur nominibus — exuri precepit venientique exercitui obviam processit, ut ante videlicet cum eis congrederetur, 35 quam cum Alexandrinis coniungerentur. Cum itaque

a) missilb;, -il- *e corr.* 1.   b) ciuitatē 2.   c) sagitariis 1.   d) *super* opidā *linea alio atram. perducta del. alia manu superscr.* obsessi 1.   e) recompendentes *corr.* recompensantes 1.   f) concurrēt *alio atram. corr.* concurr'ēt 1; concurrent 2. g) recessit, -ssit *alio atram. in loco raso* 1.   h) *ita* 1. 2; his deiectis, igni *Urstis.* 40 i) desuper iectis, super *del.* 1; *fortasse* deiectas *legendum.*   k) concremarēt, *sed* -e- *eodem atram. expunctum* 1.   l) *alterum* -i *alia manu superscr.* 1.

1) *Duravit a die* 27. *Oct. a.* 1174. *usque ad diem* 13. *April. a.* 1175.   2) *A. Schultz,* 'Das höfische Leben zur Zeit der Minnesinger' *II*[2] (1889), *p.* 406 *sqq.*   45

iam ad invicem propinquassent, Italici[a] Teutonicorum 1175.
metuentes audaciam[1] missis ad principes nunciis cesarem
de pace rogabant, se suaque omnia dedentes. Cesar
igitur paci[b] studens eos in gratiam recipere statuit.
5 Ipsi igitur se suaque omnia in manus cesaris offerentes
⟨se[c]⟩ dediticios rursus ostendunt. Principibus igitur pro
eis supplicantibus subiectioneque omnimoda sacramentis
firmata in gratiam imperatoris recipiuntur[2]. Cesar igitur *(April. 16)*.
cum exercitu Papiam se recepit, Italicis[a] ad sua[d] loca
10 remeantibus. Rege[3] vero Boemie* cum suis repatriante
imperator[e] cum consiliariis suis cepit tractare, quomodo
civitates, quas in gratiam receperat, disponeret, ut imperialia decreta conservarent, diffinitoque[f] consilio nuncios suos ad hec promovenda direxit. Mediolanenses 1176.
15 itaque videntes exercitum cesaris defluxisse rursus re-
bellare presumunt[4]. Inperator igitur angustatus legatos
in Germaniam pro supplemento exercitus direxit simulque ad Heinricum avunculi sui filium, ducem Saxonie
et Bawarie, ut Clavenne ad colloquium sibi occurreret[g],
20 venientique obviam procedens[5], ut periclitanti imperio
·. 316. *subveniret, plus quam imperialem deceret maiestatem[6],
humiliter efflagitavit**. Dux itaque Heinricus[h], utpote

*) 1 *add. in marg. manu quae videtur Liutoldi:* De rege
Boem(ie) multa per anticipationem dicta sunt, quia
25   nondum fuit rex, sed dux.
**) 1 *add. in marg. manu quae videtur Liutoldi:* Dicitur, quod
se pedibus eius provolverit[7].

a) yt. 2.   b) pace *corr.* paci 1.   c) se *om.* 1. 2; *cf. infra* p. 39, *l.* 5 *sq.*
d) *loca* sua 2.   e) ipat' 1.   f) definitoque *Urstis.*   g) occereret² 2.   h) Henr. 2.

30   1) *Cf. supra c.* 14, *p.* 17, *l.* 4; *c.* 20, *p.* 24, *l.* 2.   2) *Apud Montem-*
bellum; cf. MG. LL. Constit. I, p. 339 *sqq.*   3) *Immo Udalrico duce (de*
Brünn), fratre Sobieslai II. ducis Boemiae.   4) *A.* 1176. *Ian.* 31. *Placen-*
tiae rectores Mediolani, Brixiae, Placentiae, Veronae, Paduae, Mantuae,
Parmae, Mutinae, Bononiae foedus iuramento renovaverunt; C. Vignati,
35 'Storia diplomatica della lega Lombarda', *Milano* 1866, *p.* 276 *sqq.*
5) *De hoc colloquio, quod a.* 1176. *Clavennae factum esse videtur,*
postremus auctores collegit et recensuit I. Haller, 'Der Sturz Heinrichs
des Löwen', in 'Archiv für Urkundenforschung' III (1911), *p.* 303 *sqq.*
6) *Cf. Lucan. Phars. VII, v.* 378 *sq.:* Imperii salva si maiestate liceret,
40 volverer ante pedes.   7) *Ita Gisleb. Chron. Hanon. c.* 54, *ed.*
L. Vanderkindere, Brux. 1904, *p.* 94; *Arnoldi Lub. Chron. II,* 1 *fin.;*
Chron. Montis Sereni a. 1180, *SS. XXIII, p.* 157, *l.* 31; *Ann. Stad.*
a. 1177, *SS. XVI, p.* 348; *cf. Chron. Ursperg., SS. XXIII, p.* 357;
'Sächs. Weltchronik' *A. B. c.* 325, *MG. Deutsche Chron. II, p.* 229.

Otto de S. Blasio.   3

1176. solus ad subveniendum imperio hoc tempore potencia
et opulencia idoneus[a], Gossilariam[b] ditissimam Saxonie
civitatem iure beneficii pro donativo ad hoc expeciit[1].
Cesar autem tale beneficium sibi invito extorqueri igno-
miniosum existimans minime consensit.   Pro quo Hein- 5
ricus[c] iratus ipsum in periculo constitutum recedens
reliquit.   Imperator vero Papiam regrediens ipsos et
Cremonenses[2] cum Cumanis toto studio ad bellum in-
gruens confortavit.   At illi congregata milicia hostes
alacriter prestolantur[d].   Igitur Wormaciensis episcopus[3] 10
cum aliis baronibus de inferioribus Reni[e] partibus in
Ytaliam transiens cum instructa milicia. cesari coniun-
gitur, ordinataque acie hostibus ex adverso cum infinito
exercitu consistentibus — nam ad C milia[4] pugnatorum
(Maii 29). computabantur — bellum committitur[f,5], fretis Italicis 15
multitudine[6,] cesare autem pericia cum fortitudine.   Itaque cesarianis alacriter preliantibus ac iam de victoria
sperantibus, acies Brixiensium in insidiis ad subsidium
collocata repente erupit[7] exercitumque cesaris a latere
irrumpens disiunxit ipsumque multis captis vel occisis 20
fugere coegit.   Ligures itaque nobili victoria potiti
fugientes[g] cesare vix evadente persecuntur spoliisque
egregie ditati Mediolanum cum triumpho revertuntur.
Capti sunt hoc bello preter alios de Cumanis fere quingenti multique[h] de Teutonicis.   Quo infortunio[i] cesar 25
accepto in civitatibus sibi subditis se recepit.   Mortuo[8]
interim Calixto papa scismatico episcopi Germanie de
concordia imperii et sacerdocii imperatorem allocuntur
voluntateque ipsius diem apud Venecias condixerunt,
Iul.—Sept.). 1177. datoque conductu[k] pape Alexandro veniendi ad colloquium, 30

a) ydoneus 2.   b) Gossilariam, *prius -i- alio atram. expunctum* 1.   c) Henr. 2.
d) prestolabantur 2.   e) Rheni 2.   f) comittitur 1.   g) -s *erasum* 1.   h) multisque 2.   i) *secundum -i- superscr.* 1.   k) 9dc͞u 1.

1) *Cf. Ann. Marbac. qui dic. a.* 1180, *ed. H. Bloch (SS. rerum
Germ.) p.* 52. *Cf. etiam Stumpf nr.* 4183, *a.* 1175. *Nov.* 20., *ubi Ecke-* 35
*hardus praepositus Goslariensis occurrit; F. Güterbock, 'Der Friede
von Montebello', dissert. Berlin* 1895, *p.* 118.   2) *Quod erratum esse
videtur.*   3) *Conradus II. electus, qui a.* 1176. *mense Octobri / Novembri
pacto Anagnino subscripsit; MG. LL. Constit. I, p.* 353.   4) *Milia
bis sena (12000) Gotifr. Vit., Gesta Frid. v.* 991, *SS. XXII, p.* 329. 40
5) *Apud Legnianum die* 29. *Mai.* 1176. *W.*   6) *Sall. Iug.* 13, 3:
fretus multitudine militum.   7) *Immo alibi Brixienses ab imperatore
fugati esse traduntur; sed cf. Ann. Pegav., SS. XVI, p.* 261: *undique
insidiis collocatis repente super eos irruunt.*   8) *Minime.*

mediante Christiano Magunciensi[a] episcopo et Cŏnrado[b] 1177.
Salzburgensi[1.]* cum ceteris episcopis, sacerdocium et imperium concordatur, quibusdam episcopis scismaticis sedes
suas propter[c] honorem imperatoris obtinentibus, quibus-
5 dam vero propter iusticie censuram cedentibus. In hac
etiam compositione Mediolanensibus treuge XIIII[2] annorum donantur, ipsis omnes captivos reddentibus. Hiis[d]
diebus beatus Thomas Cantuariensis[e] archiepiscopus
a rege Anglorum[f] Heinrico[g.]** multis iam diebus sede
10 sua pro iusticia pulsus, ab eodem occisus in[h] confessoris 1170.
et martiris morte faciem matris ecclesie decoravit. _(Dec. 29)._

24. Anno dominice incarnacionis M⁰CLXXII.[i] 1179.
Alexander papa sedato scismate sedem apostolicam obti- _(Mart.)._
nens concilium, quod Lateranense dicitur, congregavit,
15 in quo scismaticos officio privatos deposuit. Imperator vero in Germaniam redire disponens Italicorum
fidei se credere non audebat, sed missis nunciis ad Bertoldum[k] ducem de Zaringen[l] peciit, ut in Ytaliam cum
exercitu sibi occurreret, ut eo securius transalpinaret[3].
20 Quo veniente per montis Iovis[4] angustias regressus in
Alemanniam venit[5]. Itaque memor contemptus a duce 1178.
Hainrico[g] apud Clavennam sibi exhibiti[m] in ipsum vehe- _(Oct.)._
mentissime exarsit et, quod Italicis hostibus rei publice

*) 1 _alia manu saec. XIII. ex. in marg. add._: maxime autem
25   Wicmanno Hildesheimensi[6].
**) 1 _alia manu in marg. add._: Iste fuit avunculus[7] Ottonis
    postea imperatoris, _quae_ 1 a _in textum recepit._

a) Maguntinensi 2.   b) Chŭnr. 2.   c) propter honorem — quibusdam vero (_l._ 5)
_om._ 1, _ubi post prius_ quibusdam _initio scripta erant_ ŭ p͞p (= vero propter), _sed linea_
30 _rubra perducta del._   d) His 2.   e) _prius_ -i- _alia manu superscr._ 1.   f) angl̓o₂₄
corr. angl̓o₂₄ 1.   g) Henr. 2.   h) in _om._ 2.   i) _ita_ 2; M⁰CLXXVII, ·V· _alia manu suppl._ 1.
k) Beltoldum 2.   l) Zaringin 2.   m) _ita Urstisius;_ exhibito 1. 2; sibi exhibito _bis_
scriptum, iterum del. 1.

1) _Conradus de Wittelsbach card. episc. Sabinensis demum pace_
35 _Venetica composita archiepiscopatum Salzburgensem accepit._   2) _Immo_
sex.   3) _Haec ad a._ 1168. _potius referenda esse collatis Gotifredi_
Viterb. Gestis Frid. c. 30. _W. de Giesebrecht 'DKZ.' VI, p._ 552. _con-_
iecit.   4) _Immo per montem 'Mont Genêvre'; cf. Stumpf nr._ 4254.
Unde Arelatum primo, post S. Egidium petiit. A. 1168. _imperator per_
40 _Montem Cenisium_ (per Montem Iovis _perperam Chron. Ursperg.,_
SS. XXIII, p. 357, _l._ 41) _Alpes transiit._   5) _Die_ 31. _Oct._ 1178. _Spirae_
erat, Stumpf nr. 4271, _ubi principes ei occurrerunt, Arnold. Lubic. II,_ 10,
die 11. _Nov., ut videtur, Ann. Pegav., SS. XVI, p._ 262.   6) _Cf._
W. Hoppe, 'Erzb. Wichmann v. Magdeburg', in 'Geschichtsblätter für
45 _Stadt u. Land Magdeburg'_ 1908, _p._ 229.   7) _Immo avus maternus._

3*

1178—79. contra imperium faveret, universis principibus conqueritur[1]. Dataque ei curia apud Ulmam[2] ipsum ad iudicium subeundum imperiali[a] more citavit. Quō non veniente curiam sibi secundam Ratispone[3] prefixit. Quam parvi-
1180. pendens, terciam nichilominus apud Herbipolim sibi 5

(Ian.). datam supersedit ibique sentencia principum ducatu Norico cum Saxonico et omni prediorum et beneficiorum possessione feodali[4] pena multatus privatur. Ipse autem more paterno[5] maiestati cedere regalemque gratiam querere dedignatus, dum se existimat stare, cecidit[6] per- 10 ditumque statum dignitatis usque ad terminum vite nun-
1180. quam recuperavit. Nam imperator[b] prediis et beneficiis sibi cedentibus Ottoni[c] palatino de Witilinsbach[d] ducatum Noricum concessit[7] ac Bernhardum[e] comitem[f] de Anehalde ducatu[g] Saxonico sublimavit[8] procinctumque[h] 15 movit contra Hainricum[i] ducem omnesque civitates et castella cunctaque iuris ipsius[k] in Swevia[l] et Bawaria et in Saxonia dicioni sue subiugavit. Dein[m] contra civi-
1181. tatem munitissimam Bruniswich aciem dirigens eam[n] obsedit[o·9], civibusque acriter resistentibus cum minime 20 proficeret, ceteris omnibus cis Albiam fluvium ei subiectis soluta obsidione discedit. Acta sunt hec dominice incarnationis anno M⁰CLXXIIII.[p]

a) imperiale *corr.* -li 1.   b) īpat' 1.   c) Ottonis *corr.* -ni 1.   d) Wintilisbach 2.   e) Bernardum 2.   f) comittem 1.   g) ducato 2.   h) -que *supra lin.* 1. 25 i) Henr. 2.   k) -u- *alia manu* superscr. 1.   l) Sueuia 2.   m) *Dein alio atram. mut.* Deiū 1.   n) eam *om.* 2.   o) obsid' *posteriore manu corr.* obsed' 1.   p) *ita* 1. 2; anno dom. inc. M·C·LXXVIII. *Urstis.*

1) *Cf. I. Haller, 'Der Sturz Heinrichs des Löwen', 'Archiv für Urkundenforschung' III (1911), p.* 295 *sqq., maxime p.* 345 *sqq.* 406 *sqq.* 30 *De diebus iudicii Heinrico Leoni praefixis deque modo et rationibus actionis in eum institutae gravissima quaeque adhuc dubia sunt.* 2) *De curia Ulmensi praeter Ottonem soli Ann. S. Georgii in Nigra Silva* 1178, *SS. XVII, p.* 296, *tradunt. A.* 1179. *imperator nativitatem Domini Ulmae celebravit, Ann. Magdeb., Pegav., SS. XVI, p.* 194. 263. 35 3) *A. demum* 1180. *Iunio exeunte curia Ratisbonae habita est; Ann. Pegav., SS. XVI, p.* 263; *Magni Reichersperg. Chron., SS. XVII, p.* 506; *Haller l. c., p.* 416 *sqq.* 4) *Cf. MG. LL. Constit. I, nr.* 279, *p.* 385, *l.* 26: *sub feodali iure.* 5) *Heinrici Superbi; cf. Ottonis Fris. Chron. VII,* 23—35. 6) 1. *Cor.* 10, 12: *qui se existimat stare,* 40 *videat, ne cadat.* 7) *Die* 16. *Sept.* 1180, *in Altenburg, Ann. Ratispon., SS. XVII, p.* 589; *cf. Ann. Pegav., SS. XVI, p.* 264. 8) *Qui in hoc honore primum d.* 13. *April.* 1180. *occurrit, cum imperator in curia Gelnhusensi ducatum Westfaliae archiepiscopo Coloniensi concessit, MG. LL. Constit. I, nr.* 279; *Haller l. c., p.* 449 *sq.* 9) *Non ipse impe-* 45 *rator, sed Philippus archiepiscopus Coloniensis aliique principes ad Ocram fl. prope Leiferde contra Bruniswich castra posuerunt, a.* 1181. *Iul.* 12. *usque ad Aug.* 31, *neque tamen cum civibus congressi sunt.*

p. 317.   *25· Anno dominice incarnationis M⁰CLXXIX. sol· 1180?
danus[a] rex Iconii[1] missis ad[b] Fridricum imperatorem
legatis[2] quamvis paganus[c] cum suis omnibus fedus cum
eo pepigit filiamque eius matrimonio sibi coniungi postu-
5 lavit ac se Christianum cum sua gente fieri[d], si adipis-
ceretur imperatoris filiam, sponte promisit. Imperator
autem, licet filiam tenere diligeret vixque postulata con-
cederet, tamen consensit eamque sibi dare promittens prius
tamen mortuam luxit, quam petenti dederit[3].   Circa
10 hec tempora domnus Alexander papa[e] CᵘˢLXXI[us] obiit[f], 1181.
cui[g] Lucius CᵘˢLXXII[us] in ordine successit, anno vide-   *(Aug. 30).*
licet dominice incarnationis M⁰C⁰LXXXII.   *(Sept. 1).*

26. Anno dominice incarnationis MCLXXXIIII. 1184.
Fridricus imperator[h] sedatis in Germania cunctis bello-
15 rum[i] turbinibus generalem curiam cunctis regni optima-
tibus[k] in pentecoste[l] apud Magunciam indixit ibique *Maii 20.*
filios suos, Heinricum[m] scilicet regem et Fridricum Swevorum ducem, gladio accingi armisque insigniri[n] disposuit. Ad hanc curiam tocius imperii principes, utpote
20 Francorum, Teutonicorum, Sclavorum, Italicorum, ab
Illirico usque ad Hyspanias[o·4] congregantur. Sed et vici-
norum regnorum proceres invitante imperii dignitate
convenerunt, incredibilisque multitudo hominum diversarum regionum[p] vel linguarum ibi coadunata est. Itaque
25 foris civitatem in campi planicie palacio cum amplissimo
oratorio ad diversorium[q] imperatoris ex ligni materia facto

a) Soldanus 1. 2.   b) ad *alia manu supra lin.* 1.   c) pagani' *corr.* paganu 1.
d) t'i 1.   e) *sequ.* cui⁹ *del. et partim erasum* 1.   f) ob' *alia manu suppl.* 1.   g) cui
om. 2.   h) ipat' 1.   i) bellis 2.   k) obtimatibus 1.   l) penthecoste 2.   m) Henr. 2.
30 n) -ri *in loco raso* 1.   o) Hispanias 2.   p) regionum *bis* 2.   q) -rium *in loco raso* 2.

1) *Kilidsch Arslan II. Idem de 'rege Babyloniae' (i. e. Saladino)
Chron. regia Colon. a.* 1173, *p.* 124. *tradit.*   2) *Cf. Chron. regia Colon.
a.* 1180, *p.* 131.   3) *De duabus tantum imperatoris filiabus constat:
Altera, Agnes nomine, filio regis Ungariae vel Richardo comiti Pic-*
35 *taviae (postea regi Angliae) desponsata a.* 1184. *Oct.* 8. *paulo ante
matrem parvula obiit, Spirae sepulta, Ann. Marbac. q. d., ed. H. Bloch
(SS. r. Germ.), p.* 55; *Cron. S. Petri Erford. mod., Monum. Erphesf.,
ed. O. Holder- Egger (SS. r. Germ.), p.* 193, *l.* 19; *Albricus, SS. XXIII,
p.* 863, *l.* 34; *Gesta Henr. II. et Ric. I., SS. XXVII, p.* 106, *l.* 29 *sq.*
40 107, *l.* 9 *sq.; epitaphium apud Joh. Seffried de Mutterstadt, Chron. praes.
Spir., Böhmer, Fontes rerum Germ. IV, p.* 345; *H. Grauert in 'SB. der
Akad. der Wiss., München, philos.- philol. und hist. Classe'* 1900, *p.* 543 *sq.*
556. 616; *E. Gritzner in 'Zeitschr. f. d. Gesch. des Oberrheins, N. F.'
XXVI,* 1911, *p.* 711—715; *Stumpf nr.* 4394.   *Altera circiter*
45 *a.* 1174—76. *Wilhelmo II. regi Siciliae in coniugium oblata non post
a.* 1181. *obiit, Romoald. Salern. Ann., SS. XIX, p.* 441.   4) *Cf. Otto
Fris. Chron. V, 32, p.* 257: Regni vero terminus a Bulgaris seu Illirico
usque ad Hyspanos.

1184. domus principum procerissime[a] constructe sunt in circuitu, singulis ad ostendendam[b] sue dignitatis magni-
ficenciam sumptus ambiciosissime conferentibus. Preterea tentoriis[c] diversicoloribus numerum excedentibus
erectis, velut maxima civitate constructa, tota planicies 5
ambitur, nichilque hic ad ostendendam mundane miserie
gloriam habundancia victualium, varietate vestium, falera-
mentis equorum, delectatione spectaculorum defuit, filiis
huius seculi prudencia sua, que *stulticia est apud Deum*[1],
in generatione sua abutentibus. Quod evidenti indicio[d] 10
divina potencia futura presagiens demonstravit. Nam
sacre noctis[2] crepusculo ventus validissimus ab occidente
ortus palatio imperatoris oratorium eius contiguum multaque alia edificia, inhabitantibus vix evadentibus, funditus evertit maximoque terrore perculsos, ut pene loco 15
cessissent, omnes dubitantes reddidit. Quod a sapienti-
bus non pro bono omine susceptum eis omnino displicuit[3].

Maii 20. Crastina itaque sacra die cum maxima leticia sollempniter celebrata exquisitisque conviviis sumptuosissime
Maii 21. exhibitis gloriose peracta, feria[e] secunda celebratis mane[f] 20
missarum sollempniis[g] filii imperatoris Heinricus[h] rex et
Fridricus dux armis precincti militarique palestra alacriter exercitati[i] milicie cingulum sumpserunt, tractatisque diversis imperii ab imperatore negociis quarta die
ad propria cum gaudio recesserunt.   25

1185.   27. Anno dominice incarnationis M⁰C⁰LXXXV.
(Nov. 25). Lucius papa vita decessit[k], eique Urbanus III[us] successit,
in ordine C[us]LXX[us]III[us].   Eodem anno Beatrix impe-
1184. ratrix obiit[4] et apud urbem Spiram regalibus obsequiis[l]
(Nov. 15). presente Heinrico rege filio suo officiose sepelitur[5].   30

---

a) pretiosissimae *Ussermann.*   b) ostendandam 2.   c) tentoria 2.   d) iudicio 2.   e) frā 1.   f) mane *om.* 2.   g) *prius -i- alia manu suppl.* 1.   h) Henr. 2.
i) excˈcitati 2.   k) descessit 1.   l) *ita* 1. 2, *cf. supra c.* 4, *p.* 5, *l.* 10; exequiis
Urstis.

1) 1. *Cor.* 3, 19: Sapientia enim huius mundi stultitia est apud 35
Deum; *Luc.* 16, 8: Filii huius saeculi prudentiores filiis lucis in generatione sua sunt.   2) *Immo die Martis post pentecosten, id est* 22. *Maii,
versus vesperum; cf. B. de Simson apud Giesebrecht, 'DKZ.' VI, p.* 604.
3) *Cf. Arnold. Lub. III, 11 fin.:* sive ex incuria artificum ruina illa
facta sit, sive secundum coniecturationem quorundam maiorem casum 40
portenderit, quia non longo tempore post imperatrix mortua est.
4) *A.* 1185. *item perperam habent Chron. regia Colon. p.* 134. *et Ann.
Stad. SS. XVI, p.* 351.   5) *Quod a.* 1185. *Aug.* 28. *factum esse
videtur; cf. Necrol. Spir. ed. Reimer, 'Zeitschr. f. d. Gesch. d. Oberrheins' XXVI,* 1874, *p.* 436; *Th. Toeche, 'Kaiser Heinrich VI.' p.* 637. 45

Circa idem tempus Fridricus imperator[a] apud Constan- 1183.
ciam in pentecoste[1] generali curia celebrata legatos
Mediolanensium omniumque civitatum Italie[b] antea sibi
rebellancium subiectionem ultroneam insigniaque civitatum cum clavibus aureis offerentes[2] ac per hoc se
dediticios demonstrantes suscepit ipsosque indulta venia *(Iun. 25)*.
gratiam imperialem pacemque patrie reportantes cum
gaudio remisit[3].

28. Anno dominice incarnationis M⁰CLXXXVI. 1184.
Fridricus imperator missis legatis ad Willehelmum[c] Sicilie regem filium[d] Rogerii[4] sororemque[e] eius[5] filio
suo Heinrico[f] regi desponsari fecit[6] ac per hoc regnum *(Oct. 29)*.
Sicilie cum ducatu Apulie principatuque Capue Hainrico[f] regi *cf. Otto Fris Chr. VII, 24*
dotis nomine post mortem suam a socero delegatum[g][7]
recipiens Romano imperio restituit, quod post mortem
Lotharii quondam imperatoris a Rogerio, capto papa Innocencio regioque nomine ab eo extorto[8], imperio ablatum fuerat.
Igitur sexta vice cum maxima principum frequencia *(Sept.)*.
Italiam ingressus rogantibus Mediolanensibus, ut in signum adepte imperialis gratie nuptias filii apud Mediolanum celebraret, ad recuperandum imperio eorum obsequium, cuius viribus admodum adtriti[h] erant, consensit
omnibusque Italicis baronibus generalem curiam apud
Mediolanum indixit. Ad quam curiam de Cisalpinis
*regionibus ac de omni Italia[i], Tuscia, Campania, Apulia,

a) īpat⁴ 1.   b) Italiū 1.   c) Wilhelmum 2.   d) filium — Sicilie *(l. 13) in
marg. a scriba suppl.* 1.   e) -que *erasum* 1.   f) Hanrico 2.   g) *ita* 2; delegato 1; de
legato *Urstis*.   h) attriti 2.   i) yt. 2.

1) *Paulo post pentecosten, quam Ratisbonae celebravit, Ann.
August. min., SS. X, p.* 9, *et Ann. Tegerns. SS. XXIV, p.* 58; *die
20. Iunii a.* 1183. *Constantiae diploma dedit, Stumpf nr.* 4359.   2) *Cf.
infra c.* 50, *p.* 84.   3) *Privilegium imperatoris pacem Constantiensem
continens datum est* apud Constantiam in sollempni curia VII. Kal. Iulii,
MG. LL. Constit. I, nr. 293.   4) *Immo filium Wilhelmi I., nepotem
Rogerii II. regum.*   5) *Constantiam, filiam Rogerii II. postumam
(Gotifr. Vit. Pantheon* 23, 50, *SS. XXII, p.* 263) *a.* 1154. *natam. Soror
regis Wilhelmi (II.) perperam dicitur etiam in Hist. Rom. pont., B. Pez,
Thes. anecd. nov. I,* 3, *col.* 395 *sq.*   6) *Augustae a.* 1184. *Oct.* 29.;
cf. B. de Simson apud W. de Giesebrecht, 'DKZ.' VI, p. 618.   7) *Cf.
Gisleb. Chron. Hanon. § 33, ed. L. Vanderkindere (Brux.* 1904*), p.* 66;
Ann. Stad. 1184, *SS. XVI, p.* 350; *Sigeb. contin. Aquicinct. a.* 1189,
SS. VI, p. 425 *sq.*; *Ann. Cassin. a.* 1190, *SS. XIX, p.* 314 (apud Troiam);
Rycc. de S. Germano a. 1188, *SS. XIX, p.* 324; *Gesta Henr. II. et
Ricardi I. SS. XXVII, p.* 113, *cf. p.* 122. 129; *Petri de Ebulo Lib. ad
hon. augusti v.* 43 *sq., ed. G. B. Siragusa, Roma* 1906 *('Fonti per la
storia d'Italia'), p.* 8; *Hist. Rom. pont., B. Pez, Thes. anecd. nov. I,* 3,
col. 395.   8) *Otto Fris. Chron. VII,* 24 *fin.*

Sicilia coadunati principes filiam[1] Willehelmi[a], Hainrici[b]
regis sponsam, cum maximo apparatu regalique pompa
cum imperatore et sponso obviam procedentes[2] susci-
piunt ac cum maximo regni fastigio nupcias peregerunt.

1186.
(Ian. 27).

In hac[c] curia Italicis plenarie gratiam imperatoris adi- 5
piscentibus paceque ad integrum reformata, amnestia,
id est malorum oblivio[3], obsequiis eorum multifarie delibutus, in eternum mansura stabilitur[4], solutaque curia

(Iunio ex.). imperatore cum filio[5] eiusque uxore transalpinante omnes
cum gaudio ad propria revertuntur.   Igitur, sicut de 1
Theodorico Gottorum[d] rege legitur[6], universis per circuitum regibus affinitate seu federe seu subiectione Fridrico imperatori consociatis, imperii status multis modis

1187. eo imperante exaltatur.   Nam regi Francorum[7] confederatus[8] regisque Sicilie filia filio suo coniuncta regem 1
Ungarorum[9] prono obsequio devotissimum semper habuit

1188. regisque Hyspaniarum[e] filiam[10] alteri filio suo Cônrado[f],

1162. licet inefficax remanserit[11], desponsavit.   Preterea ante

(Aug. —
Sept.).
hec omnia in curia Tholensi[g]·* iuxta Bisuntium[h] regi

*) 2 *in marg. manu scribae add.*: Hec est Dola post mortem 20
Karoli ducis Burgundie a Francis destructa, anno

1479.   videlicet M⁰CCCC⁰LXXIX⁰.

a) Wilhelmi 2.   b) Hanrici 2.   c) hac *a scriba in marg. suppl.* 1. – d) Go-
thorum 2.   e) Hisp. 2.   f) cônrado chânrado 2, *sed* cônrado *del.*   g) dolensi 2.
h) *secundum* -i- *alia manu superscr.* 1; Bisuncium 2.   25

1) *Immo amitam; supra* p. 39, n. 5.   2) *Cf. B. de Simson l. c.*
p. 639 *sq.*   3) *Cf. ex. gr. Oros. II,* 17, 15: amnestiam vocaverunt,
id est abolitionem malorum.   4) *De qua aliunde non constat.*
5) *Heinricus rex in Italia remansit.*   6) *Otto Fris. Chron. V,* 1 *fin.;*
Frutolfus, SS. VI, p. 129, *l.* 19 *sq.; Iord. Get. c.* 58, 303.   7) *Phi-* 30
lippo II. Augusto, qui paulo post imperatorem a. 1187. *Decembri inter*
Ivoy et Mouzon convenit; cf. P. *Scheffer-Boichorst in 'Forschungen*
zur Deutschen Geschichte' X, p. 483 *sqq.* (= *'Gesamm. Schriften' II,*
p. 22 *sqq.);* A. *Cartellieri, 'Philipp II. August'* II, p. 249. 262 *sqq.*
8) *Foedus . . . bullis eorum aureis in scripto roboratum* est, *Gest.* 35
Trever. contin. III. c. 11, *SS. XXIV,* p. 387.   9) *Belam III., cuius*
filiam filio suo Friderico duci Sueviae desponsavit, Chron. Ursp.,
SS. XXIII, p. 358, *l.* 51, *a.* 1189.   10) *Berengariam filiam Alde-*
fonsi VIII. regis Castellae; pactum sponsalicium d. d. 23. *April.* 1188.
habes MG. LL. Constit. I, nr. 319.   11) *Roderici Tolet. De rebus* 40
Hispaniae VII, 24, *(Schott), Hispania illustrata II, Francofurti* 1603,
p. 123: Sed ipso Conrado in Teutoniam revertente praedicta domicella
desponsationi continuo contradixit, et per Gundisalvum Toletanum
primatem et Gregorium S. Angeli diaconum cardinalem apostolicae
sedis legatum divortio celebrato puella Verengaria mansit innupta. 45
Quod inter a. 1190. *Oct.* 14. *(cf. diploma Aldefonsi VIII. citatum apud*
Est. de Garibay, 'Compendio historial de las chronicas y universal
historia de todos los reynos de España', l. XII, c. 24, t. II, p. 134

Danorum[1], corona imposita regnum[a] sub hominio con- 1162.
cessit ac ducem Boemie[2] in dignitatem regiam extollens[3] 1158.
ius nomenque regium corona imposita ei contulit.

    29. His temporibus Baldewinus[b] rex Hierosoli- 1185.
5 morum moriens[4] filiam[5] nubilem — nam filio carebat —
regni reliquit[c] heredem, quod merito[d] *in se ipsum divi-* Luc. 11, 17.
sum peccatis exigentibus *desola*ndum[6] et a paganis con-
culcandum erat, quia in manus puelle non bono omine
regendum devenerat[7]. Nam principum ipsius regni quis-
10 que regnare gestiens eandem puellam cum regno hereditario sibi, si coniugio carebat, vel filio, si coniugatus,
vel proximo, filio carens, iungi desiderabat, hacque[e] de
causa maxima inter eos conflata invidia regnum dedit
exicio. Ipsa autem spretis indigenis Widonem[8] comitem[f]
15 Ascalonis, advenam videlicet elegantis[g] forme spectateque
fortitudinis virum[9], ascivit eumque regno induens favente 1186.
patriarcha[10] necnon[h] militibus Templi[11] sibi in matrimonium coniunxit. Unde reliqui principes valde permoti sunt, maximeque comes Tripolitanus[12] eum regem
20 habere, quia peregrinus erat, indigne ferens Sarracenos
accepto precio regno induxit traditisque eis castellis
quibusdam et civitatibus ad optinendam Ierosolimam
accendit[13]. Ad quod animum[i] intendentes quosdam de

       a) regi *corr. alia manu* regnum 1.   b) *super* Baldwinus *superscr.* · III · 2.
25 c) reliquid 1.   d) merito2⊣ *radendo corr.* merito 1.   e) hĉq; 1.   f) comittem 1.
g) *elegantes corr. alia manu* elegantis 1.   h) -non *supra lin. suppl.* 1.   i) annum
alia manu corr. animum 1.

(Barcelona 1628*); Mondexar, 'Memorias historicas de la vida y acciones
del rey D. Alonso el Noble, octavo del nombre, ilustr. por D. Fr. Cerdà*
30 *y Rico', Madrid* 1783, *p.* 163*) et a.* 1193. *Aug.* 30. *(quo die Gonzalo
archiepiscopus Toletanus obiit) factum esse videtur.*
    1) *Waldemaro I.*   2) *Wladislaum II.*   3) *Die* 18. *Ianuarii*
1158. *W.; MG. LL. Constit. I, nr.* 170. *Cf. Rahew. G. Frid. III,* 14.
    4) *Cui Sibyllae sororis et Wilhelmi marchionis Montisferrati filius*
35 *Balduinus V. puer septennis successit, qui a.* 1186. *obiit.*   5) *Immo
sororem, Sibyllam nomine; cf. notam praecedentem.*   6) *Luc.* 11, 17:
Omne regnum in se ipsum divisum desolabitur; *cf. Ezech.* 36, 3: deso-
lati estis et conculcati per circuitum et facti in hereditatem reliquis
gentibus.   7) *Cf. Ottonis Fris. Chron. V,* 29: orbis imperium, quod
40 in manus feminae non digne devenerat.   8) *de Lusignan, Pictaviensem, cui Sibylla iam a.* 1180. *nupserat; cf. R. Röhricht, 'Geschichte
des Königreichs Jerusalem', Innsbruck* 1897, *p.* 388 *sq.*   9) *Cf. ex.
gr. Iustin. III,* 6, 12: Periclem spectatae virtutis virum.   10) *Hiero-
solymitano, Heraclio nomine.*   11) *Maxime Gerhardo de Ridaforte*
45 *magistro Templariorum.*   12) *Raimundus III.*   13) *Minime; cf.
F. Groh, 'Der Zusammenbruch des Reiches Jerusalem.* 1187—1189',
dissert. Jena 1909, *p.* 70 *sqq.*

militibus Templi cum quibusdam terre ipsius maioribus
precio corruptos[a] illata a se regno sepius latrocinia —
ne videlicet eis[b] latrocinia exercentibus[1] vi obsisterent —
dissimulare fecerunt sicque maximam regionis partem
quantocius obtinuerunt.   5

1187.   30. Anno dominice incarnationis M⁰CLXXXVII.
Saladinus rex Sarracenorum apud Damascum habitans,
nequissimum Christianorum animadvertens commercium
eosque discordia, invidia, avaricia infectos considerans,
tempus oportunum ratus[2] ad optinendam totam Syriam[c] 10
cum Palestina intendit animum, congregatoque validissimo de omni oriente Sarracenorum exercitu procinctum
contra Christianos movit eisque per totam Palestinam
igne ferroque instans castella multa civitatesque occisis
vel captis Christianis expugnavit Sarracenosque ibi ad 15
inhabitandum collocavit. Rex itaque Ierosolimorum necnon egregius princeps Antiocensis[d] Reinaldus[3] aliique
Christianorum proceres[e] contracto grandi exercitu dominica cruce exercitum precedente Saladino occurrunt eique
(Iud. 3. 4). bello congrediuntur[4]. A quo superati, multis Christia- 20
norum milibus occisis, cruce dominica, proh[f] dolor[g],
capta, Christiani fugantur, rexque necnon Reinaldus
illustrissimus princeps cum multis aliis Christianis capti
Damascum ducuntur ibique[5] idem rex[6] et prefatus princeps in confessione vere fidei decollantur.   Hac vic- 25
toria insolescentibus paganis, omni provincia devastata
cunctisque civitatibus Christianorum sive[h] possessis sive
dirutis, excepta Tiro et Sydone, Tripoli et Antiochia[i]
ac[k] paucis aliis civitatibus et castellis munitissimis et
(Iud. 9). inexpugnabilibus, capta prius Accaron, ubi portus est, 30
que[l] unicum et speciale Christianorum refugium[7] hactenus fuit et est[m], Hierusalem obsidione cinxerunt, ac
destructis in circuitu ecclesiis, Bethleemitana videlicet

---

a) corruptis *corr. a scriba* -tos 1.   b) ei⁹ 1.   c) Siriam 2.   d) Anthio-
censis 2.   e) proces *corr. alia manu* proceres 1.   f) proch 2.   g) dolo2⊦ *corr.* 35
dolor 1.   h) sive possessis *om.* 1; sive poss. sive *om. Urstis.*   i) Anthiochia 2.
k) et 2.   l) *ita* (q̄) 1. 2; quod *Urstis.*   m) et est *iterum add., sed del.* 1.

1) *Iudic.* 9,25: exercebant latrocinia.   2) 2. *Mach.* 4, 32: Ratus
autem Menelaus accepisse se tempus opportunum; *infra c.* 50, *p.* 82, *l.* 18.
3) *de Châtillon, dominus de Kerak trans Iordanem, qui a.* 1153—1160. 40
Antiochenum principatum per uxorem Constantiam tenuerat; cf. G.
Schlumberger, 'Renaud de Châtillon, prince d'Antioche, seigneur de la
Terre d'Outre-Jourdain', Paris 1898.   4) *Apud Hattin Galileae.*
5) *Immo iam apud Hattin.*   6) *Minime.*   7) *Eadem fere verba de*
Edessa apud Ottonem Fris. Chron. VII, 30.   45

et Olyvetana[a] multisque aliis, tandem eiectis per condi- 1187.
cionem Christianis Hierusalem capitur, sanctaque redemp- *(Oct. 2).*
tionis nostre loca profanata a paganis incoluntur. Nec
silendum arbitror, quod obsessa Ierusalem paganis irru-
5 entibus una turrium[1] occisis plerisque Christianis im-
p. 319. posito Saladini *vexillo[2] capta est, unde civibus orta
desperatio relicta murorum defensione[b] eadem die civitatem *in ore gladii*[3] exterminandam pene dederat exicio.
Quod videns quidam miles Teutonicus[4] ex desperatione
10 sumens audaciam[5] quosdamque circa se hortatus impetu
magnanimiter in hostes facto turrim vi obtinuit, occisis-
que in ea paganis[6] vexillum Saladini truncata hasta
deiciens de eminencia turris in lutum proiecit civibusque
fiduciam resistendi hoc facto conferens ad defensionem[b]
15 murorum eos quantocius reduxit. Postque civitate per
condicionem, ut dictum est, tradita sepulchrum Domini a
paganis questus gratia[7] in veneratione habetur. Facta
est hec terre sancte lamentabilis desolatio anno ab incarnatione Domini M⁰CLXXXVII, ab adventu vero 1187.
20 Francorum, quando[c] eadem terra a paganis per Got-
fridum ducem liberata est[8], anno LXXX⁰VIII⁰. Sicque
Saladinus Palestina subacta ecclesiam transmarinam
miserabiliter attrivit, ipsaque regio iam[d] per multos
annos paganis subdita gemit. Eodem anno Urbano
25 III.[e] papa mortuo, Gregorius VIII.[e] successit. Quo *(Oct. 19/20).*
infra dies quasi decem[9] defuncto[f], Clemens III.[e] sub- *(Dec. 17).*
stituitur, in ordine C^us^LXXIIII^us^. Qui[10] lamentabili de

a) Olivetana 2.   b) deffens. 2.   c) quondam, *ut videtur, corr. alia manu*
quando 1.   d) iam *om.* 1.   e) III. *et* VIII. *et* III. *eadem manu superscr.* 1. 2.
30 f) deffuncto 2.

1) Turrim novam, quam construxerant fratres Hospitalis, *nominat
Epistola episcopi Wilhelmi, R. Röhricht, 'Beiträge zur Geschichte der
Kreuzzüge' I (1874), p.* 191, *quae id septima obsidionis die, qui dies*
26. *Sept. fuisse videtur, factum esse tradit.*   2) intraverunt eam cum
35 tribus signis, *ibidem.*   3) *Ex. gr. Exod.* 17, 13 *etc.; cf. infra p.* 50, *n.* 2.
4) Swevus quidam miles, qui superne remunerationis gratia diu serviverat
infirmis, *a patriarcha multis muneribus provocatus, Epist. episc. Wilh. l. c.*
Cf. R. Röhricht *l. c. p.* 457; F. Groh *l. c. p.* 38 *sq.*   5) *Cf. Hegesipp.*
Bell. Iud. *III,* 9: Quod videntes Iudaei . . . ipsa desperatione auda-
40 ciam sumpsere; G. Frid. *II,* 21, *p.* 124, *l.* 3 *sq.*   6) tribus *Epist. ep.*
Wilh. *l. c.*   7) *Verba Ottonis Fris., Chron. VII,* 2, *p.* 310, *l.* 22 *sq.;*
cf. Arnold. Lubec. *IV,* 5, *SS. XXI, p.* 169, *l.* 24 *sqq.; infra c.* 40,
p. 64, *l.* 14.   8) *Cf. Ottonis Fris. Chron. VII,* 4.   9) *Die* 21. *Oct.*
electus, 25. *Oct. consecratus, dies* 58 *sedit.*   10) *Iam Gregorius VIII.*
45 *idem facere coeperat; Jaffé-Loewenfeld, Reg. pont. nr.* 16014. 16019.
16034 *(a.* 1187. *Oct.* 27. 29. *Nov.* 3*); cf. A. Cartellieri, 'Philipp II. August'*
II, *p.* 268 *sqq.   Sed talium Clementis III. litterarum etiam Arnold. Lub.*
IV, 6. *mentionem facit.*

subversione transmarine terre accepto nuncio, omni ecclesie ad placandum Deum indicta penitencia[1], legatos[a]
suos cardinales episcopos et presbyteros in omnes cis-
marine ecclesie fines direxit, filiis ecclesie matris con-
fusionem[b] paterno conquerens affectu et, ut matri vim 5
pacienti memores uberum[2], quorum lacte primitiva ecclesia in Ierusalem nutrita in eis virili robore convaluit, sub-
veniant, obtestatur, cruceque accepta in remissionem peccatorum, crucis servos[c] se gloriantes, crucis ignominiam,
que a paganis capta tenebatur, in laudem et gloriam vindi- 10
cent[d] crucifixi, verbo predicationis magnanimiter hortatur.

1188.
Mart.20—27.

31. Anno dominice incarnationis M⁰CLXXXVIII.
Fridricus imperator generalem curiam in media quadragesima Maguncie celebravit ibique per totam Germaniam sedatis bellorum turbinibus pace undique reformata 15
rei publice negocia tractavit. Ad quam legati sedis[e]
apostolice[3] venientes imperatori[f] desolationem transmarine ecclesie scriptis et verbis ex persona domni
apostolici ac tocius ecclesie conquesti representaverunt
patrociniumque Romani imperii per eius auxilium im- 20
ploraverunt. Qui habita deliberatione ad subveniendum
se obtulit[g] acceptaque cum filio, Fridrico scilicet duce
Swevorum, peregrinationis[h] cruce in remissionem peccatorum crucis ignominiam se vindicaturum publice denunciavit et ad idem negocium sui exemplo multos regni 25
optimates cum multitudine diverse condicionis et etatis
accendit[4]. Cardinales autem his patratis a curia digressi verbo predicationis per diversas imperii partes
instabant multisque relinquere patrem et matrem, uxorem et filios et agros propter nomen Christi[5] et crucem 30
tollere[6], ipsum sequi in expedicionem transmarinam persuaserunt[i] et innumerabilem[k] exercitum contraxerunt.

---

a) *legatus corr.* legatos 1.   b) confusione 2.   c) *secundum* -s *e corr.* 1.
d) vindicent *om.* 2.   e) apostolice sedis 2.   f) *alterum* -i- *in loco raso* 1.   g) -ulit
in loco raso 1.   h) peregrinis *corr. alia manu* peregrinationis 1.   i) permanserunt 35
a scriba corr. persuaserunt 1.   k) -bile *alio atram. corr.* -bilem 1.

1) *Quam Gregorius VIII. instituit a.* 1187. *Oct.* 29. 30. *Nov.* 18,
Jaffé-Loewenfeld, Reg. pont. nr. 16018. 16022. 16058.   2) *Cant.* 1, 3:
memores uberum tuorum super vinum.   3) *Heinricus cardinalis
episcopus Albanensis.*   4) *Cf. Ottonis Fris. Chron. VII, 8 in.:* im- 40
perator Heinricus . . . sepulchrum Domini se visitaturum publice
denunciavit ac multos ex diversis partibus regni ad idem accendit.
5) *Cf. Marc.* 10, 29: qui reliquerit domum aut fratres aut sorores aut
patrem aut matrem aut filios aut agros propter me et propter evan-
gelium.   6) *Cf. Matth.* 16, 24. *Marc.* 8, 34: et tollat crucem suam 45
et sequatur me.

Quibus omnibus imperator[a] sequentis anni[b] Maio[1] tempus profectionis constituit, pauperioribus ad minus trium marcarum expensam, dicioribus pró posse expensis[c] preparari indicens[2]. Egentibus autem pondo trium mar-
5 carum sub anathemate profectionem fecit interdici, nolens exercitum vulgo minus ydoneo[d] pregravari[3]. Hiis[e] in Romano imperio patratis[4] apostolicus a latere suo cardinales regi Francorum Ludewico[5] necnon Richardo[6] **1188.** *(Ian. 21).* regi Anglorum dirigens ad[f] idem opus cruce imposita
10 accendit multosque de predictorum regnorum finibus in eandem miliciam coadunavit. Hac tempestate Colonienses[g] maximis studiis et sumptibus civitatem suam munientes eam muro cinxerunt[h] firmissimo. Que res imperatori suspecta displicuit, eisque excidium inter-
15 minans municionès dissipare rupto per IIII[or] loca muro[7] *(Mart.).* eos minaciter[i] coegit. Hiis[e] diebus nuncii soldani regis Iconiensis ad imperatorem venerunt[8] fedusque, *(Dec. ex.).* quamvis in dolo, renovantes commeatum per totam Ciliciam cunctoque exercitui, si pacificus veniret[9], ex parte
20 domini sui obtulerunt[10]. Per Ciliciam enim imperator[a] terram soldani, cuius caput Yconium est, cum exercitu transiturus erat, ideoque pagani terre sue metuentes fe-

---

a) īpat' 1.   b) anno *radendo corr.* anni 1.   c) expensas *proponit Bresslau.*
d) ydoneum 2.   e) His 2.   f) ac 2.   g) Coloniensis *corr. alio atram.* Colonienses 1.
25 h) firmissimo cinxerunt 2.   i) m- *alia manu e corr.* 1.

1) *Ita etiam Arnold. Lub. IV, 7*; *diem b. Georgii (April.* 23*) habent Ann. Magdeb. SS. XVI, p.* 195; *Cron. S. Petri Erford. mod.; Hist. peregrin., Canisius, Antiquae lectionis t. V, 2, p.* 54 *(Canisius-Basnage, Thes. monument. III,* 1725, *p.* 504*); cf. Gesta Henr. II. et*
30 *Ric. I., SS. XXVII, p.* 110, *l.* 25; *Chron. regia Colon. a.* 1189, *p.* 144; *Ann. Plac. Gib., SS. XVIII, p.* 466, *l.* 11 *(cf. Gesta Fed. I. imp. in exped. sacra, ed. Holder-Egger, SS. r. Germ., p.* 78*). 2) Cf. Ann. Marbac. q. d. a.* 1188, *ed. H. Bloch, p.* 60; *Hist. peregrin. p.* 54 *(504); Ricard. Lond. Itin. peregr. I,* 19, *SS. XXVII, p.* 200. *3) Cf.*
35 *Hist. peregr. p.* 54 *(504).   4) Immo antea; nam a.* 1188. *Ianuar.* 21. *inter Gisortium et Tryam conventu habito Heinrico Albanensi cardinali legato praesente reges Franciae et Angliae simul cruces acceperant.* 5) *Immo Philippo II. Augusto.   6) Immo Heinrico II., qui a.* 1189. *Iul.* 6. *obiit, Richardum filium heredem et regni et voti crucis relinquens.*
40 7) *Immo fossato quatuor locis reimpleto, una portarum destructa duobusque milibus marcarum ducentis et sexaginta datis, quod in curia Moguntina (supra p.* 44, *l.* 14 *sq.) factum est, Chron. regia Colon. p.* 139.   8) *Apud Nürnberg, Ann. Pegav. a.* 1189, *SS. XVI, p.* 266; *Ansbert. Hist. de exped. Frid. imp., Fontes rerum Austriac. SS. V, p.* 13.
45 9) *Cf. Gen.* 42, 11: *pacifici venimus.   10) Quem imperator per Gotefridum de Wiesenbach militem de hac re requisierat, Chron. regia Colon. a.* 1188, *p.* 141; *cf. ib. a.* 1189, *p.* 142; *Hist. peregr. p.* 54. 55 *sq. (p.* 504. 505*).*

dere quesito pacem quam bellum malebant, licet aliter
optatis[a] evenerit[1].

1189.   32. Anno dominice incarnationis M⁰CLXXXIX.* [*p. 3]

Maii 28. Fridricus imperator in pentecoste[b] generalem *curiam
Prehsburc[c] in markia Ungarie celebrans[2] exercitum [5]
peregrinorum in miliciam Christi coadunavit, traditisque
regalibus[3] Heinrico[d] regi filio suo[4] divisisque pro velle
suo inter filios prediorum suorum reditibus cum collatis
dignitatibus[5] omnibusque bene dispositis cunctis valedixit
et cum filio equivoco Swevorum duce necnon et mar- [10]
chione[e] de Misen[6] cum Saxonibus[7] et multis aliis principibus et episcopis exercitu omni militari apparatu admodum instructo et copiosissimo in orientem contra
Saladinum Sarracenorum regem et omnes crucis Christi
inimicos procinctum movit, ac per Ungariam iter arripiens [15]
multis muneribus a rege Ungarie[8] liberaliter honoratus,
datis etiam exercitui victualibus in copia farine, vini
(Iun. 28). carniumque, in Bulgariam copias[f] transposuit[9] ibique
negata sibi ab incolis regia via[10] eam vi obtinuit occisa-
que multitudine resistencium multos ex eis captos ex [20]
utraque parte vie ramis arborum illaqueatos suspendit,
seque per hoc non in pera et baculo[g], sed in lancea et

*) 1 *in marg. manu quae Liutoldi videtur add.:*

1189.   Annis undenis demptis de mille CC^tis
              Christus ut est natus, transit mare rex Fridericus[11]. [25]

a) obtatis 1.   b) penthecoste 2.   c) Prehsburch 2.   d) Henr. 2.   e) markione 2.   f) copias *om.* 2.   g) ipet et baculo, *post -t vestigia rasurae atque et alia
manu supra lin.* 1.

1) *Cap.* 34.   2) in planicie camporum, qui vulgo Viervelt dici-
tur, iuxta Bosonium urbem, *Ansbert. p.* 15; *Hist. peregr. p.* 57 *·(p.* 506*).* [30]
3) *Quorum etiam Sicardus Cremon., SS. XXXI, p.* 169, *l.* 8, *meminit.*
4) *Quod iam antea Ratisponae Aprili ex. vel Maio in. factum esse videtur;*
cf. *Chron. regia Colon. p.* 144; *Ansbert. p.* 14 *sq.; Chron. montis Sereni,*
SS. XXIII, p. 161. *Nam pentecosten Heinricus VI. Spirae celebravit,*
Gisleb. Chron. Hanon. § 153, ed. L. Vanderkindere, p. 237.   5) *Quod* [35]
itidem ad curiam Ratisponensem spectare videtur; cf. Hugonis contin.
Weingart. 2, *SS. XXI, p.* 478, *l.* 34 *sqq.; B. de Simson apud Giesebrecht*
'*DKZ.*' *VI, p.* 689; *v. etiam supra c.* 21, *p.* 30 *sq.*   6) *Fortasse Dieteri-*
cus comes, filius Ottonis, frater Alberti marchionum Misnensium; cf.
R. Röhricht, 'Die Deutschen im Heiligen Lande', Innsbruck 1894, [40]
p. 67 *sq.; A. Cartellieri, 'Philipp II. August' II* (1906), *p.* 322 *sq.*
7) *Cf. Ansbert. p.* 16.   8) *Bela III. W.*   9) *Savo flumine superato.*
10) *Num.* 21, 22: *via regia gradiemur, donec transeamus terminos tuos.*
11) *Item in cod. Paris. bibl. nat. nr.* 4895 *A (supra in praefatione* 1*a),*
SS. XXII, p. 367; *cf. Chron. Ursperg. a.* 1189, *SS. XXIII, p.* 363. [45]

gladio sepulchrum[a] Domini visitare ostendit sicque trans- 1189.
ita Bulgaria Greciam applicuit. Greci itaque Bulgaris
inhumaniores subtracto exercitui omni humanitatis necessitate simulque rerum venalium commeatu iussu im-
5 peratoris Constantinopolitani[b·1] milites sancti sepulchri
necessariis defraudaverunt seque in municiones congestis
rebus omnibus undique receperunt. Cesar itaque hec a
Christianis pati egre ferens exercitum ad rapinam data
licencia relaxavit Grecisque velut[c] paganis uti[d], quorum
10 fautores his actibus se ostendebant, edicto constituit.
Qua occasione totus effusus exercitus civitatem opina-
tissimam[e] Philipopolim forti aggressione captam expug- *(Aug. 25.*
navit[2] opimaque[f] preda ibi direpta castrum munitissi- *vel 26).*
mum Themut[3] dictum simili impetu obtinuit hocque *(Nov. 24).*
15 terrore multa castella et civitates Grecorum sibi subiecit,
profligataque regione opulenta preda ditati reliquos ad
commeatum coegerunt. Hiis[g] circa finem mensis Augusti
gestis augustus convocatis principibus eorum consilio in
Grecia hiemare statuit omnique in circuitu[h] subiecta
20 sibi terra montem quendam accessu difficilem ad receptionem exercitus[i] munivit eumque Teutonico idiomate[k]
Chunigisberc[l·4] nuncupavit. Ubi contra faciem[5] Con-
stantinopolitane civitatis potenter residens omniaque necessaria exercitui a civitatibus finitimis convehi faciens
25 Grecam astuciam[6] Romana potencia Germanicaque forti- 1190.
tudine[7] devicit totaque hieme usque ad pascha[m] anni *Mart. 25.*
sequentis inibi[n] mansit[8], Grecis cum imperatore suo
semper a facie eius in fuga[o] constitutis[9].

30   a) sepulcrum 2.   b) Constantipolitani, *ultimum* -i *e corr.* 1.   c) velnd 1.
d) *ita scripsi;* ute *alia manu mut.* utend' (= utendum) 1; uté 2; utendi *Urstis.*   e) *ita* 2.
Ussermann; oppinãtissimam *mut.* oppinat. 1; opimatissimam *Urstis.*   f) opinaque *corr.*
manu coaeva opimaque 1.   g) His 2.   h) -tu *in fine versus manu coaeva suppl.* 1.
i) -s *postera manu suppl.* 1.   k) ideomate *corr.* idiomate 1; ẏdeomate *corr.* ẏdyomate 2.
l) Chunigisberch 2.   m) pasca 2.   n) îi, ¯ *et* ì *alia manu,* ì *etiam in loco raso* 1.
35 o) fugam, *omisso* in 1, *pro quo in marg. alia manu suppl.* ad.

    1) *Isaak II. Angeli.*   2) *Immo fere vacuam ab incolis relictam*
occupavit.   3) *Dimotika ad Maritzam fluvium.*   4) *Qui alibi non*
memoratur. Fridericus imperator, exercitu in tres partes diviso, ipse
apud Adrianopolim hiemavit; epist. Dietboldi ep. Patav., SS. *XVII,*
40 *p.* 510, *l.* 60 *sq.; Ansbert. p.* 40; *Ric. Lond. Itiner. peregr. I,* 22,
SS. *XXVII, p.* 201; *Gesta Fed. I. imp. in exped. sacra, ed. Holder-*
Egger, p. 82; *cf. Arnold. Lubic. IV,* 9.   5) *Ex. gr.* 1. *Mach.* 16, 6:
admovit castra contra faciem eorum.   6) *Cf. G. Frid. IV,* 20, *p.* 193:
non se ignorare Danaum insidias et Grecam astutiam.   7) *Cf. infra*
45 *c.* 35, *p.* 53. *et n.* 1.   8) *In diebus paschae a.* 1190. *imperator Helle-*
spontum transiit, ab Adrianopoli iam die 2. *Mart. castris motis.*   9) *Cf.*
ex. gr. Ps. 88, 24: concidam a facie ipsius inimicos eius et odientes
eum in fugam convertam.

1191.
(Mart.)

33. Anno dominice incarnationis M⁰C⁰XC. Cle-
mens III.[a] papa obiit, eique Celestinus III.[a] in ordine
(Mart. 30).
1191. CᵘˢLXXᵘˢVᵘˢ successit.   Eodem anno Leopaldus dux
Orientalis[1] et exercitus[b] Coloniensium multique de in-
1189. ferioribus partibus Reni[c · 2] cruce peregrinationis accepta 5
a Brundusio[d · 3] mare transvecti Accaron applicuerunt,
1191. illucque iam rege Anglorum Richardo[4] necnon et rege
Francorum Ludewico[5] cum instructa milicia tendentibus,
Pisanis[6] cum Ytalico exercitu eandem urbem iam obsi-
dentibus[7] consociantur ipsamque totis viribus impugnant, 10
Saladino summa industria obsessis opem ferente.   Eo-
1191. dem anno filius Fridrici[e] imperatoris Heinricus[f] rex
contracto exercitu Alpes transcendens Ytaliam ingreditur
indeque ad Urbem tendens a Celestino papa gloriose
susceptus ab eoque omnium Romanorum favore una cum 15
(April. 15). coniuge in die sancto[g] pasce[h] coronatus[8] imperatoris et
augusti nomen nonagesimus quintus ab Augusto sortitur.
Hunc[i] favorem Romanorum avaricie eorum maximis[k] muneribus satisfaciens promeruit ac Tusculanense castellum,
quod asilum imperii contra omnes insultus eorum hac- 20
tenus extitit[9], ipsis tradens imperium in hoc non medio- ·

---

a) III. *eadem manu eodemque atram. superscr.* 1. 2.   b) exercitum *alia manu*
corr. -tus 1.   c) regni Rʰeni 2, *sed regni del.*   d) Brundosio 2.   e) *super* Fridrici
alia ut videtur manu superscr. ·I· 1.   f) Henr. 2.   g) scē 2.   h) pasche 2.   i) *ita* 2 ;
Hic, -ic *in loco raso* 1.   k) maximis *om.* 2.   25

1) *A.* 1190. *Aug.* 15. *Wienna profectus Venetiis navibus conscensis*
Zarae hiemare coactus vere demum a. 1191. *ad portum Accon applicuit;*
Ansbert. p. 76 *sq.; cf. Ann. Marbac. q. d. a.* 1189, *ed. H. Bloch, p.* 60 ;
Contin. Cremifan. a. 1190, *Admunt. a.* 1191, *SS. IX, p.* 547. 587.
2) *A.* 1189. *Febr. et Aprili de ostiis Rheni et Wisarae profecti rebus* 30
fortiter in Portugalia gestis priores mense Augusto in Terram Sanc-
tam venerunt, posteriores d. 17. *Oct. Massiliam applicuerunt; F. Kurth,*
'*Der Anteil niederdeutscher Kreuzfahrer an den Kämpfen der Portu-*
giesen gegen die Mauren', '*Mitteil. des Inst. f. Oesterreich. Geschichts-*
forschung, Erg.-B.' VIII, p. 175. 207.   3) *Minime. Sed Ludewicus III.* 35
lantgravius Thuringiae c. d. 29. *Iun. a.* 1189. *profectus Brundisii navem*
conscendit, Cron. Reinhardsbrunn. a. 1190, *SS. XXX, p.* 545, *l.* 30 *sqq.;*
cf. Ann. Marbac. q. d. a. 1188, *p.* 59 ; *Ansbert. p.* 17.   4) *A.* 1191.
Iun. 8. *Accon venit.*   5) *Philippo II. Augusto, qui a.* 1191. *April.* 20.
applicuerat. ·   6) · *Cf. Tholom. Luc. Ann. a.* 1181, *Muratori SS. rerum* 40
Ital. XI, col. 1272 ; *ed. C. Minutoli, in 'Documenti di storia Italiana' VI,*
'*Cronache dei sec. XIII e XIV.', Firenze* 1876, *p.* 59 : Italicos, qui sub
nomine Pisanorum agebant et denominabantur; *Ricardi Lond. Itinerar. I,*
26, *ed. W. Stubbs, London* 1864, *p.* 62 *(Rerum Britann. medii aevi SS.*
'*Rolls series').*   7) *Die* 28. *Aug.* 1189. *urbs obsideri coepta est.* 45
8) *Die* 15. *Aprilis* 1191. *[id est secunda feria paschae], scilicet post*
mortem Friderici I. W.   9) *Similiter Chron. regia Colon. p.* 152 :
eo quod omne munimen imperatoris contra ipsos in illo constabat.

criter dehonestavit. Qui statim tota urbe effusi in ipsa 1190.
die parasceue[1] castellum funditus destruxerunt dirutis- *(April. 17).*
que turribus et muris igne postremo consumpserunt in
vindictam cladis a Christiano Magunciensi[a] episcopo[b]
5 sibi inibi quondam bello illate[2].   Igitur imperator[c]
Constantinopolitanus vim cesaris Fridrici ferre non prevalens animum eius pro commissis satisfaciens placavit
paceque data[3] exercitum omni opulentia[d] victualium
collata animequiorem[e] reddidit sicque reconciliatus au-
10 gusto accepto federe post pascha presentis anni[4] structis *Mart. 25.*
summo studio navibus ipsum cum exercitu per Proponti-
dem[5] transvexit.

21.   *34. Itaque Heinrico imperatore imperio occidentis
sortito[f], Fridricus augustus viribus Germanorum orientem
15 aggreditur ingressusque cum exercitu Asiam prosperis
successibus aliquod[g] tempus incessit, omnibus ei in tota
Romania pro voto parentibus. Igitur soldanus rex
Iconii[6] apropinquante[h] augusto cum exercitu fedus[7] in-
fringens victualia cum aliis rebus per totam Ciliciam in
20 municiones comportari[i] fecit mercatumque exercitui, utpote barbarus et Scita[8] perfidissimus, conferre noluit.
Qua de re maxima fames exercitui inhorruit ac plerosque mulos, asinos et equos[9], cibum insolitum, manducare
coegit.   Preter hec exercitu paganorum latenter immisso
25 extremos agminis pabulatoresque Christiani exercitus latronum more assiduis incursionibus, aliquibus interdum
occisis, inquietabant; sepius se publice ordinatis agminibus ostendentes nostris equo Marte[k] eis congredi cupientibus retro cedebant[l] conserereque nullo modo volebant.
30 Augustus ergo tali incommodo exercitum fameque et
omni penuria laborantem respectu pacti federis cum sol-

a) Maguntinensi 2.   b) archiepiscopo 2.   c) īpat^r 1.   d) -ti- *e corr.* 1.
e) -rum *alia manu corr.* -rem 1.   f) solito 2.   g) aliquot 2; ad *Urstis.*   h) approp. 2.
i) comportare 2.   k) in arte *alio atram. corr.* marte 1; in arte 2.   l) cedebat *corr.*
35 *alio atr.* cedebāt 1.

1) *April.* 12, *perperam; cf. Roger. de Hoveden Chron., SS. XXVII,*
p. 155; *Radulf. de Diceto, Ymag. hist., ib.* p. 281, *l.* 1.   2) *Supra*
c. 20.   3) *Adrianopoli a.* 1190. *Febr.* 14; *cf. K. Zimmert in 'Byzan-*
tinische Zeitschrift' XI, 1902, *p.* 303 *sqq.,* 689 *sq.*   4) *Scil.* 1190,
40 *quem hic et in cap. sequenti cum sequenti confundit auctor.*   W.
5) *Hellespontum. Ipse imperator d.* 28. *Mart. transfretavit.*   6) *Kilidsch*
Arslan tunc temporis filio Kutbeddin, Saladini genero, regnum
tradiderat.   7) *Supra c.* 31, *p.* 45 *sq.*   8) *Cf. Colos.* 3, 11: barbarus et Scytha.   9) *Cf. epist. de morte Frid. imp., SS. XX, p.* 495,
45 *l.* 20; *Ansbert. p.* 63.

1190. dano a devastatione ac rapina refrenabat, estimans aut hec[a] ignorante aut invito soldano committi. Ubi vero per veredarios hec[a] de industria soldani[b] publicata eius perfidia fieri[c] cognovit, iratus soldano hoste pronunciato exercitum ad ulcionem relaxavit totaque Cilicia cum 5 Pamphilia[d] Frigiaque proscripta cedibus, rapinis, igne ferroque utens profligavit[1] cuncta, paganis, licet procinctim[e] incedentibus, semper tamen in fuga constitutis. Hac itaque relaxatione recreato exercitu Iconium versus, tocius Cilicie metropolim soldanique archisolium, aciem 10 direxit eamque inaudita celeritate expugnavit. Denique civitas hec populosissima, maximo murorum ambitu turriumque proceritate munitissima, arcem inexpugnabilem[f] in medio sui complectens, omnibus ad obsidionem necessariis referta fuerat, cuncta extrinsecus regione vic- 15 tualibus nudata, ne superveniens[g] augustus militem ibi aliquandiu sustentare posset. Sed Deo conatum paganorum in contrarium vertente res aliter evenit. Nam
(Maii 18). ante horam diei terciam augustus civitatem subitaneo incursu cum maximo impetu aggressus, multitudine paga- 20 norum resistencium occisa, ante nonam expugnatam irrupit, innumeris utriusque sexus et etatis *in ore gladii*[2] trucidatis, rege soldano cum nobilioribus in arcem fugiente. Sicque civitate potitus eadem die arcem obsidione vallavit. Videns itaque soldanus viribus Germa- 25 norum cuncta cedere eosque[h] divina quadam virtute fultos ac mortis terribiliumque rerum contemptores sine cunctacione cuncta[i] invadere[k] resistencia, talibus cedere periculoso[l] doctus[m] experimento necessarium ratus, dextras ab augusto peciit[n] et, ut ei mereretur colloqui[o], 30 sera[p] ductus penitencia desideravit. Quo concesso arce cum suis descendit[3] ac pro velle augusti factus dedi-
(Maii 23). ticius datis obsidibus reconciliatur, restituta sibi cum regno civitate Iconio.

---

a) h̊ 1; h̊ 2.   b) saldani 1.   c) f*i 1.   d) Panphilia 1.   e) procinctim 35 *a scriba mut.* procintū: 1 1.   f) munitissimam *add., sed del.* 1.   g) supervenientes *eodem atram. corr.* superveniens 1.   h) periculoso doctus experimento *add.* 2, *omisso* eosque; *cf. l.* 29.   i) 9cta 1.   k) resistencia invadere 2.   l) -loso *a scriba mut.* -losa 1. m) -us *in loco raso* 1.   n) petiit 2.   o) loqui 2.   p) seria *Urstis.;* sero *Ussermann.*

1) *Ad voces cf. p.* 4, *n.* 3.   2) *Ex. gr.* 1. *Reg.* 22, 18: trucidavit 40 in die illa 85 viros . . .; 19: civitatem sacerdotum percussit in ore gladii, viros et mulieres et parvulos et lactentes; *cf. infra c.* 36, *p.* 54, *l.* 18; *supra c.* 30, *p.* 43, *l.* 8.   3) *Tantum per nuntios Kilidsch Arslan cum imperatore convenit.*

35. His ita peractis exercituque spoliorum opu- 1190.
lencia ditato, augustus motis castris ab Iconio discessit *(Maii 26)*.
cum triumpho, principibus Armeniorum undique ad eum
confluentibus[1] et precipue Leone[2], illarum regionum nobi-
lissimo Christianorum principe, qui in montanis habi-
tabant. A quibus letanter susceptus ac condignis gratia-
rum laudibus pro suo adventu et expugnatione paganorum
ei exhibitis cum magno tripudio et gloria versus Tarsum[a],
Pauli apostoli nativitate insignem[3], proficiscitur, cunctis
ei ad libitum inclinatis. Nam *terra siluit in conspectu* [1. *Mach.* 1, 3 11, 52.]
eius. Sed *terribilis in consiliis super filios hominum* Deus *Ps.* 65, 5.
nondum *venisse tempus miserendi Syon*[4] ostendens soli- *Ps.* 101, 14.
dissimam navicule Petri anchoram in augusto Fridrico
rupto fune spei post tales tantosque prosperitatum eventus succidit ipsamque naviculam in mediis huius mundi
procellis quassari flagellarique nondum ad purum defe-
catam permisit. Nam egregius cesar Fridricus Tarsum[a]
tendens amne quodam, parte exercitus transposita, re-
frigerandi gratia — estus quippe nimius[b] erat — eundem ingressus — nandi enim peritus erat — subitaneo
frigore naturalem calorem extinguente deficiens sub-
mergitur, miserabili[c] morte imperator terra marique
potens finem vite sortitur[5]. Fertur a quibusdam hoc *(Iun. 10)*.
in Cidno amne accidisse[6], in quo et Alexander Magnus
simili quidem modo sed non morte periclitatus[7] est[d·8].
Nam Cidnus Tharso contiguus est. Obiit autem anno
regni XXXVIII[9], imperii autem XXX⁰V⁰, incarnationis

a) Tharsum 2.   b) erat nimis *(!) pro* nimius erat 1.   c) misablit' *corr.* -li 1.
d) est *om.* 1.

1) *Cf. ex. gr. Ottonis Fris. Chron. VII,* 25 *in.:* omnibus pene
baronibus . . . ultro ad eum confluentibus; *Dan.* 13, 4: ad ipsum con-
fluebant Iudaei.   2) *II., qui a.* 1187—1219. *regnavit; cf. L. M. Alishan,*
'Léon le Magnifique, premier roi de Sissouan ou de l'Arménocilicie,
trad. par G. Bayan'. Venise - St. Lazare 1888; Th. Rohde, 'König
Leon II. von Kleinarmenien', dissert. Göttingen 1869. Leo ipse imperatorem non vidit.*   3) *Act. ap.* 21, 39. 22, 3.   4) *Psalm.* 101, 14:
Tu exurgens misereberis Sion, quia tempus miserendi eius, quia venit
tempus.   5) *Cf. S. Riezler in 'Forschungen zur Deutschen Geschichte' X*
(1870), *p.* 126 *sqq.; B. de Simson apud Giesebrecht 'DKZ.' VI, p.* 722 *sq.*
6) *Immo in Calycadno, qui et Saleph, fluvio Fridericus imperator interiit.*
7) *Eccli.* 34, 13: ad mortem periclitatus sum.   8) *Oros. III,* 16, 5:
(Alexander) Tarsum venit ibique, cum sudans in Cydnum praefrigidum
amnem descendisset, obriguit contractuque nervorum proximus morti
fuit.   9) *Immo* 39.

1190. dominice anno M⁰C⁰ nonagesimo[a]. Cuius morte totus
Christianorum exer*citus irremediabiliter[b] sauciatus *p.
planctu intolerabili[c] augustum, si vixisset, omni orienti
metuendum luxit sepultisque intestinis eius cum reliqua
carne[d] apud Tarsum[e] ossa Antiochiam[f] translata cultu 5
regio officiosissime reconduntur[1]. Igitur Fridericus
Suevorum dux filius eius, patris[g] nobilis heres[2], thesauris paternis exercitui liberaliter[h] erogatis[3], milicie
Christiane decus et spes unica, exercitum merore con-
fectum consolatus recreavit eductoque de hoc fatali loco 10
(Iunio). et inviso milite Antiochiam[f] pervenit, ubi statim pestilencia desecto capite in morte augusti per totum corpus
grassatur[4], divites et pauperes simul in unum exiciali[i]
tabo[k] involvens, maximaque pars exercitus morte infausta
consumpta Antiochie[f] et in eius finibus sepelitur. Ita- 15
que celesti censura inopinabiliter tali exercitu pene de-
fluxo, Fridricus dux reliquis assumptis Christianis in ob-
(Oct. 7). sidione Accaron desudantibus associatur ab eisque gloriose
suscipitur. Ubi modico manens[l] tempore febre corripitur
1191. immaturaque morte raptus cum maximo planctu[m] ibidem 20
(Ian. 20). sepelitur. Sicque nobilis illa et inclita virtus impera-
Ps. 57, 8. toria, spes tocius ecclesie, in patre et filio *ad nichilum
devenit, tanquam aqua decurrens*, ut bene[n] lamentacio
Hieremie[o] huic calamitati possit aptari, ubi in Trenis
filios Syon — nam et hii filii Syon, utpote peregrini 25
Thren. 4, 2. sepulchri Domini — deflet, ita dicens: *Filii Syon incliti
et amicti auro primo, quomodo reputati sunt in vasa testea,
opus manuum figuli?* Hii[p] si vixissent cum tali exercitus
apparatu tanta prudencia tantaque fortitudine instructi
in unumque corpus cum Accaronica milicia coacti, que 30
gens, que regio, quis regum fortissimus[q], immo[r] que
multorum regum virtus in omni oriente Italie[s] potenciam,
Francie alacritatem bellandique scientiam[5], et quod hiis[t]

---

a) M⁰C⁰LIX⁰ *mut.* M⁰C⁰LIC⁰ 1.   b) *ita* 1. 2; irremedicabiliter *Urstis.*   c) in-
tollerabili 2.   d) carne *alia manu in fine versus ante* reliqua *suppl.* 1.   e) Tharsum 2. 35
f) Anthioch. 2.   g) patris *om.* 1.   h) liberabiliter 2.   i) exiciabili 2.   k) *ita* 2;
tabe, -e *e corr.* 1.   l) ma- *alia manu versu ineunte suppl.* 1.   m) -que *add., sed del.* 1.
n) pene 2.   o) Ieremie 2.   p) Hi 2.   q) fortissimos 2.   r) ymmo 2.   s) yt. 2.
t) his 2.

1) *Intestina Tarsi, reliqua caro Antiochiae, ossa Tyri in ecclesia* 40
S. Iohannis sepulta sunt; cf. S. Riezler l. c. p. 73, *n.* 1; *P. Scheffer-
Boichorst, 'Gesammelte Schriften' II, p.* 154 *sqq.*   2) *Cf. ex. gr.
Ottonis Fris. Chron. VII, 19 in.:* Otto Heinrici filius patri nobilis heres
in regno succedens.   3) *Ad vocem cf. infra c.* 38, *p.* 59, *l.* 4.   4) *Cf.
supra c.* 20, *p.* 26, *l.* 3—5.   5) *Cf. ex. gr. Ottonis Fris. Chron. V,* 36, 45

omnibus supereminet[a] Germanie animositatem et forti-
tudinem[1] indomitumque regni[b] caput sustinere posset?
Sed non est consilium neque virtus preter Dominum[2].
Nisi enim Dominus edificaverit domum, in vanum labora- Ps. 126, 1.
5 *verunt*[c] *qui edificant eam*[d]. *Nisi Dominus custodierit civi-*
tatem, frustra vigilat qui custodit eam. Ergo *tu exurgens*[e], Ps. 101, 14.
Domine, *misereberis Syon,* quando et quomodo et per
quos volueris, cum *venerit tempus miserendi eius*[3]. Quia,
si humana virtute liberari debuisset, te permittente, Frid-
10 ricus huius victorie titulum obtinuisset. Itaque quoniam,
si voluisses, sacrificium[f] sanguinis sui in honorem sancti
sepulchri et sancte crucis tue dedisset, utinam holocausto
peregrine mortis sue delecteris animamque eius spiritibus
beatorum in celesti Ierusalem sociare digneris. Amen.
15   36. Igitur Accaron a Christianis obsessa per regem 1191.
Francorum regemque Anglorum Leopaldumque ducem
ac per reliquos principes diversis machinarum instrumentis balistarumque tormentis fortiter terra marique
impugnatur, Pisanis[4] cum Genuensibus Venecianisque a
20 parte maris instantibus, quia navium assueti erant, *faci-* Ps. 106, 23.
entes operationem in aquis multis. Interim rex Franco- *(Iul. 31).*
rum[5] sinistro nuncio de invasione proprii regni accepto[6]
cum multis aliis relicta obsidione discessit, amans plus
terrenum quam celeste regnum, emensoque mari per
25 Apuliam rediens repatriavit[7]. Sed rex Anglie egregius-
que dux Leopaldus reliquique egregii bellatores aratro[g]
laborantes dominico retro non respexerunt[8], donec agrum
Accaron cadaveribus paganorum fructiferum reddiderunt.
Saladinus itaque ad liberandos Accaronitas animum in- 1189.
30 tendens tota industria exercitum congregavit Christianos- *(Aug. ex.).*

---

a) p̄minet 2.   b) reni, *sequente loco raso unius vel duarum litterarum* 1.
c) *laborant* 2; la. 1.   d) eum 1.   e) exurges *alio atram. corr.* -g͞es 1; exurges 2.
f) -ficium *versu exeunte om.* 1.   g) alatro *alio atram. corr.* aratro 1.

p. 260, *l.* 25; *Ludus de Antichristo v.* 57, *ed. W. Meyer, 'Gesammelte*
35 *Abhandlungen zur mittellatein. Rhythmik' I, Berlin* 1905, *p.* 152; *Gerbert.,*
De rationali et ratione uti, 'Oeuvres' ed. A. Olleris, p. 298.
    1) *Supra c.* 32, *p.* 47, *l.* 25 *sq.*; *p.* 17, *n.* 2. *Cf. ex. gr. Claudian.*
De III. cons. Honorii v. 18: ferox Germania; *v.* 192: audax Germania.
    2) *Prov.* 21, 30: Non est sapientia, non est prudentia, non est consilium
40 contra Dominum.   3) *Supra p.* 51, *n.* 4.   4) *Cf. Ricardi Lond. Itiner.*
peregr. I, 58, *p.* 109: Pisani et alii quicumque classis regendae periti, quibus erat a parte maris civitatis obsidio delegata; *supra p.* 48, *n.* 6.   5) *Phi-*
*lippus Augustus demum post captum Accaron exeunte mense Iulio [*31.*]* 1191.
domum rediit. W.   6) *Error.*   7) *D.* 10. *vel* 11. *Oct.* 1191. *Hydruntum*
45 *appulit; cf. infra c.* 37, *p.* 56, *n.* 6.   8) *Luc.* 9, 62: Nemo mittens
manum suam ad aratrum et respiciens retro aptus est regno Dei.

que obsidione pellendos comminatur. Christiani autem
audito adventu Saladini duobus fossatis latissimis et
profundissimis cinxerunt se, binas habentes portas ad
excurrendum, si opus esset, ultra fossata constitutas,
victualibus ad ferendam obsidionem undique comportatis [a]. 5
Igitur Saladinus valido exercitu contracto contra Accaron aciem direxit Christianosque civitatem obsidentes
forinsecus obsedit, castris in quodam colle non longe a
civitate locatis oppidanisque [b], cum a Christianis im-
pugnabantur, signum per fumum ei [c] ostendentibus [1]. Qui- 10
bus ilico subveniens extrinsecus sagittis, balistis omnique
telorum genere Christianos impugnabat. Christiani vero
ordinatis agminibus ultra fossata sepius egressi ei publico
bello [2] congredi cupiebant, ipso semper cedente bellumque
detrectante [3]. Tandem civitatem [d] Saladino presente totis 15
viribus invadentes ipsam vi [4] obtinue*runt omnesque pa- *p.
ganos viros ac mulieres cuiusque [e] etatis et conditionis
in ore gladii [5] occiderunt [6], Saladino aspiciente et cum
maximo dolore recedente, paucis de maioribus captivatis.

Capta igitur civitate rex Anglorum signa triumphalia 20
sui exercitus turribus [f] affigi precepit, titulum victorie
ex toto sibimet ipsi satis arroganter ascribens. Hacque
de causa cum per civitatem transiret, vexillum ducis
Leopaldi turri, quam ipse cum suis obtinuerat, affixum
vidit suumque non esse recognoscens, cuiusnam sit, per- 25
contatur [g]. Quod [h] Leopaldi ducis Orientalium esse accepto responso eumque ex parte civitatem obtinuisse [i]
comperiens maxima indignatione permotus vexillum turre
deici lutoque conculcari precepit, insuper ducem verbis
contumeliosis affectum sine causa iniuriavit [7]. Preter 30
hec preda, communi universorum sudore acquisita, inter
suos tantum distributa reliquos privavit [8] in seque odia

a) comportās 2.   b) opidanisque 2.   c) eis *corr.* ei 2.   d) civitate 2.
e) *ita* 1. 2; cuiuscumque *Urstis.*   f) in turribus *Ussermann.*   g) percuntatur 2.
h) Qui *Urstis.*   i) optin. 2.   35

1) *Ric. Lond. Itin. peregr. III*, 5, *p.* 215; *R. Röhricht, 'Gesch.*
d. Königr. Ierusalem', *p.* 548, *n.* 4. 556, *n.* 1. 559, *n.* 4.   2) *Cf.*
Ottonis Fris. Chron. VI, 14. 35. *G. Frid. I*, 6. 7.   3) *Minime.*
4) *Pacto.*   5) *Ex. gr.* 1. *Mach.* 5, 28: et occupavit civitatem et occidit omnem masculum in ore gladii; *Iudith* 2, 16; *supra p.* 50, *n.* 2. 40
6) *Demum paulo post d.* 20. *Aug. Richardus rex captivos omnes, paucis de*
nobilioribus exceptis, interfecit.   7) *Cf. Th. Toeche, 'Kaiser Heinrich VI.'*
p. 558—560; *A. Cartellieri, 'Philipp II. August'*, II, *p.* 224, *n.* 6.
8) *Cf. Salimbene Chron. a.* 1191, *f.* 213 [d] *(ex Sicardo deperd.),*

1191.
(Iul. 12).

omnium concitavit. Omnibus enim fortiori militum robore prestabat et ideo pro velle suo cuncta disponens reliquos principes[1] parvipendebat. Attamen Teutonica milicia cum Italica[a] his admodum exasperata regi in
5 faciem restitisset[2], nisi auctoritate militum Templi repressa fuisset. Anglicam itaque perfidiam detestantes Anglieneque[b] subdi dedignantes[3] ascensis navibus simul cum duce Leopaldo repatriaverunt, rege cum suis adhuc remanente cottidieque paganos inpugnante.   Itaque
10 cives Hierosolimitani omnesque, qui paganos ex aliis[c] urbibus vicisque evaserunt, Accaron congregati, urbem ipsam summo studio munientes receptaculum Christiani exercitus sedemque belli[4] contra paganos constituerunt[d] eamque pro dignitatum varietate dividentes habitationibus
15 Templariorum, Hospitaliorum[e], sepulchri dominici canonicorum cum sede patriarchali distinxerunt ac sepius cum exercitu egressi paganisque congressi, pluribus civitatibus castellisque, que perdiderant, receptis, paganis magnanimiter resistebant repatrianteque rege Anglorum[f] Hein- 1192. *(Oct. 9).*
20 ricum comitem Campanie data sibi vidua Widonis regis[5] *(Matt 5).* regem sibi creaverunt sicque collecti cottidianoque crescentes numero[6] *prelia* Domini *preliabantur cum leticia*[7], 1. *Mach.* 3, 2 multis de cismarinis partibus in auxilium eorum vicissim transfretantibus[8].   Sed de his[g] hec[h] dicta sufficiant,
25 stilo ad imperium nostrum redeunte.

37. Anno dominice incarnationis M⁰C⁰X⁰C. Hein- 1191. *(April. 15).* ricus imperator, ut prelibatum est[9], a Celestino papa cum coniuge coronatus, ipsam secum ducêns, Apuliam

a) yt. 2.   b) *id est* Angligeneque; Angliaeque *Urstis.*   c) aliis *om.* 1.
30 d) instituerunt 2.   e) *ita* 2 *(cf. infra c.* 42, *p.* 68, *l.* 13*);* hospitalariū *corr. alia manu* hospitalariorum 1; hospitalariorum *Urstis.*   f) angĺo2₄ *corr.* anglo2₄ 1.   g) hiis 2. h) hec *om.* 1.

SS. XXXII, p. 16: solis Francigenis et Anglicis patebat ingressus, ceteris sive de Romano imperio sive aliunde, licet per biennium labo-
35 rassent, obprobriose reiectis *etc.; Gesta Henrici II. et Ricardi regum, ed. W. Stubbs II* (1867), *p.* 181 *(Rerum Britann. medii aevi SS. 'Rolls series').* 1) *Imprimis Teutonicos, Ann. Egmund. a.* 1193, *SS. XVI, p.* 471; *cf. Chron. regia Colon. rec. II. a.* 1191, *p.* 154.   *Radulf. de Coggeshale, Hist. Angl. a.* 1193, *SS. XXVII, p.* 350, *l.* 25.   2) *Gal.* 2, 11: In
40 faciem ei restiti.   3) *Ad voces cf. infra c.* 38, *p.* 59, *l.* 11. 4) *Cf. supra p.* 18, *n.* 4.   5) *Immo Conradi marchionis Montisferrati, Isabella nomine, quae soror Sibyllae reginae a.* 1190. *defunctae erat.* 6) *Act.* 16, 5: abundabant numero cotidie.   7) 1. *Mach.* 3, 2: praeliabantur praelium Israel cum laetitia.   8) *Quod nescio num recte reie-*
45 *cerit H. Bettin, 'Heinrich II. von Champagne', Berlin* 1910, *p.* 99, *n.* 2. 9) *c.* 33, *p.* 48.

1191. Siciliamque mortuo Willehelmo[a][1] possidere volens, in
Campaniam cum exercitu divertit rebellantemque sibi
totam terram invenit. Nam mortuo Wilhelmo rege quidam consanguineus[b] eius de genere Rogerii, Tancredus
nomine [2], tyrannidem[c] in Sicilia, que nutrix tyrannorum[c] 5
ab antiquo fuit [3], sub regio nomine arripiens [4] cum consensu omnium [5] ipsius terre baronum civitatumque imperatori violenter restitit ipsumque de hereditate coniugis, quoad vixit[d], constantissime propulsavit. Imperator
(Maio). itaque Neapolim rebellem Campanie urbem obsidione 10
vallavit, cuncta in circuitu terra igne ferroque vastata.
Quo rex Francorum de transmarina expedicione rediens
(Dec.). ad eum venit [6] ipsique confederatus honorificeque[e] dimissus in Franciam suam[f] rediit. Pestilencia itaque
exercitum tangente nichil proficiens imperator de re- 15
(Aug. 24). patriatione disposuit. In qua mora a quibusdam baroni-
(Aug.). bus Apulie propinquis suis [7] imperatrix capitur [8] et cum
maxima diligencia custodita in captivitate detinetur tempore aliquanto. Flebili ergo principio [9] ad optinendam[g]
Apuliam imperator dehonestatus, sed meliori postmodum 20
fortuna [9] usus, ad Cisalpina regreditur, facta prius
apostolico de captivitate coniugis querimonia [10]. Apostolicus autem commotus presumptores huius rei, terra
eorum sub interdicto posita, anathemate constrinxit [11]
imperatricemque captivitate relaxari coegit [12], quam post- 25

a) Wilhelmo 2.   b) consangneus 1.   c) tirann. 2.   d) q̃ aduix 1.   e) -que
om. 1.   f) suam linea eodem atram. perducta del. 1.   g) obtinendam 2.

1) Qui a. 1189. Nov. 18. obiit.   2) Comes de Lecce, spurius
Rogerii filii Rogerii II. regis.   3) Otto Fris. Chron. II, 19, p. 90,
l. 11 sq.: Sicilia . . . tyrannorum usque in presentem diem fuisse nutrix 30
traditur (ex Orosio II, 14, 1); cf. Arnulfi Sag. In Gir. inv. c. 8,
SS. XII, p. 719: altrix tyrannorum Sicilia.   4) Panormi coronatus;
de die et anno (fortasse a. 1190 Ianuario) non constat. Cf. F. Chalandon, 'Histoire de la domination normande en Italie et en Sicile' II
(1907), p. 424 sq.   5) Non omnium.   6) Immo Mediolanum, mense 35
Decembri a. 1191; A. Cartellieri, 'Philipp II. August' II, p. 255 sq.
7) De cognatione non constat.   8) Salerni.   9) Ovid. Metam. VII,
518: Flebile principium melior fortuna secuta est.   10) Rog. de
Hoveden, SS. XXVII, p. 157, l. 38 — 40.   11) Cf. Sigeb. Contin.
Aquicinct. a. 1192, SS. VI, p. 429, l. 13 sqq.: (Celestinus) mandans, ut 40
imperatricem de custodia educens imperatori remitteret; si vero hoc
facere nollet, anathemate perpetuo se feriendum cum parte provincie,
que illi favebat, pro certo sciret, cf. l. 35; Gesta Heinr. VI. v. 17 sqq.,
SS. XXII, p. 336; cf. Petri de Ebulo Liber ad hon. augusti v. 1009 sqq.,
ed. G. B. Siragusa, Roma 1906 ('Fonti per la storia d'Italia'); Ann. 45
Ceccan. 1193, SS. XIX, p. 292.   12) Quod circa m. Iunium a. 1192.
factum esse videtur; cf. Ann. Cassin., SS. XIX, p. 316; I. Caro, 'Die

modum ad Cisalpina revertentem imperator recepit, die 1191.
ultionis in corde eius[1] cum nimia indignatione[a] statuta.
Reversus igitur ad Cisalpina Heinricus imperator Chûn- (Dec.).
rado fratri suo ducatum Swevie[2] concessit. Hic Côn-
5 radus[b] ferocis agrestisque nature homo, sed liberalis admodum animi erat ideoque magna[c] appetens[d] illicitaque
semper faciens vicinis et remotis terrori fuit[3].
    38. Hac tempestate, videlicet[e] anno M⁰C⁰XCI⁰, 1192.
rex Anglorum Richardus de expedicione transmarina
10 rediens per Ungariam[4] in fines ducis Leopaldi paucis
comitatus devenit memorque iniuriarum eidem duci apud
Accaron a se exhibitarum[5] ipsum nimis metuens, dimisso
324. regali obsequio, privato* habitu[f] furtim celeriterque[g]
transire cupiens, in quoddam diversorium[h.6] iuxta Vien-
15 nam civitatem necessitate prandii divertit, sociis preter
paucos a se dimissis. Itaque servili[i] opere, ne agnosce-
retur, in coctione pulmentorum per se dans operam[7],
altile ligno affixum propria manu vertens assabat[8], anu-
lum egregium[k] ⟨in[l]⟩ digito oblitus[9]. Quidam igitur de
20 familia ducis, qui cum duce apud Accaron ens[m] visum
inibi regem notum habebat, de civitate fortuitu[n] egressus
tabernam regali coco insignem intravit et ex considera-
tione anuli ipsum respiciens et recognoscens agnitum[o]

a) *ita* 1. 2; indignitate *Urstis.*   b) Chûnr. 2.   c) magnaque *corr.* magna 1.
25 d) appettens 1.   e) videlicet anno M⁰C⁰XCI⁰ *om. versu exeunte* 1.   f) habito *corr.*
alia manu habitu 1.   g) -que *supra lin. suppl.* 1.   h) diverso₂₄ *corr.* diversoriū 1;
diuerso₂₄ 2.   i) -vili *versu exeunte post add.* 1.   k) eg⁴iū 1.   l) in *suppl. Ussermann; om.* 1. 2.   m) *ita* 1. 2; Accaronitas visum *Urstis., Muratori;* Accaronenses
visum *Ussermann, Böhmer, Wilmans.*   n) fortuito *Urstis.*   o) agnitum *om.* 2.

30 *Beziehungen Heinrichs VI. zur Römischen Kurie', diss. Rostock* 1902,
p. 22, *a quo in singulis dissentit I.* Leineweber, *'Studien z. Geschichte*
P. Coelestins III.', diss. Jena 1905, *p.* 46—48; transacto anno uno
vel amplius *eam imperatori restitutam esse habet Gisleb. Chron. Hanon.*
§ 176, *ed. L. Vanderkindere, p.* 261.
35   1) *Isai.* 63, 4: Dies enim ultionis in corde meo; *Esth.* 8, 12: Et
constituta est per omnes provincias una ultionis dies; *Mich.* 5, 14:
faciam in furore et in indignatione ultionem.   2) *Una cum here-*
ditate Welfonis d. 15. *Dec. a.* 1191. *mortui,* Hugonis contin. Weingart. 2,
SS. XXI, *p.* 478. *Quod fortasse a.* 1192. *Maii* 24. *factum est, quo die Con-*
40 *radus gladio accinctus est;* Magni Reichersp. Chron., SS. XVII, *p.* 519;
Chounr. Schir. Ann., *ib. p.* 631.   3) *Cf. Chron. Ursperg. a.* 1197,
SS. XXIII, *p.* 364, *l.* 42 sqq.   4) *Immo prope Aquilegïam naufragium*
passus per Forum Iulii et Karinthiam; per Ungariam *etiam Tholom.,*
infra n. 8.   5) *c.* 36, *p.* 54 *sq.*   6) *In villa Erdberg.*   7) *Cf. Magnus*
45 *Reichersperg. a.* 1192, SS. XVII, *p.* 519; *Petr. de Ebulo v.* 1049; *Will.*
Brit., Phil. IV, v. 343 *sq.*   8) *Cf. Ann. Stad.* 1193, SS. XVI, *p.* 352:
ad ignem sedens et gallinam assans; *Tholom. Luc. Ann. a.* 1185: (dux)
invenit regem assantem amseres *(!)* et veru volventem.   9) *Alia de anulo*
regis habet Radulfus de Coggeshale, Hist. Anglic., SS. XXVII, p. 348.

1192. dissimulavit concitoque cursu in civitatem reversus ducem, qui tum forte aderat, de presencia regis certificans
admodum exhilaravit. Igitur sine mora ascensis equis
cum frequencia militum· dux accurrens regem frixam
(Dec. 21). carnem manu tenentem captivavit irrisumque tali opere 5
inventum ᵃ in civitatem duxit eumque artissime custodie
Esth. 16, 18. mancipavit ¹, digna recompensatione *reddens ei, quod
meruit* ². Attamen multi pro hoc facto duci detrahentes
ac pro sacrilegio in peregrinum ᵇ sepulcri dominici com-
missum computantes detestantesque improperabant ᶜ, licet 10
hec inprobatio captivo regi parum profuisset. Imperator itaque captum regem Anglorum audiens missis
ad ducem nunciis regem sibi presentari iussit ³ presenta-
1193. tumque Wormaciam ⁴ asportari vinctum ferroque honus-
(Mart.). tum ⁵ precepit, datis sibi induciis deliberande redemp- 15
tionis. Ad quem multi sue terre maiores visitandi ᵈ
gratia venerunt ᵉ, diversas rerum species domino suo obtulerunt. Itaque pro captivatione peregrini regis
Leopaldus dux a summo pontifice excommunicatur, ne
simili ausu peregrini sancti sepulchri a quoquam impetiti 20ʹ
a subventione transmarine ecclesie deterrerentur. Tandem datis in redemptionem suam imperatori multis milibus centenariorum auri et argenti necnon et duci Leopaldo auro et argento pro libitu collato eisque pace et
1194. reconciliatione sacramento ab eo firmata captivitate ex- 25
(Febr. 4). uitur ⁶ sicque multatus in terram suam revertitur ᶠ. Cer-
tum autem precii pondus, quod contulit ⁷, explicare
distuli, ne cuiquam incredibile visum falsitatis arguerer ᵍ.
Hoc autem sciendum, quod ecclesiastici thesauri per

a) inventum *om.* 1.   b) peregrīnū 2.   c) improbabant *corr. a scriba* im- 30
properabant 1.   d) visandi *radendo mut.* visendi 1.   e) et *alia manu add.* 1.
f) revertitur *om.* 1, *sed paulo ante post* multatus *alia manu add.* rediit.   g) *ita* 1. 2;
argueret *Muratori.*

1) *In castro Dürrenstein.*   2) *Esth.* 16, 18: non nobis, sed
Deo reddente ei, quod meruit.   3) *Ad curiam Ratisbonensem a.* 1193. 35
Ian. 6 *sqq.; sed Spirae demum die* 23. *Martii rex Angliae imperatori
traditus est.*   4) *Immo in castrum Trifels. De curia Wormatiensi,
ubi imperator a.* 1193. *Iun.* 29. *cum rege de pretio redemptionis convenit,
auctor cogitare videtur.*   5) *Hoc dubium est; cf. K. A. Kneller,
'Des Richard Löwenherz deutsche Gefangenschaft', Freiburg i. B.* 1893 40
('Stimmen aus Maria - Laach, Erg.-Heft' 59), *p.* 55—57.   6) *A.* 1194.
Febr. 4, *Moguntiae.*   7) *Centum milia marcarum argenti et alia
quinquaginta milia, quorum viginti milia duci Austriae cesserunt, secundum pactum a.* 1193. *Iun.* 29. *firmatum; cf. etiam G. Caro in 'Histor.
Zeitschrift' XCVII* (1906), *p.* 552—556.   45

omnes Anglie ecclesias collecti[a], huius census pars
maxima constabat calicibus, crucibus aliisque diversis
speciebus conflatis[1]. Imperator itaque tanto accepto[b]
precio donativa liberaliter militibus erogans[2] exercitum
5 egregie stipendiatum prefectis sibi ducibus Marquardo
dapifero de Annewiler[c,3] et Bertoldo de Chunigisberch[d] 1192.
misit in Apuliam, quorum industria multa castella civitatesque in dedicionem accepit. Ibique[4] Bertoldus iactu 1193.
baliste percussus interiit. Tancredo interim mortuo opti- 1194.
10 mates terre ipsius contra inperatorem unanimiter conspi- *(Febr. 20).*
raverunt subdique dedignantes[5] omnes advenas Teutoni-
cos de civitatibus suis expulsos eiecerunt[6].

39. Anno dominice incarnationis M^0C^0XCIII. multi 1195?
de cismarinis regionibus cruce peregrinationis accepta
15 ad auxilium transmarine ecclesie accenduntur[7]. Eodem 1194.
anno[8] Heinricus[e] imperator contracto exercitu secunda *(Maio).*
vice Alpes transcendit transitaque Italia[f] et Tuscia in
Campaniam arma convertit. In quo itinere Richardum de Scerre[g,9] comitem ditissimum a Theobaldo[10] de 1196.
20 Roggatart[h,11] captum[12] sibique presentatum apud Ca- *(Dec. ex.).*

a) colecti 1. b) accepto *om.* 1; acceptam etiam grandem pecuniam a Richardo
rege Angliae liberaliter erogans mil. *Nauclerus.* c) annewil' 1. 2. d) *ita* 2; Cunis-
berc, *post* Cu- *locus rasus* 1. e) Henr. 2. f) *secundum -a alia manu supra*
lineam 1. g) Sterre *Nauclerus.* h) Reggatart 1.

25 1) *Cf. Wilh. Neuburg. Hist. Angl. V,* 7, *SS. XXVII, p.* 245, *l.* 35;
Rad. de Coggeshale, Hist. Angl., ib. p. 350, *l.* 48; *Rog. de Wendover,*
Flores hist., SS. XXVIII, p. 38, *l.* 8; *Rob. Swapham, Hist. coen. Burg.,*
(J. Sparke), Historiae Anglicae scriptores varii, Lond. 1723, *p.* 102.
2) *Ad rem cf. Chron. Ursperg. a.* 1193; *Gesta Innoc. III. c.* 18, *ed.*
30 *Baluze (1682), p.* 5; *Wilh. Neuburg. Hist. Angl. V,* 7, *SS. XXVII,*
p. 245; *ad voces cf. etiam Hugonis contin. Weingart.* 2, *SS. XXI, p.* 479,
l. 19: largissime donativo erogato, *et supra c.* 35, *p.* 52, *l.* 8. 3) *Mar-*
quardus non nisi a. 1194. *aestate cum classe Ianuensium et Pisanorum*
profectus est, cum Bertholdus iam a. 1192. *missus autumno a.* 1193.
35 *cecidisset. De Bertholdo cf. W. Wiegand, 'Zeitschr. f. Gesch. d. Oberrheins'*
LXV, 'N. F.' XXVI, p. 19—25. 4) *Ante castrum Montis Rodonis*
(Monteroduni). 5) *Ad voces cf. supra c.* 36, *p.* 55, *l.* 7. 6) *Aliter Gesta*
Heinr. VI. v. 111 sq., *SS. XXII, p.* 336. 7) *Hoc (itemque infra p.* 60,
l. 8—11) *ad a.* 1195—96. *pertinere videtur, de quo infra c.* 42. *plura*
40 *habentur. Nota auctorem in iis quae sequuntur res ab imperatore in Apulia*
et Sicilia annis 1196. *et* 1197. *gestas perperam ad expeditionem anni* 1194.
referentem. 8) *Rectius anno* 1194. *mense Maio. W.* 9) *I. e. comitem*
Acerrarum. W. Frater Sibyllae reginae, viduae Tancredi, erat. 10) *Die-*
poldus de Schweinspeunt, postea comes Acerrarum et dux Spoleti. 11) *Vox*
45 *secundum Urstisium corrupta ex Rocca arci. W. Nam castro Rocca d'Arce*
a. 1191. *ab imperatore praefectus est.* 12) *Ann. Ceccan. a.* 1197, *SS. XIX,*
p. 294; *Rycc. de S. Germ. a.* 1196. 1197, *ib. p.* 329. *De tempore suspendii*
cf. etiam Hugonis contin. Weingart. 2. *a.* 1196, *SS. XXI, p.* 479; *Ansbert,*
Fontes rerum Austr. SS. V, p. 90; *Ann. Stad. a.* 1196, *SS. XVI, p.* 353;

1196. puam patibulo suspendit, capite deorsum verso, digna
(Dec. ex.). indignacione pro capta imperatrice[1] in eum efferatus.
1194.   Deinde omnes civitates Campanie Apulieque aut ex-
pugnatas destruxit aut in dedicionem[a] accepit. Inter
quas precipue Salernum, Barletum, Barram multasque 5
alias civitates fortissimas nimia inflammatus ira, pervasa
inestimabili preda, subvertit[2], nec fuit civitas aut mu-
nicio, que eius impetum sustinere valeret, milicia peregrinorum, que in procinctu transmarine expedicionis constituta cum eo transalpinaverat interimque confluebat, ei 10
opem summo nisu conferente[3]. Itaque tota Apulia cum
(Oct.). Campania in provinciam redacta in Calabriam Siciliam-
1197. que copias transposuit profligataque regione Heinricum[b]
marscaldum de Kallindin cum instructo ad bellum exercitu versus civitatem Catinensium direxit[4], ubi omnes 15
ipsius terre optimates cum innumerabili exercitu ordinata acie offendit eisque incunctanter congressus et vic-
(Maio vel Iunio). toriam multitudine occisa adeptus[5] fugien·tesque inse- *p. 3
cutus civitatem[c] cum eis irrupit. Captoque episcopo[6], ,
qui precipue rebellaverat, cum multis nobilibus civitatem 20
igni succendit nec ecclesiis parcens ecclesiam sancte
Agathe cum multitudine utriusque sexus et etatis, que
in eam confugerat, miserabiliter incendio consumpsit
sicque ad imperatorem nobiles in triumpho trahens cap-
1194. tivos rediit.   Optimates igitur ultima[d] desperacione 25
adacti dolo occidendum cesarem deliberaverunt[7]. Et ut
hoc consequi valerent, se et omnia sua potestati eius

---

a) dedicione 1.   b) Henr. 2.   c) civitate̅, *sequente una littera (quae* s *videtur)*
erasa 1.   d) *sequ.* -tes *erasum et delet.* 1.

'Sächs. Weltchronik' *c.* 339, *MG. Deutsche Chron. II, p.* 235; *perperam* 30
Gesta Heinr. VI. v. 133, *SS. XXII, p.* 337.
     1) *Culpa Richardi dubia est.*   2) *Rectius, ut videtur, Rog. de*
Hoveden, SS. XXVII, p. 170, *l.* 34 *sq.*: reddite sunt ei omnes civitates
Apulie, ex quibus ipse tres subvertit, scil. Salernum *(die* 17. *Sept. a.* 1194*)*
et Spinchole et Policor.   3) *Hoc ad a.* 1196. *spectat, cf. supra* 35
p. 59, *n.* 7.   4) *Cf. Ann. Marbac. q. d., ed. H. Bloch, p.* 69, *l.* 26 *sqq.*;
Ansbert. l. c. p. 90. ˙ *De tempore cf. P. Scheffer-Boichorst, 'Zur Ge-*
schichte des XII. und XIII. Jahrh.', Berlin 1897, *p.* 234. 248. 374;
H. Ottendorff, 'Die Regierung der beiden letzten Normannenkönige,
Tancreds und Wilhelms III., von Sizilien', dissert. Bonn 1899, *p.* 66 *sq.;* 40
I. Caro, 'Die Beziehungen Heinrichs VI. zur röm. Kurie', dissert.
Rostock 1902, *p.* 55 *sqq.*   5) Apud Paternonem *(Paternò, prov.*
Catania), Stumpf nr. 5075, *K. Klohss, 'Untersuchungen über Heinrich*
von Kalden', dissert. Berlin 1901, *p.* 48 *(d. d.* 1197. *Aug.* 3*).*   6) *Rogerio.*
7) *De coniuratione a.* 1194. *cf. Toeche, 'Kaiser Heinrich VI.' p.* 573 *sqq.* 45

contradiderunt. Quibus in fidem susceptis familiariter- 1194.
que habitis dolum et insidias eorum augustus declinans
vix evasit. Itaque dolum senciens dolo dolum vincere
statuit, quamvis tamen perfidiam perfidia vindicare de-
5 decus sit. Denique se detectos minime putantes ab imperatore citati convenerunt ad eum [1]. Quos omnes captos *(Dec. 29)*.
in vincula coniecit et exquisitis suppliciis affectos miserabiliter enecavit [2]. Nam Margaritam archipiratam, po- 1197.
tentissimum illius terre baronem [3], cum quodam comite
10 Richardo litteris adprime erudito [4] oculis privavit et
quendam lese maiestatis convictum pelle exutum deco-
riavit, quendam vero regno aspirantem coronari coronam-
que per timpora [a] clavis ferreis transfigi precepit [5], quosdam stipiti alligatos piraque circumdatos exurens crude-
15 liter extinxit [6], quosdam vecte perforatos ventretenus
humo agglutinavit, ac per hec omnibus in circuitu nati-
onibus [7] non solum in cismarinis, verum etiam in trans-
marinis [8] partibus severitatem eius metuentibus maximum
terrorem incussit.

20　　40. Anno dominice incarnationis M⁰C⁰XCIIII. im- 1194.
perator contra Palernum [b] civitatem in ultimis finibus
Sicilie sitam, que caput Sicilie archisoliumque necnon
erarium thesaurorum regum eiusdem terre hactenus extitit, aciem direxit castrisque ante faciem eius [c] locatis
25 eam expugnare disposuit hortumque [d] regalem amplissi-
mum muro [e] undique circumdatum omniumque bestia-

---

a) *ita* 1. 2; tempora *Urstis.*　b) *ita* 1. 2; Palermum *Urstis.*　c) eius *om.*
1. *Nauclerus.*　d) hortumque *mut.* ortumque 1. 2.　e) *ita* 2. *Nauclerus;* muro *om.* 1,
qui pro undique *initio scripsit* mūdiq;, *sed* m- *delevit.*

30　　1) *Cf. Petrus de Ebulo, Lib. ad hon. aug. v.* 1341 *sqq.*　2) *Haec*
supplicia demum a. 1197. *captivis illata esse Toeche l. c. p.* 575 *sqq.*
evicit.　3) *Classis praefectum.*　4) *Imperatricis consanguineo,*
infra c. 41, *p.* 66. *Quis fuerit, non constat. Perperam Chalandon l. c. II,*
p. 487, *n.* 17. *de Richardo comite Acerrarum cogitavit.*　5) *Ann.*
35 *Marbac. q. d. a.* 1197, *ed. H. Bloch, p.* 69, *l.* 31 *sq.; Arnold. Lub. V,* 26,
SS. XXI, p. 203; *Nicetas Choniata ed. I. Bekker (Corp. script. hist.*
Byzant.), p. 635. *Guilielmum Monachum, castellanum Castri Iohannis,*
eum fuisse nescio num ex Rycc. de S. Germano a. 1197, *SS. XIX, p.* 329,
effici possit. Ann. Stad. a. 1196, *SS. XVI, p.* 353, *ubi Iordanus de Sicilia*
40 *appellatur.*　6) *Cf. Innocentii III. Registrum de neg. imp. nr.* 33,
ed. Baluze I, p. 704; *Rycc. de S. Germ. a.* 1194, *SS. XIX, p.* 328, *l.* 34;
Ann. Marbac. q. d. a. 1197, *ed. H. Bloch, p.* 70, *l.* 1; *Nicetas l. c.*
7) *Ex. gr. Deut.* 17, 14. *Iosue* 21, 42: *omnes per circuitum nationes;*
Ierem. 25, 9: *omnes nationes, quae in circuitu illius sunt.*　8) *Cf.*
45 *Gesta Heinr. VI. v.* 140: *Timet omnis civitas, reges ultra mare.*

1194. rum genere delectabiliter refertum[1] irrumpi iussit, feris
in usum exercitus multifarie[a] consumptis. Itaque cives
animositatem cesaris nimium metuentes sine omni pugna[b]
dediticii dextras petunt condicionesque pacis se suaque
omnia offerentes suppliciter querunt. Quibus consen- 5
ciens civitate tradita eos recepit in gratiam, signis imperialibus turribus undique insignitis; statutaque die
processionis[c], quo a civibus imperator imperiali fastu
susciperetur, exercitum omni affluencia deliciarum reso-
lutum gazisque spoliorum egregie ditatum securum red- 10
didit palestraque militari exercicii[d] gratia omnique spec-
(Nov. 20). taculorum magnificencia interim exhilaravit. Tandem[2]
summa industria civium[e] cum maximis sumptibus trium-
phali pompa preparata tota coronatur civitas, tapetibus
sertisque diversi generis et precii competa[f] illustrantibus, 15
thure[g], myrra[h] aliisque speciebus odoriferis intus et
extra civitatem redolentibus plateis; amotoque a civitate
procul imperatore cum exercitu, cives per turmas suas,
secundum modum dignitatum, condicionum etatisque
differenciam egressi, nobiles[i] in sua cohorte[k], seniores 20
etateque provecti[3] in suo ordine, et hiis[l] iunioribusque[m]
robustiores, exin iuventus cum inberbi adolescencia imbellique[n] puericia, omni faleramento equestri vestium-
que varietate adornati, ordine stacionario in obviam procedebant[o], singulis quibusque[p] pro suo modo vel arte 25
cum omnibus musice[q] discipline[r] instrumentis plausum
exhibentibus. Imperator autem non[s] minori industria
composito exercitu militari disciplina omnique presumptione Teutonica prorsus interdicta[4], contemptoribus mu-

a) multifare 1.   b) *ita* 2. *Nauclerus (qui* omni *om.); pugna om.* 1; mora 30
Urstis.   c) pcessois *alio atram. corr.* pcessőis 1.   d) exercii *alio atram. corr.*
exercicii 1.   e) civium *om.* 2.   f) competa *mut. alio fortasse atram.* compita 1.
g) -re *alia manu pagina exeunte suppl.* 1.   h) mirra 2.   i) nobiles *alia manu corr.*
ex -lis 1.   k) coorthe 1.   l) his 2.   m) minoribusque 1; et hiis — robustiores
om. Nauclerus.   n) imbellique *alia manu mut.* imbecillique 1.   o) ord. stac. in 35
ordine procedebant in o°viam 2.   p) quibusdam 1.   q) muscie *alio atram. aliaque*
ut videtur manu corr. musice 1.   r) displine *alio atram. aliaque ut videtur manu corr.*
discipline 1.   s) non *supra lin. suppl.* 1.

1) *Apud palatium 'La Favara' ad Papireto flumen situm.*
2) Dominica qua cantatur 'Dicit Dominus ego cogito', *Ann. Marbac.* 40
q. d., ed. H. *Bloch, p.* 65; *Gaufr. Malat. Appendix a.* 1195, *Muratori*
SS. rerum Ital. V, p. 603: ultimo mensis Novembris; *Rad. de Diceto,*
Ymag. hist. a. 1194, *SS. XXVII, p.* 284: 10. Kal. Decembris.
3) 2. *Mach.* 6, 18: vir aetate provectus.   4) *Cf. Petrus de Ebulo,*
Lib. ad hon. aug. v. 1251 *sqq.:* Protinus edictum sonat imperiale per 45
omnes: | Ne quis presumat, unde querela venit, | Et pedes et miles
caute pomeria servent, | Cesaris adventus nulla virecta gravet. *Cf.*
etiam supra p. 17, *n.* 2, *ad. c.* 14.

tilationem manuum interminatus[a], omni[b] armorum splen- 1194.
dore rutilantem miliciam exhibuit, binis et binis[c] longo
tractu civitatem versus pedetemptim incedentibus. Ipse
autem cum principibus imperiali gloria et ornatu subse-
5 cutus civitatem ingreditur[1], cunctis laudes affatim ac- (Nov. 20).
clamantibus vulgoque, quod plateas circumstabat, viso
augusto iuxta morem illius terre prono vultu[2] in terra
coram eo corruente, sicque in regiam receptus quieti
dedit operam. Itaque multis muneribus a civibus est
10 honoratus in equis[d] prestantissimis, sellis aureis frenis-
que faleratis ac diversis ex auro, argento sericoque
speciebus, que omnia exercitui liberaliter largiens primo
principibus regalia dona contulit, dein militibus pro
meritis exstans[e] munificus[3] eos omnimodis[f] ad obse-
15 quium suum illexit. Inestimabili igitur peccunia in thesauris regiis auri argentique reperta erarium publicum
apud[g] Trivels[h] confertissimum reddidit aliaque imperialia
triclinia ex his admodum ditavit. Nam divicias Apulie,
Calabrie et Sycilie[i], que feracissime[k] metallorum sunt,
20 patrie invehens lapidum preciosorum ac diversarum gem-
326. marum gloriam *cum infinitis thesauris congessit, uxo-
remque Tancredi[4] cum filia[5] necnon filium ipsius[6] cum
sua[7] sponsa, filia scilicet Constantinopolitani[1] imperatoris[8], captivos nobilissimos trahens[9] mirifice trium-
25 phavit. Igitur tali modo confecto bello Samnitico
Apuliensique cum Calabrico redactaque in provinciam
tota Sicilia cum Sardinia[10] Heinricus[m] imperator bellicosissimus[n] exercitum peregrinorum multis muneribus 1197.

a) -mi- *alio atram. aliaque ut videtur manu versu exeunte suppl.* 1. b) omī
30 *e corr.* 1. c) *ita* 2. *Nauclerus;* et binis *om.* 1. d) inquiens *corr.* in equis 1.
e) extans 2. f) omnibus (-bus *in loco raso)* modis 1. g) *ita* 2. *Nauclerus;* apud
om. 1. h) Triuallis *alia manu in marg. add.* 1. i) Sicilie 2. k) fertilissime,
-tilis- *in loco raso* 1. l) constantinopol' 1. 2 (-i- *in loco raso* 1). m) Henricus 2.
n) bellicossim[9] 1.

35 1) *Cf. p.* 62, *n.* 2. 2) *Cf. ex. gr.* 2. *Reg.* 24, 21: adoravit
regem prono vultu in terram; 18, 28: adorans regem coram eo
pronus in terram. 3) *Cf. Arnold. Lub. V,* 20 *fin.:* (thesauros)
infatigabiliter, non tamen prodige omnibus erogabat, non tantum
melioribus vel nobilioribus, sed militaribus sive vulgaribus. 4) *Si-*
40 *byllam.* 5) *Alberia, Constantia, Medania filiabus. Cf. Ann. Marbac.*
q. d. a. 1195, *p.* 65. 6) *Wilhelmum III. parvulum.* 7) *Immo*
Rogerii Tancredi filii maioris natu, qui paulo ante patrem obierat.
Similis error in litteris ficticiis Mariae reginae in Boncompagni lib. I,
tit. 25, *E. Winkelmann, 'Philipp von Schwaben', p.* 564, *occurrit.*
45 8) *Irene postea Maria dicta, filia Isaakii II. Angeli.* 9) *Die* 29. *Dec.*
1194. *demum regina cum filio et filiabus captivati sunt.* 10) *Quod*
refutavit A. Dove, De Sardinia insula, dissert. Berolin. 1866, *p.* 114 *sq.;*
E. Besta, 'La Sardegna medioevale' [II], Palermo 1909, *p.* 108 *sq.*

1197. illustratum a se dimisit et cum ipsis e suo latere publici erarii stipendiarios [a] quingentos [b] milites in adiutorium transmarine ecclesie direxit [1]. Qui a Seponto [c]
et Brundisio [d] mare Tyrrenum [e] transvecti Accaron applicuerunt et a Christianis cum gaudio suscepti sunt [2]. 5
Quorum auxilio multa castella Christiani recipientes
paganos pacem petere [f] coegerunt, multis utrimque congressionibus prius habitis, Christianis semper victoribus [3].
Itaque pace confirmata [g] pagani summa industria civitates et castella, que optinuerant [h], munierunt et pre- 10
cipue Ierusalem duplici [i] muro antemurali .opposito ac
fossatis profundissimis cingentes inexpugnabilem reddiderunt, dato Christianis securissimo conductu visendi
sepulchrum dominicum questus gratia [4], quod domnus
apostolicus, ne pagani oblationibus Christianorum abu- 15
terentur, omnimodis interdixit transgressoresque anate-
matis vinculo innodavit.

His temporibus Petrus cantor Parisiensis [5] et Alā-
nus [6] et Prepositinus [k. 7] magistri claruerunt. Horum
prior librum Distinctionum [8] librumque Psalmorum Euan- 20

---

a) stipendiarii 2.   b) mille ante quingentos excidisse putavit Toeche, 'Kaiser
Heinrich VI.' p. 586, cui obstitit Thomä, 'Die Chronik des Otto von St. Blasien' p. 61;
cf. infra n. 1.   c) Seponte 1.   d) Brundosio 2.   e) Tirrenum 2.   f) pett'e 1.
g) ita 1. 2; constituta Urstis.   h) optinuerat alio atram. corr. -rāt 1; obtin. 2.
i) dupplici 2.   k) Praepositivus perperam Ussermann.   25

---

1) Haec quin cum iis, quae in Barensi curia d. 2. April. a. 1195.
imperator se facturum esse promisit, quodam modo cohaereant, non
dubito; cf. litteras Heinrici in Chron. regia Colon. a. 1195, p. 157
(MG. Const. I, p. 514): mille quingentos milites et totidem sargantos
in expensis nostris a Marcio usque ad annum transmittere decrevimus. 30
E. Traub, 'Der Kreuzzugsplan Kaiser Heinrichs VI.', dissert. Jena 1910,
p. 14.   2) Haec fortasse ad eos spectant, qui iam mense Martio a. 1197.
profecti sunt (Ioh. Codagnelli Ann. Placent. a. 1196, ed. Holder-Egger,
SS. rer. Germ., p. 23; cf. Contin. Cremifan., SS. IX, p. 549, l. 21 sqq.:
Due etiam naves de Brundusio remigantes etc.; Robert. Autissiodor. 35
a. 1196, SS. XXVI, p. 257), magnis principibus cum robore exercitus
non nisi mense Septembri de portu Messinae progressis d. 22. Sept. ad
Accon applicantibus; cf. infra c. 42.   3) Cf. infra c. 42.   4) Supra
c. 30, p. 43, n. 7.   5) Ecclesiae S. Mariae ('Notre-Dame') cantor,
qui a. 1197. in decanum Remensem electus mortuus est; cf. M. Grab- 40
mann, 'Die Geschichte der scholast. Methode' II, p. 478 sqq.   6) De
Insulis, qui Cistercii c. a. 1203. obiit; cf. Grabmann l. c., p. 452 sqq.
7) Cremonensis, cancellarius ecclesiae S. Mariae Parisiensis a. 1206—
1209, qui a. 1231. superstes erat; B. Hauréau in · 'Mélanges Julien
Havet', Paris 1895, p. 297—303; Grabmann II, p. 552 sqq.   8) Vel 45
'Summa Abel' dictum, cuius frusta vulgavit I. B. Pitra in Spicilegii
Solesmensis tomis II. et III.

geliumque unum ex IIII[or] per continuas glosas subtiliter
compilavit et preter hec alia multa. Alter vero multa
conscribens exposuit. Inter que librum qui intitulatur
Anticlaudianus[1] et Regulas celestis iuris[2] et Contra
5 hereticos[3] et librum De viciis et virtutibus[4] et De
arte predicandi[5] librumque sermonum[a] suorum[6] et
multa alia sana et catholica[7] conscripsit. Tercius nichilominus Summam sententiarum[8] cum multis aliis conscripsit. Hisdem[b] temporibus Humbertus Mediola-
10 nensis librum, qui sic intitulatur: 'Fracmenta[c] celestis
mense', et ita incipit: *Colligite fracmenta*[d], *ne pereant*, [Ioh. 6, 12.]
quantitate et subtilitate insignem conscripsit[9].

41. Anno dominice incarnationis M⁰C⁰XCV. Hein- [1195.]
ricus imperator apud Tarentum constitutus[10] navibusque [(Martio).]
15 omnium necessariarum rerum affluencia onustis[e] per
mare Christianorum exercitui transmissis[11] repatriare
disposuit nobilesque captivos triumpho reservans in Germaniam premisit, locis oportunis[f] exiliatos conservari
precipiens. Nam filium Tancredi regis adhuc puerum[g·12]
20 Reciam[h] Curiensem perductum oculis privari[13] et in
castro Amiso[i·14] perpetue[k] captivitati addictum custo-
diri precepit. Qui ubi ad virilem etatem pervenit, de
transitoriis desperans, bonis operibus, ut fertur, eterna

---

a) sermonum *om.* 1; sententiarum *pro* serm. suorum *Ussermann, Böhmer,*
25 *Wilmans.*   b) Hidem 2.   c) Fragmenta 2; Frumenta *Urstis.*   d) fragmenta 2;
frumenta *Urstis.*   e) honustis *corr.* onustis 2.   f) opportunis 2.   g) -ū *in loco raso* 1.
h) -a- *e corr.* 1; in Rhetiam *Nauclerus, Urstis.*   i) E m p z *in marg. alia manu add.* 1.
k) ppetue 1.

1) *Ed. Th. Wright, 'The Anglo-Latin Satirical Poets and Epi-*
30 *grammatists of the* 12th *century' II, p.* 268 *sqq., London* 1872 *(Rerum
Britann. medii aevi SS. 'Rolls series').*   2) *Plerumque liber 'Maximae
theologiae' vel 'Regulae de sacra theologia' dictus.*   3) *'De fide catholica contra haereticos libri IV. ad Guilelmum Montispessulani domnum.'*
4) *Ineditum.*   5) *Vel 'Summa de arte praedicatoria'.*   6) *Maxi-*
35 *mam partem ineditum.*   7) *Cf. supra c.* 4, *p.* 5, *l.* 15.   8) *Quam editurus
est F. Brommer.*   9) *Humbertus (Hubertus de Pirovano) archiepiscopus Mediolanensis (a.* 1206. — † *a.* 1211) *et cardinalis,* qui rexit
Parisius 10 annis et scripsit librum De concordia veteris et novi testa-
menti, *Albricus a.* 1200, *SS. XXIII, p.* 878.   10) *Stumpf nr.* 4909
40 *(a.* 1195. *Mart.* 15), *cf. nr.* 4908.   11) *Qua de re aliunde non constat.*
12) *Wilhelmum III.*   13) *Rog. de Hoveden a.* 1194, *SS. XXVII,
p.* 171 *(similiter Thomas de Papia, SS. XXII, p.* 499, *l.* 18 *sq.); Ann.
Ceccan. a.* 1192, *v.* 75, *SS. XIX, p.* 290: Lumine turbato puero post
multa necato; *cf. Hugonis cont. Weingart.* 2. *a.* 1196, *SS. XXI, p.* 479.
45 14) *Nomen loci alibi non traditur; cf. Thomas de Papia, SS. XXII,
p.* 499, *l.* 15: clam et paucis scientibus.

Otto de S. *Blasio.*   5

quesivit, celestibus inhiando, quia terrenis non potuit.
Nam de activa translatus coacte contemplative studuit,
utinam meritorie[1]. Sponsam vero ipsius[2'] filiam Constantinopolitani[a] imperatoris, imperator Philippo fratri
1195. suo desponsavit reginamque Apulie, uxorem Tancredi, 5
Sibiliam nomine, filiamque[3] eius apud monasterium vir-
ginum Hohinburc dictum in Alsacia[4] custodie mancipavit[5].
Margaritam[b] vero archipiratam et Ricardum[c] comitem,
imperatricis consanguineum, luminibus, ut dictum est[6],
privatos eternis[7] vinculis apud Trivels[8] deputavit; sicque 10
(Iunio). victoriosissimus terra marique potens augustus in Ger-
1191. maniam rediens repatriavit.   Welf dux obiit.   Leo-
(Dec. 15). paldus etiam dux Orientalis, nato apostemate in crure[9]
1194. ipsoque crure propter intolerabilem[d] dolorem preciso,
(Dec. 31). ingravescente dolore, vitam cum dolore terminavit.   Eo- 15
1199. dem tempore Ricardus[e] antedictus rex Anglorum in ob-
(April. 6). sidione cuiusdam castri[10] sagitta occiditur, succedente[f]
ei in regno fratre eius Iohanne.

1196.   42. Hisdem diebus tercia expedicio transmarina
mota multos nostrarum parcium principes ad Ierosolimi- 20
tanum iter cum multis aliis accendit. Inter quos primatum[g] habebant venerabilis Magunciensis[h] archiepiscopus Cûnradus[i] necnon et Cûnradus[k] cancellarius, episcopus Herbipolensis[11], illustres.   Huic expedicioni inter-

a) *ita cum Nauclero scripsi;* Constantini 1. 2; Constantinopolis *Urstis.*   b) Maga- 25
ritam 2.   c) Richardum 2.   d) intollerabilem 2.   e) Richardus 2.   f) succēdente 2.
g) primatum *bis* 2.   h) Maguncieusi *(!) alio atram. mut.* Maguntinensis 1.   i) Chûnr. 2.
k) necnon et Cûnradus *in marg. suppl.* 1; Chûnr. 2.

1) *Post non multos annos (inter a.* 1198. *ineuntem et a.* 1199.
Sept., cf. Innoc. III. epist. I, nr. 26. *II, nr.* 182*) in captivitate obiit,* 30
si recta tradunt Gesta Innoc. III. c. 25, *ed. Baluze, p.* 8.   2) *Immo*
fratris eius Rogerii, supra p. 63, *n.* 7. *Cf. Nicetam Chon., ed. I. Bekker,*
p. 635.   3) *Tres filias, supra p.* 63, *n.* 5.   4) *Cf. p.* 65, *n.* 14.
5) *Unde imperatore mortuo evadentes in Franciam confugerunt; Robert.*
Autissiodor., SS. XXVI, p. 260, *l.* 33; *Gesta Innoc. III. c.* 22; *cf.* 35
Innoc. III. epist. I, nr. 26; *Chron. Ursperg., SS. XXIII, p.* 366.
6) *C.* 39, *p.* 61.   7) *A.* 1198. *a Philippo rege soluti sunt; Chron.*
Ursperg., SS. XXIII, p. 366, *l.* 5 *sqq.; Gesta Innocentii III. c.* 22; *cf.*
Innoc. III. epist. I, nr. 24. 26.   8) *Cf. Ansbert., Fontes rerum Austr.*
SS. V, p. 86. (1194*), ubi Richardus non nominatur.*   9) *De equo* 40
procidens pede in medio tali fracto; cf. epist. Adelberti archiep. Salzburg.
in Magni Reichersperg. Chron., SS. XVII, p. 522.   10) *Châlus terri-*
torii Lemovicensis (dép. Haute-Vienne); die 26. *Martii vulneratus die*
6. *Aprilis obiit.*   11) *Hildesheimensis,* in eodem procinctu ad elec-
cionem Herbipolensis episcopatus insigniter declaratus, *Cron. Rein-* 45
hardsbr. a. 1198, *SS. XXX, p.* 558 *sq.*

fuerunt Fridericus[a] dux Orientalis, filius Leopaldi, pro patris anime remedio suam positurus eadem via in mortem[1], sed temporalem, ut sperandum est, animam, succe-
327. dente sibi in ducatu Leopaldo fratre suo, necnon *Hein-
5 ricus[b] palatinus Reni[c], filius Heinrici ducis Saxonie, sororius regis Anglie, frater Ottonis imperatoris[d], cum duce Brabandie[e] de Lovin[z] multisque aliis preclaris baronibus, cum expedita milicia crucem suam tollentes Christumque sequi[3] cupientes, ad auxilium transmarine 1197.
10 ecclesie transfretaverunt[4] ibique adhuc de priori expedicione multos invenerunt. Quibus coniuncti paganis cottidie igne[f] ferroque instantes plurimam[g] pervase[h] terre partem receperunt[5] castrumque Torolts[i.6] natura et arte 1197—98 munitissimum obsederunt. Quod et cepissent, si non
15 *auri sacra fames*[7] in mente quorundam Christo preponderans[k] id impedisset[l]. Nam, sicut fertur, quidam de militibus Templi a paganis corrupti peccunia animum Cûnradi[m] cancellarii, qui in hac ipsa obsidione precipue clarebat, cum quibusdam aliis inflexerunt[8] eisque auri
20 maximo pondere collato obsidionem solvere persuaserunt, sicque vendito Christo tradito paganis per castellum[n], sicut olim Iudeis, recesserunt nec tamen de precio taliter acquisito aliquod emolumentum, sicut nec Iudas de triginta argenteis[9], consecuti sunt. Siquidem[o] precio cor-
25 rupti corruptum a paganis aurum metallo sophistico, auro in superficie colorato, receperunt sicque obprobrium sempiternum[10] cum nota infamie merito consecuti sunt. Id sane castellum, si captum Christianorum[p] potestati cessisset, vim paganorum in ea regione admodum contri-
30 visset. Nec[q] sine[r] vindicta — sed utinam quantum ad 1198. flagellum filiale[11]! — divina districtio hoc inpune di-

a) Fridricus 2.   b) Henr. 2.   c) Rheni 2.   d) imp. *supra lin. suppl.* 1.
e) *ita* 2; Brabancie, -c- *in loco raso* 1.   f) igneque, *sed* -que *erasum* 1.   g) plurimum 2.
h) pervase *linea alio atram. perducta del.* 1.   i) Thorolts 2.   k) p̄pod'ans 1.   l) im-
35 pendisset *(!) mut. alio atram.* impediuisset 1.   m) Chûnr. 2.   n) per castellum *mut.*
castello 1.   o) Siquidem — consecuti sunt *(l.* 27) *om.* 2.   p) christianeque 2.
q) Sed *Urstis.*   r) sine — Nam *(p.* 68, *l.* 1) *om.* 1. *Urstis.*

1) *Obiit a.* 1198. *April.* 16.   2) *Heinrico I.*   3) *Matth.* 16, 24.
Marc. 8, 34. *Luc.* 9, 23: tollat crucem suam et sequatur me.   4) *Cf.*
40 *supra c.* 40, *p.* 64.   5) *Et maxime Beirut civitatem, die* 23. *Oct.*
a. 1197.   6) *Toron [Tibnin prope Tyrum].* W. A. 1197. *Nov.* 28.
obsidio coepta, a. 1198. *Febr.* 2. *soluta est.*   7) *Vergil. Aen. III,* 57.
8) *Cf. Arnold. Lub. V,* 29, *SS. XXI, p.* 210.   9) *Matth.* 26 sq.
10) *Ex. gr. Ierem.* 23, 40: dabo vos in opprobrium sempiternum.
45 11) *Hebr.* 12, 6: Flagellat autem omnem filium, quem recipit.

1198. misit. Nam statim eodem Cûnrado[a] cancellario repatriante, emenso mari ad Wirziburc sedem suam rediit
ibique postmodum contra regnum conspirans et montem
sancte Marie in ipsa urbe pro castello muniens publice
rebellavit, rebusque ecclesie multifarie dilapidatis a qui- 5
busdam ipsius ecclesie ministerialibus[1], quos in guerra[b]
cum ipsis habita admodum iniuriaverat, in ipsa civitate
1202. occiditur et apud eandem ecclesiam sepelitur. Dicitur
(Dec. 6). tamen de eo, quod in corpore ipsius quedam castigationis
indicia inventa sint, quibus districta[c] conversationis 10
ipsius[d] penitentia sit ostensa[2]. Sed ut ad digressa
1197. redeamus, exercitus peregrinorum apud Accaron constitutus conversatione Templariorum, Hospitaliorum[e] reli-
quorumque[f] terre ipsius baronum scandalizatus taleque
commercium et quandam quodammodo secretam familia- 15
ritatem eorum cum paganis detestans se ab eorum auctoritate ducatuque alienavit[3] auctoritateque[g] propria regi
cepit, et multis tam publicis quam privatis[h] congressionibus[i] cum paganis habitis victoriam sepius consecutus
actibus preclaris admodum enituit. Videntes itaque com- 20
patriote miliciam peregrinorum alacriter incedere eisque
pro voto cuncta succedere, sicut ab his, qui eidem expedicioni[k] interfuerunt, audivimus, plus eorum industriam
quam paganorum maliciam metuentes insidias parant
peregrinosque omnes dolo occidendos conspiratione cum 25
paganis habita deliberant, Heinrico[l] rege eorum, ut fertur, in id ipsum consenciente. Verebantur enim, ne, si
peregrini paganis prevalerent, eos patria pulsos arcerent
eamque vi optinentes[m] possiderent. Hacque de causa
mortem vel captivitatem[n] eorum machinati sunt. Nam 30
Phil. 2, 21. que sua sunt, non que Iesu Christi[o] querentes regionem
maritimam, que fertilissima est, propter rerum ubertatem
tantum obtinere delectantur, Hierusalem sepulchrumque

---

a) Chûnr. 2.　　b) gwerra 2.　　c) districte 2.　　d) ipsi 1.　　e) *ita* 1. 2 *(cf.*
supra c. 36, *p.* 55, *l.* 15*);* Hospitalariorum *Urstis.*　　f) -que *om.* 1.　　g) -que *om.* 1. 35
h) puatis 1.　　i) -bus *alio fortasse atram. supra lin. suppl.* 1.　　k) expedioni 1.
l) Henr. 2.　　m) obtinentes 2.　　n) captivatem 2.　　o) Christo 2.

1) *Heinrico et Bodone de Ravensburg, Heinrici de Kalden mar-*
scalci sororiis, Chron. Montis Sereni, SS. XXIII, p. 170; *Innoc. III.*
epist. VI, nr. 51. 113.　　2) *Eadem refert Arnold. Lub. VII,* 2. *W.* 40
3) *Haec ad ea, quae aestate a.* 1197. *ante adventum principum facta*
sunt, spectare videntur; cf. Reineri Ann. a. 1197, *SS. XVI, p.* 653,
l. 26 *sqq.; Rog. de Hoveden, SS. XXVII, p.* 174, *l.* 29 *sqq.; R. Röhricht,*
'Geschichte des Königreichs Ierusalem', p. 669 *sq.*

Domini parvipendentes; ideoque tanto tempore tantis exercitibus parum proficientibus Hierusalem conculcatur a gentibus[1]. Igitur Heinricus rex cum suis fautoribus 1197. in fenestra altissime turris apud Accaron residens, ut fertur, et, qualiter auxilio paganorum peregrinos morti exponeret, capiens consilium, divinum iudicium, in quod *horrendum est incidere*[2], expertus est[3] ac de fenestra, cui insidebat pessima tractans, nutu Dei forinsecus corruens *(Sept. 10)*. quassatoque membratim corpore spiritum exalavit[a.][4]; sicque pravorum dissipato consilio[5], res ut proposuerant caruit effectu.

43. His diebus[b] Heinricus imperator, Fridrico[c] 1196. filio suo infante adhuc rege post se designato[6], contracto exercitu tercia vice Italiam[d] intravit[7] ac Pyreneum[e] transiens cunctaque in Tuscia et in Campania pro libitu disponens in Apuliam et Calabriam divertit ibique potenter residens ad optinendam[f] Greciam imperiumque Constantinopolitanum intendit animum. Nam bello intestino fraternaque discordia pro regno exhaustam Greciam considerans eamque Romano imperio subicere desiderans, quo[g] id modo fieret, sagaci mente tractabat. Inter hec imperator Grecorum[8] missis ad eum legatis 1195. auxilium ipsius contra *fratrem suum[9] quesivit[10]. Qui habita deliberatione[h] omnes ad id voluntarios auroque Grecorum sollicitatos milites et seriandos[i] illuc direxit[11], salutem ipsorum in hoc negocio fortune committens. Itaque multi spe lucri eandem miliciam aggressi in Greciam transvecti sunt illucque auxilio intenti, ubi se sperabant liberalius appreciari. Interea Grecorum imperator a fratre captus luminibus privatur, arta custodia ser- *(April. 10)*. vatus[k], ipseque imperium cum urbe Constantinopolitana[l]

a) exhalavit, -h- *semierasum, sequens* -a- *corr. ex* -i- 1.   b) His die diebus, die *expunctum, sed puncta erasa* 1.   c) Friderico 2.   d) yt. 2.   e) Pireneum 2. f) obtinendam 2.   g) q *alio atram corr.* q̄ 1.   h) -ib'atoē *in loco raso* 1; deleitoē 2. i) s'iandos 1; sariandos *Ussermann;* et ser. *om. Urstis.*   k) -⁹ *corr. ex* -~ 1; et arcta cust. servatur *Urstis.*   l) Constantinopol' 1; Constantinopolis 2.

1) *Cf. Luc.* 21, 24: Ierusalem calcabitur a gentibus.   2) *Hebr.* 10, 31: Horrendum est incidere in manus Dei viventis.   3) *Cf. Arnold. Lub.* V, 26 *fin.*   4) *Quod ante adventum principalis partis peregrinorum factum est.*   5) *Iob* 5, 13: consilium pravorum dissipat. 6) *Cf. infra c.* 45, *p.* 71, *n.* 11.   7) *Mense Iulio a.* 1196.   8) *Isaak II. Angelus.*   9) *Alexium III. Rerum seriem auctor turbavit.*   10) *Hoc et ea quae sequuntur alibi non traduntur.*   11) *Hoc vix recte in dubium vocasse videtur* W. *Norden, 'Das Papsttum und Byzanz', Berlin* 1903, *p.* 126 *sqq., n.* 3.   *Cf. E. Traub, 'Der Kreuzzugsplan Kaiser Heinrichs VI.', dissert. Jena* 1910, *p.* 47 *sq.*

1195. nactus miliciam Teutonicorum ad se vocatam in gratiam cesaris liberaliter habuit[1] ipsorumque adiutorio prosperatus regnum Grecorum obtinuit, filio excecati[2] eum[a] pro posse inpugnante. ᴗHuius ceci regis filiam[b] filio Tancredi, ut supra retulimus[3], desponsatam imperator 5 Heinricus[c] apud Balernum[d] repertam Phylippo[e] fratri suo desponsaverat, hacque de causa idem cecus imperator desperatis rebus ipsum Phylippum[e] cum filia heredem regni a fratre ablati adoptaverat[4] et, ut hoc consequeretur, opem augusti assidue sperabat.   His Constantino- 10

1195? poli ita gestis, Heinricus[c] imperator in Sicilia[f] manens imperii negocia in eisdem regionibus pro velle suo disposuit, iudices regionibus, iura civitatibus, leges potestatum dignitatibus constituens[5].   Insuper insulas maris vectigales faciens[6] imperium admodum dilatavit, exercitu 15 eius cum instructis navibus et munitis galinis maritima percurrente.

1196.

(Aug. 15).

1197. *Maii 25.*

(Sept.).

44. Anno dominice incarnationis M⁰C⁰XCVI. Heinricus imperator, mortuo fratre Cûnrado[g], Phylippo[e] fratri suo, qui in Sycilia[h, 7] interim cum eo manebat, data sibi 20 sponsa sua, filia Constantinopolitani imperatoris, ducatum Almannie[i] concessit ipsumque cum eadem sponsa sua in Germaniam destinavit. Qui Alamanniam[k] perveniens[8] apud Augustam urbem in pentecoste[l] armis cinctus nuptias magnifice celebravit in loco, qui Gunzinlech, a 25 quibusdam Concio legum, dicitur[9], ac postea assumptis militibus Alpes transcendens in Siciliam ad imperatorem

---

a) ipsum 2.   b) filiā, ⁻ *alio atram.* 1; filia 2.   c) Henr. 2.   d) *ita* 1. 2; Palermum *Urstis.*   e) Phil. 2.   f) siciliā, ⁻ *erasum* 1.   g) Chûnr. 2.   h) Syciliā *corr.* Sycilia 1; Sicilia 2.   i) Almannie *mut. alio atram.* Alamannie 1; Alemannie 2. 30 k) Alem. 2; in Alem. *Urstis.*   l) penteč 1; penthecost' 2.

1) *Cf. p.* 69, *n.* 10.   2) *Alexio IV., qui usque ad a.* 1201. *a patruo in custodia tenebatur.*   3) *C.* 40, *p.* 63; 41, *p.* 66.   4) *Hoc alibi non traditur. Cf. E. Traub l. c. p.* 50.   5) *Fortasse de curia Barensi a.* 1195. *April.* 2. *auctor cogitavit.*   6) *Cf. Esth.* 10, 1 : Rex vero 35 Assuerus omnem terram et cunctas maris insulas fecit tributarias. 7) *Immo in Lombardia; cf. Reg. imp. V, nr.* 10 c (1196. *Aug.* 23, *Papiae).*   8) *Ante exeuntem a.* 1196, *si rectum tradunt Ann. Marbac. q. d., p.* 69, *l.* 2; *cf. Hugonis contin. Weingart.* 1, *SS. XXI, p.* 478 *(cf. contin.* 2, *ib. p.* 479: Phylippus . . ab imperatore . . a T u s c i a 40 in successorem fratris dirigitur); *Chron. Ursperg., SS. XXIII, p.* 364; *infra p.* 74, *n.* 5.   9) *De hoc loco, saeculo XV. undis Lici submerso, vide [Chr. Fr.] Stälin ['Wirtembergische Geschichte'] I, p.* 455. *W. Cf. A. Steichele, 'Das Bisthum Augsburg' II* (1864), *p.* 491—499; *A. Schröder in 'Archiv f. d. Gesch. d. Hochstifts Augsburg' I* (1911), 45 *p.* 471, *n.* 2. 475 *sq.; Reg. imp. V, nr.* 10 d.

rediit[1], citatus ab eo, negociis suis per omnem ducatum 1197.
Diethelmo[a] Constanciensi episcopo commendatis.

45. Anno dominice incarnationis M⁰C⁰XCVII. Hein- *(Sept. 28).*
ricus[b] imperator hostibus imperii circumquaque subactis
5 terra marique potens in ultimis Sycilie[c] finibus constitutus inmatura morte preventus est. Cuius mors genti
Teutonicorum omnibusque Germanie populis lamentabilis
sit in eternum, quia aliarum terrarum diviciis eos claros
reddidit terroremque eorum omnibus in circuitu nationi-
10 bus[2] per virtutem bellicam incussit eosque prestanciores
aliis gentibus nimirum ostendit, futurus[d], nisi morte
preventus foret, cuius virtute et industria decus imperii
in antique dignitatis statum refloruisset[3]. Itaque apud[e]
Mesanam civitatem Sicylie[f] defunctus ibidem[4] cum
15 maximo tocius exercitus lamento cultu regio sepelitur,
filium[5] etatis annorum IIII⁰ʳ[6] relinquens. Post cuius
mortem Phylippus[g] dux Swevie maximo periculo insidias
illorum provincialium declinans vix repatriavit. Nam,
ut prelibatum est[7], ab imperatore prius citatus erat hac
20 de causa, ut filium ipsius ex Apulia[h] perduceret in Germaniam, ubi a principibus in regem electus[8] a Coloniensi episcopo[9] inungeretur, ut moris est[10]. Imperator
enim in Ytaliam migrans eundem filium suum cum consensu principum cunctorum preter Coloniensis episcopi
25 regem post[i] se designaverat[11], qui tamen postea resipi-
scens ceterisque principibus vix inductus acquiescens puerum in regem collaudavit[12]. Hoc itaque negocio Phy- *(Aug.).*

a) Diethalmo 2.   b) Henr. 2.   c) Sicilie 2.   d) futurus *alio atram. mut.*
-ros 1.   e) aput 2.   f) Sicilie civitatem 2.   g) Philippus 2.   h) -a *e corr.* 1.
30 i) p⁹ *e corr.* 1.

1) *Infra c. 45, p. 71 sq.*   2) *Cf. supra c. 39, p. 61, n. 7.*   3) *Similiter Otto Fris. Chron. VII,* 20, *p.* 339. *de Lothario imperatore:* futurus,
nisi morte preventus foret, cuius virtute et industria corona imperii ad
pristinam dignitatem reduceretur.   4) *Panormi [m. Maio a.* 1198;
35 *cf. E. Winkelmann, 'Philipp von Schwaben' p.* 119]; *cf. Toeche l. c.
p.* 471. *W. Imperatorem* to Messin *sepultum, sed postea* to Monreal
bi Palerne *translatum habet 'Sächs. Weltchr.' c.* 339, *MG. Deutsche
Chron. II, p.* 236; *cf. Winkelmann l. c. p.* 25, *n.* 2; *Rog. de Hoveden,
SS. XXVII, p.* 176.   5) *Fridericum II., a.* 1194. *Dec.* 26. *natum.*
40 6) *Trium, v. notam praecedentem.*   7) *C.* 44 *fin.*   8) *A.* 1196. *exeunte,*
Francofurti.   9) *Adolfo I.*   10) *Cf. Otto Fris. Chron. VII,* 22, *p.* 343,
l. 27 *sq.; infra c.* 46 *fin.*   11) *Cf. supra c.* 43 *in. Nota auctorem inter
Heinrici VI. conatum imperii hereditario iure in filium transferendi
a.* 1195 — 96. *et electionem eiusdem exeunte a.* 1196, *imperatore iam in
45 Italia inferiore constituto, factam non distinguere.*   12) *Demum
mense, ut videtur, Augusto a.* 1197; *R. Knipping, 'Die Regesten der
Erzbischöfe von Köln' II, nr.* 1498. 1504. 1521; *Reg. imp. V,* 1, *nr.* 12a.

1197. lippus[a] dux in Italiam[b] profectus, cum venisset Romam[1],
(Sept.) mortuum imperatorem percepit[2] statimque regrediens in
Tuscia et in Ytalia insidiis[c] diversorum periclitatus[3] vix
evasit; sicque negocium hoc inefficax remansit, puero in
Sicilia[4] cum matre remanente. Hisdem temporibus 5
compatriote earundem regionum, scilicet Apulie, Calabrie,
Sicilie, memores iniuriarum, quas ab imperatore[d] Heinrico[e] sustinuerant, in gentem Teutonicam maxima sunt
invidia efferati[5], acceptam iniuriam pro posse in eos vindi-
cantes; eademque[f] de causa multos peregrinos gentis 10
1198 *sqq.* Teutonice de transmarina expedicione remeantes per terram illam, mortuum imperatorem nescientes[6], multis
modis iniuriabant[7], nullusque sine iniuria 'illesus trans-   *p. 329.*
ire poterat absque armis et sine comitatu multitudinis,
multisque diebus hec duravit invidia. 15

1198.   46. Anno dominice incarnationis M⁰CXCVIII.
(Ian. 8). Celestino papa decedente Innocencius tercius substitui-
1197. tur.   Igitur mortuo Heinrico[e] inperatore, Phylippus[a]
dux Swevie, frater ipsius, regressus in Alamanniam[g] de
partibus Tuscie[8] satagebat omnimodis, ut principes elec- 20
tionem, quam circa filium imperatoris fecerant[9], ratam[h]
haberent.   Orientales itaque principes, videlicet dux Ba-
1198. warie[10] et Bernhardus[i] dux Saxonie cum ceteris baronibus et episcopi Magdeburgensis[11] et Salzburgensis[k, 12]
cum ceteris episcopis orientalibus, diem colloquii in 25
partibus Turingie apud villam que vocatur Arnisperc[13]

---

a) Phi*l.* 2.   b) yt. 2.   c) ī syd⁹ *corr.* ī sidiis 1.   d) -e *e corr.* 1.
e) Henr. 2.   f) eāque *radendo mut.* eaque 1.   g) Alem. 2.   h) ratam *alia manu*
in marg. suppl. 1.   i) Bernardus 2.   k) et Salzburgensis *om.* 2.

1) *Minus accurate; ita etiam Ann. Marbac. q. d., p.* 71, *l.* 7. 30
2) *Ad Montem Flasconis in Tuscia, Contin. Honorii Weingart., SS. XXI,
p.* 479; *Chron. Ursperg., SS. XXIII, p.* 365, *l.* 12; *cf. Gesta Innoc. III.
c.* 19; *MG. LL. Constit. II, nr.* 10, *p.* 11, *l.* 8 *sq.; cf. infra c.* 46, *l.* 20.
3) *Chron. Ursperg., SS. XXIII, p.* 365, *l.* 12 *sqq.; cf. Hugonis contin.
Weing.* 1. *a.* 1197, *SS. XXI, p.* 478; *Contin. Honorii Weingart., ib.* 35
p. 479; *MG. LL. Constit. II, p.* 11, *l.* 9 *sq.*   4) *Quo eum mater ex
Marchia venire fecit; Reg. imp. V,* 1, *nr.* 513 *a.* 522 *a.*   5) *Cf. Rycc. de
S. Germ., SS. XIX, p.* 329.   6) *Error.*   7) *Cf. Gesta episc. Halber-
stad., SS. XXIII, p.* 112, *l.* 38 *sqq.; Cron. Reinhardsbrunn. a.* 1198,
SS. XXX, p. 559, *l.* 34 *sqq.; Ann. Stad. a.* 1199, *SS. XVI, p.* 353. 40
8) *Supra n.* 2.   9) *Supra p.* 71, *n.* 8.   10) *Ludewicus I.*   11) *Ludolfus.*
12) *Adelbertus III. Qui alibi non nominatur.*   13) *Potius Arne-
stede. W. Ita Gesta episc. Halberst., SS. XXIII, p.* 113, *l.* 13 *sq.;*
in loco qui dicitur Üchterichusen *(Ichtershausen inter Arnstadt et
Erfurt situm) Cron. S. Petri Erford. moderna a.* 1198; *cf. Reg. imp.* 45

prefixerunt. Quo veniente Philippo duce cum ceteris, 1198.
quos supra diximus, habito consilio ipsum in defensorem[a] *(Mart. 6).*
imperii[1] eligere decreverunt, quoadusque nepos suus,
imperatoris filius, dudum tam ab ipso quam a ceteris
5 principibus[b] electus, in Alamanniam deveniret. Soluto
ergo colloquio ad oppidum Mulnhusin[c, 2] venientes Phy- *(Mart. 8).*
lippum[d] ducem in regem eligunt promissaque sibi subiectione digressi sunt. Archiepiscopus vero Coloniensis[3] et Treverensis[4] et quidam[e] alii[f] episcopi et
10 Heinricus palatinus Reni[g, 5] cum aliis baronibus illarum
regionum aggregati electionem filii imperatoris cassantes
vocaverunt ducem Bertoldum[h] de Zaringin, ipsum in
regem eligere volentes. Qui cum ad diem condictam[i] *(Martio).*
Coloniam[k] venisset, dissuasus a consiliariis, ne electioni
15 eorum consentiret, propter contradictionem principum
orientalium et electionem filii imperatoris iam factam,
promisit se de hiis[l] deliberaturum. Regressus[m] igitur
ab eis datis obsidibus[6] die constituto[7] reversurum
se promittens[8]. Quo non reverso retentis obsidibus pec-
20 cuniam, quam sub conditione promiserat, obsides dare
coegerunt mittentesque comitem Emichonem de[n] Liningen[o] vocaverunt Ottonem[9], Heinrici[p] quondam ducis
Bawarie* filium. Quem venientem regem creaverunt[10], *(Iun. 9).*
faventibus quibusdam illarum parcium civitatibus. Sic
25 ergo divisis contra se regni principibus regnum Cisal-

*) 1 *in marg. manu quae videtur Liutoldi add.:* et Saxonie.

a) deffensorem 2.   b) quam ab ipsis regni principibus 2.   c) Mulnhusen 2.
d) Phil. 2.   e) quibusdam 2.   f) alii *om.* 1.   g) Rheni 2.   h) Bertholdum 2.
i) predictam 2.   k) colonia 1.   l) his 2.   m) est *suppl. Wilmans.*   n) de *om.* 2.
30 o) Linningin 2.   p) Henr. 2:

V, 1, nr. 15 *a. Cum Ottone facit Honorii contin. Weingart., SS. XXI,*
p. 480. *De die v. MG. LL. Constit. II, nr.* 10, *p.* 12, *l.* 24.

1) *Id est* in regem Romanorum; *MG. LL. Constit. II, nr.* 10,
p. 12, *l.* 23. *Cf. G. Waitz, 'Deutsche Verfassungsgeschichte' VI, ed.* 2,
35 *p.* 201; *P. Scheffer - Boichorst, 'Gesammelte Schriften' II, p.* 333 *sq.*
2) *Cf. Chron. Ursperg., SS. XXIII, p.* 366, *l.* 43; *'Braunschw.*
Reimchr.' v. 4835, *MG. Deutsche Chron. II, p.* 520; *Ann. Einsidl.*
mai. a. 1199, *ed. G. Morel, in 'Geschichtsfreund. Mittheil. des hist.*
Vereins der fünf Orte' I, 1843, *p.* 144.   3) *Adolfus I.*   4) *Io-*
40 *hannes I.*   5) *Perperam; nam tunc temporis nondum e Terra sancta*
reversus erat.   6) *Conrado et Bertoldo, filiis Eginonis comitis de*
Urach et Agnetis sororis Bertoldi, Chron. Ursperg., SS. XXIII, p. 367.
7) *Apud Andernach.*   8) *Cf. Ann. Marbac. q. d. a.* 1198, *p.* 72.
9) *Comitem Pictaviensem, regis Angliae vasallum.*   10) *Apud Coloniam.*

pinum contigit plurimum desolari[1]. Principes etenim, qui electionibus regum non interfuerant, postmodum se vicissim ad alterum eorum conferebant, Lupoldus vide- licet dux Orientalis et dux[a] Boemie[2] necnon etiam lant- gravius de Duringin[b,3] et Bertoldus[c] de Zaringin ad [5] Phylippum[d], dux Brabandie[e,4] et[f] quidam alii ad Otto- nem. Itaque uterque regum pro principatu suo satis agens bellum hoc civile pene per XII annos pertinaciter[g] protelarunt[h]. Nam Philippus regalia tradente[i] Hainrico[k] imperatore fratre suo tenens[5] omnesque thesauros ipsius [10] possessionesque prediorum aliorumque fratrum suorum, ditissimorum videlicet principum, ipsorum heres[6], solus optinens[l] principes Ottoni faventes, quosdam minis, quosdam promissis et donis in sui partem transduxit et innumeras expediciones sepissime contra Ottonem pro- [15] movit, civitates castellaque per diversa loca expugnans[m], rebellantes undique ad dedicionem coegit. Otto vero auxilio fretus Heinrici[n] palatini fratris sui et Colonien- sium impetus Phylippi[d] constanter sustinuit archisolium-

1198. *(Iul. 10).* que, quod Aquisgrani est, adeptus et a Coloniensi epi- [20] scopo cooperante Treverensi[7], qui ad hoc specialiter privi-

(Iul. 12). legiati sunt[8], in regem unctus gloriabatur se, etsi non regalia, iura tamen et loca regalia retinere*.

      *) *Ad caput* 46, *in margine inferiore folii* 121[r], *manus sae-* *culi XIII. posterioris, quae num Liutoldi fuerit, pro certo dis-* [25] *cerni non potest, hos adscripsit versus in* 1:
         Maguntinensis, Treverensis, Coloniensis, Archiepiscopi
         Reni   Saxonie
         Inde palatinus dapifer, dux portitor ensis,
    de Brandenburg
         Marchio prepositus camere, pincerna Boemus,
         Romanum statuunt regem concorditer isti[9].   [30]
      Quos Chronica universalis Turicensis in textum recepit ad- *dito verbo* Nota.

      a) *ita* 1. 2 *(supra vocem* dux *locus rasus* 1*);* rex *Urstis.*   b) *supra* Duringin *locus rasus, D- e corr.* 1.   c) Bertholdus 2.   d) Phil. 2.   e) *ita* 2; Brabancie, -c- *e corr.* 1.   f) *ad* Ottonem et quidam alii 1.   g) pertinaciter *om.* 2.   h) prothe- [35] larunt 1. 2 *(sed* -h- *expunctum* 1*).*   i) sibi *alia manu supra lin. add.* 1.   k) Hein- rico 2.   l) obt. 2.   m) expugnantes 2.   n) Henr. 2.

      1) *Matth.* 12, 25: Omne regnum divisum contra se desolabitur. 2) *Ottakarus I., cui eodem anno Philippus regiam dignitatem contulit,* *quam Fridericus II. a.* 1212. *Sept.* 26. *confirmavit, MG. LL. Constit. II,* [40] *nr.* 43, *p.* 54.   3) *Hermannus I.*   4) *Heinricus I.*   5) *Cf. Contin.* *Admunt. a.* 1198, *SS. IX, p.* 588, *quod ad a.* 1196. *exeuntem rettuli in* *libro 'Die heilige Lanze', Breslau* 1908, *p.* 38 *sqq., 'Gierkes Unter-*

47. His temporibus [1], ut veraci relatione comperimus, *c.* 1195—
sacerdos quidam sancte conversationis nomine Volco[a] in 1202.
Francia in Parisiensi diocesi cuiusdam ecclesie [2] parrochia-
·nus verbo predicationis per omnes Francie partes instans
5 gratia miraculorum mirifice claruit ac precipue in Parisiensi civitate vicia Deo odibilia [3] et maxime avariciam
eiusque accidens, usuram, Sodomiticumque scelus repre-
.330. hendit et nunc minis, nunc blandiciis, nunc increpa*tionibus[b] omnes verbum audientes ad penitentiam invitavit

10   a) Wolco 2.   b) increpatōis *alio atram. corr.* -ib; 1.

suchungen zur Deutschen Staats- und Rechtsgeschichte' 96 (*cf. supra p.* 70,
n. 8); *Chron. Ursperg., SS. XXIII, p.* 365, *l.* 25 *sq.; Arnold. Lub. VI,*
2 *in. De a.* 1197. *ineunte cogitavit* H. *Bloch, 'Die staufischen Kaiserwahlen
und die Entstehung des Kurfürstentums', Leipzig et Berlin* 1911, *p.* 60.
15 6) *Supra p.* 11, *n.* 1.   *Otto filiam Margaretham reliquerat, quacum
a.* 1208. *comitatum Burgundiae Otto I. dux Meraniae accepit.*   7) *Ita
etiam Ottonis Fris. Contin. S. Steph. Fris., ed.* A. *Hofmeister (SS. r.
Germ.), p.* 461, *l.* 20.   8) *De Treverensi cf. Ann. Marbac. a.* 1198,
ed. Bloch (SS. r. Germ.), p. 72, *l.* 1 –3; U. *Stutz, 'Der Erzbischof v.*
20 *Mainz und die deutsche Königswahl', Weimar* 1910, *p.* 105, *n.* 2; *de
Coloniensi ex. gr. Rahew. G. Frid. III,* 17; *Stutz l. c. p.* 27 *sqq.*
9) *Iidem versus, addito inter primum et secundum:* Quilibet imperii fit
cancellarius horum, *exstant in cod. Paris. bibl. nat. nr.* 4895 A, *saec. XIV
(supra in praefatione* 1 a) *ad Gilberti qui dicitur Chronicon pontificum et
25 imperatorum Romanorum adscripti, SS. XXII, p.* 367; *secundus et tertius
tantum in Chron. Colmar., SS. XVII, p.* 267. *Paulo mutatos habes apud
Martinum Oppav., SS. XXII, p.* 466, *et Tholom. Luc., Hist. eccl. XVIII,* 3,
Muratori SS. rerum Ital. XI, col. 1048; *Tract. de coron. imp. ed.*
A. *Werminghoff, 'Zeitschr. d. Savigny-Stiftung f. Rechtsgeschichte,*
30 *Germ. Abt.' XXIV, p.* 383; *alios in Cron. Minore, Monumenta Erphes-
furt., ed. Holder-Egger, p.* 610.   *De quibus postremus egit* M. *Buchner,
'Die Entstehung des Trierischen Erzkanzleramtes', 'Hist. Jahrbuch'
XXXII, p.* 54 *sqq., cf. XXXIII, p.* 267 *sqq.* 287 *sqq.;* H. *Bresslau,
'Handbuch der Urkundenlehre' I, ed.* 2, *p.* 515, *n.* 5. *ad p.* 514.
35   1) *Rigordi Gesta Philippi Augusti* § 106. 120, *a.* 1195. 1197.
1198., *ed.* H. F. *Delaborde, Paris* 1882, *p.* 132. 139 *sq.; Albricus a.* 1199,
SS. XXIII, p. 876; *cf. infra p.* 78, *n.* 4; *p.* 79, *n.* 3; *Iac. de Vitriaco,
Hist. occident. c.* 6. 8, *ed.* F. *Moschus, Duaci* 1597; *Cont. Aquic. a.* 1198,
SS. VI, p. 434; *Ann. Stad., Aquic. a.* 1198, *Reineri Leod. Ann. a.* 1198.
40 1200, *SS. XVI, p.* 353. 505. 654 *sq.; Rog. de Hoveden a.* 1198, *ed.* W. *Stubbs,
Lond.* 1871, *IV, p.* 76 *sq., cf.* 123; *Matth. Paris., Chron. mai. ed.*
H. *Luard, Lond.* 1874, *II, p.* 440; *Hist. Angl., ed.* F. *Madden, Lond.*
1866, *II, p.* 62; *Rad. de Coggeshale a.* 1198. 1201, *ed.* J. *Stevenson,
Lond.* 1875, *p.* 80—83. 130 (*Bouquet XVIII, p.* 80 *sq.* 93); *Rob. Autissiod.*
45 *a.* 1198, *SS. XXVI, p.* 258; *Geoffroi de Villehardouin, 'La conquête de
Constantinople'* § 1 *sqq.,* 44 *sq.* 73, *ed.* N. *de Wailly, Paris* 1872 (*Bouquet,
'Recueil des hist. de la France' XVIII, p.* 432 *sq.* 438. 441); *Chron.
Laudun. a.* 1199, *ed.* W. *Stechele, Leipzig* 1909, *p.* 59 (*Bouquet XVIII,
p.* 711 *sq.); Chron. Cluniac. a.* 1198, *Bouquet XVIII, p.* 742, *cf. p.* 800 *sq.*
50 2) *De Novilleio (Neuilly) prope Parisiensem civitatem.*   3) *Rom.* 1, 30:
·Deo odibiles.

atque, sicut percepimus ab his, qui interfuerunt, laborantibus variis languoribus per impositionem manus contulit sanitatem, reddens cecis visum [1], surdis auditum, claudis gressum, mutis loquelam. Hecque sic evidenter et confidenter egit, ut in digito Dei [2] hec eum operari 5 non dubitaretur. Ergo tam preclara tamque multa miracula per eum Deus ostendit, ut antiquis sanctis omnimodis possit in hoc dono Dei equiperari. Non ergo temere opus predicationis assumpsit, sed auctoritate domni pape [3] episcoporumque precepto ad hoc accessit, asserens, 10 quod beata virgo Maria sibi apparens ad hoc eum officium informaverit et, ut penitentiam populo predicaret, admonens datam sibi a Deo gratiam sanitatum [4] intimavit. Igitur pauca de pluribus, sicut Bertoldus [a] de Osinberc [b] Hainrico [c] custodi Argentinensis ecclesie de 15 Veringin, postea eiusdem ecclesie episcopo [5], transcripsit [d], qui his interfuit, in medium producentes declarabimus ad ostendendum, cum quali confidencia ea operatus est. Allatis denique ad eum mutis, sicut idem Pertoldus [a] oculis suis vidit, ora eis aperiens insufflavit eisque, ut 20 loquerentur, imperavit. Qui si aliquamdiu morarentur, eos in maxillam cedendo, quasi per vim Spiritus sancti, verbum ab eis violenter extorsit statimque loquentes reddidit. Contigit quoque eum quadam die causa quadam ad regem Francie pergere, cui occurrentes milites 25 quendam adolescentem cognatum suum debilem et contractum obtulerunt et, ut ei manum imponeret, suppliciter pecierunt [e]. Quos ille de pompali admodum superfluitate acriter reprehendens contracto, ut equo quo sedebat descenderet, imperavit. Itaque puer omnino debilis, 30

---

a) Bertholdus 2. b) Osinberch 2. c) Heinrico 2. d) transscripsit 2.
e) petierunt 2.

---

1) *Ad verbum convenit Rigordus* § 120, *a.* 1197, *p.* 139; *cf. Reineri Leod. Ann. a.* 1198, *SS. XVI, p.* 654; *Cont. Aquic. l. c.; Rog. de Hoveden l. c. Cf. Luc.* 7, 21; *Marc.* 7, 37; *Matth.* 15, 31. 35
2) *Luc.* 11, 20: si in digito Dei eicio daemonia.   3) *Albr.; Cont. Aquic.; Villehardouin* § 2 *(Bouquet XVIII, p.* 432*); Chron. Laudun.*
4) 1. *Cor.* 12, 9: (datur) alii gratia sanitatum in uno spiritu.   5) *Sedit episcopus a.* 1202—1223; *occurrit custos (maioris ecclesiae) a.* 1181, *P. Wentzcke, 'Die Regesten der Bischöfe von Strassburg' I. (1908),* 40 *nr.* 608, *et, cum medius Eberhardus de Iungingen intercedat, rursus, ut videtur, a.* 1190—1201, *ib. nr.* 661. 667. 686. 707. 713. 714. 724. 726; *cf. 'UB. der Stadt Strassburg' I, p.* 103, *n.* 1; *a.* 1202. *praepositus 'Reg. d. B. v. Strassb.' nr.* 727. 730 *(praepos. maior et s. Thomae).*

cum se movere non posset[a], iterato sacerdos ei inquid:
'In nomine domini nostri Iesu Christi precipio tibi, ut
descendas'. Cum nec ad hanc vocem eger ille posset
descendere, domnus Volco — nam et ipse equo sedebat —
5 equum ad eum urgens, quasi eum percussurus baculum,
quem manu gestabat, elevavit egroque per hoc stuporem
incuciens eumque pre timore de equo corruentem ele-
vans sanum continuo reddidit eumque[b] per aliquod[c]
campi spacium coram se gaudentem currere fecit.   In-
10 ter cetera virtutum eius insignia feneratorem quendam
ditissimum videns in spiritu ad vitam esse predestinatum,
occasione prandendi cum eo ad salutem eius sumpta,
domum eius ingressus est. Ad quem vir Dei: 'Quid',
inquid, 'pransuri sumus hodie'? Cui dives: 'Non est ne-
15 cesse, domine[d], vos hec inquirere, quia, quicquid hec civitas optimum habere poterit in cibis, vobis hodie non
deerit'. Quem[e] vir Dei cum clericis, qui secum vene-
rant, assumens coquinam eius intravit et coco, ut singula
fercula se presente exponeret, iussit. Quod dum faceret,
20 mirum dictu, pro variis et preciosis que inposuerat rebus[f] aut ranas de singulis vasis[g] aut serpentes exposuit.
Quo viso omnes qui aderant in stuporem conversi sunt,
et precipue dives ille se peccatorem agnoscens pedibus
eius provolvitur, se peccatorem, se criminosum proclamans,
25 et, ut sibi viam vite[1] per indictam penitentiam ostendat,
summopere precatur. Ad quem sacerdos inquid[h]: 'In-
mundus es tu, et omnia, que habes. Et nisi omnia, que
ex usuris vel quolibet modo iniuste acquisisti, reddideris
ac deinde omnibus iuste acquisitis in pauperes erogatis
30 per elemosinam peccata tua redemeris, indulgenciam non
mereberis'. Cui dives obediens ac septimanas nichil
aliud agens hec devotus implevit. Dehinc ad virum
Dei reversus nil sibi remansisse indicavit. Quidam autem ex amicis eius astans se adhuc in vase[i] XX maltra
35 tritici de rebus eius reservasse indicavit, que dives alia
expendens oblitus erat. Sacerdos igitur assumpto divite,
turba clericorum amicorumque eius multorumque aliorum
comitante, ad vas accessit ipsumque aperiens bufonibus

---

a) poterat 1.   b) -que *alio atram. supra lin. suppl.* 1.   c) *aliquot* 2.
40 d) dñe 1. 2.   e) *ita* 1 (G.[e]). 2; Quare vir Dei clericis qui secum ven. assumptis
Urstis.   f) rebus *om.* 1.   g) vasis *om.* 1.   h) inquid *om.* 1.   i) -se *supra lin.* 1.

1) *Cf. Act.* 2, 28; *Matth.* 7, 14.

serpentibusque plenum reperit. Sacerdos autem ad divitem conversus[a]: 'Si[1] vis', ait, 'perfectus esse et certus de divina misericordia et venia, vas istud ingredere[b] nudus, et ego tibi vitam eternam promitto'. Cui ille magna fide[c] obediens coram omnibus in remissionem peccatorum suorum nudus intravit, clausoque vase ac signato super eum[2] sacerdos omnes usque in crastinum abesse precepit. Itaque sequenti die cum eis, qui hec viderant, et cum multis aliis ad locum venit et aperto vase nichil preter humana ossa super nivem candida[3] invenit. Que in medium proferens sancta et veneranda esse protestatus est et cum gaudio et admiratione omnium in loco[d] honesto reposuit. Meretricum autem sectam, que infami commercio vitam suam probrose prostituerant[e], omnimodis in ea regione deposuit easque verbo predicationis conversas, conplures truncatis crinibus habitu religionis induit sub[f] professione perpetue castitatis[4]; alias autem, que[g] continere non presumebant[5] casum ex fragilitate timentes, data eis in dotem non modica peccunia legitimo[h] conubio reformavit. Ad quod efficiendum Parisienses scolares ducentas L libras erogaverunt argenti[i], burgenses quoque mille et amplius.   *Huius sacerdotis conversatio[k] non multum *p. 331 simulata religione fuit. Vestes enim pro consuetudine ipsius terre habens, barbam frequenter radebat, caput decenti pilleo[l] cooperiens. Vadens ad predicandum equo utebatur et, in quamcunque domum receptus est, modo iusti predicatoris comedit et bibit, que sibi apponebantur. Magistrum etiam Petrum[6], virum adprime eruditum, ad 1198. officium predicationis assumpsit[7] eique gratiam curatio- 30

---

a) versus 1.   b) nudus ingredere 2.   c) -e *e* corr. 1.   d) *loco supra lin.* suppl. 1.   e) constituerant 2.   f) sub *om.* 1.   g) que *om.* 2.   h) legittimo 2. i) -i *in loco raso* 1; argenti erogaverunt 2.   k) non multum conversatio 1.   l) *pilleo* 2.

1) *Cf. Matth.* 19, 21: Ait illi Iesus: Si vis perfectus esse *etc.* 2) *Apoc.* 20, 3: Et misit eum in abyssum et clausit et signavit super illum. 3) *Psal.* 50, 9: Lavabis me, et super nivem dealbabor; *Dan.* 7, 9: Vestimentum eius candidum quasi nix. 4) *In domo monialium S. Antonii Parisius ad id ipsum fundata, Rigord.* § 120, *a.* 1198, *p.* 140; *Iac. de Vitr., Hist. occ. c.* 8; *Albr. l. c. p.* 877. *Cf. Reineri Leod. Ann. a.* 1198, *SS. XVI, p.* 654.   5) 1. *Cor.* 7, 9: Quod si non se continent, nubant.   6) de Rusia (Rossiaco, *Roissy, alii*) dictus, *qui* occasione praedicationis suffarcinatus est divitiis et redditibus et factus est ecclesie Carnotensis canonicus et cancellarius, *Iac. de Vitr. l. c., et c. a.* 1209—11. *obiisse videtur; cf.* A. Clerval, 'Les écoles de Chartres au moyen-âge', Paris 1895, *p.* 326 *sqq.* 352 *sqq.*   7) *A.* 1198. *Rigord.* § 120, *p.* 139; *Rog. de Hoveden p.* 76.

num[1] a Domino impetravit, reliquos magistros, ut com-
pendiosas et dulces et utiles *in timore Domini*[2] discipulis
facerent lectiones, adhortans. Dyaleticos[a] enim inutilia
abicere utiliaque[b] in hac arte monuit reserare. Decre-
5 tistas quoque de multis inutilibus et lectionem gravanti-
bus concordanciis reprehendit. Theologos autem de
longis continuationibus et sophisticis disputationibus
redarguit reliquarumque arcium magistros simili modo
increpans eos de multis inutilibus correxit atque ad ne-
10 cessaria tractanda et docenda informavit.   Hic sacerdos quid egerit his peractis vel quo fine defecerit, igno- 1202.
ratur[3], sapiencioribus, quia de eius transitu nichil memoria dignum perceperunt[c], ex hoc admodum scandali-
zatis, sed hoc frustra, cum possit multipliciter honeste
15 defendi[d].

48. Igitur Innocentius papa Phylippo[e] iam antea
offensus, eo quod in Tuscia existens quoddam patri-
monium sancti Petri invaserat[4], ipsum in regem eligere
non consensit, sed Ottoni favens ipsum in defensorem[f] 1201.
20 Romane ecclesie collaudavit[5]. Veruntamen[g] procedente *(Mart. 1).*
tempore videns vires Ottonis ablatas et favore principum
admodum concidisse, Philippum vero subiectis Ottonis
fautoribus prevaluisse, ipsi deferens, duos cardinales ex

a) *Dial.* 2.   b) -que *om.* 1.   c) perceperunt *om.* 1.   d) deffendi 2.
25 e) Phi*l.* 2.   f) deffensorem 2.   g) Verūptñ 2.

1) 1. *Cor.* 12, 28. 30.   2) *Ex. gr.* 2. *Par.* 19, 9. *Tob.* 14, 16.
etc.; Prov. 1, 7: Timor Domini principium sapientiae; 15, 33: Timor
Domini disciplina sapientiae.   3) *Multos, et nobilissimos Galliae
principes, ad iter sanctum accendens (cf. etiam Reineri Ann. a.* 1198,
30 *SS. XVI, p.* 654; *Chron. Ursperg., SS. XXIII, p.* 369) *a.* 1202. *Maio
obiit, Robert. Autissiodor., SS. XXVI, p.* 261; *Villehardouin* § 73 *(Bouquet XVIII, p.* 441); *Memoriale fr. Walteri de Coventria, ed. W. Stubbs,
Lond.* 1873, *II, p.* 196; *Ann. Stad., SS. XVI, p.* 354; *cf. Ann. Herbipol.,
ib. p.* 9 *sq. (a.* 1200. *Albr. l. c. p.* 878, *l.* 22; *a.* 1201. *Chron. Laudun.,*
35 *ed. Stechele p.* 61, *Bouquet XVIII, p.* 712); *cf. Gesta episc. Halb.,
SS. XXIII, p.* 117; *Iac. de Vitr., Hist. occ. c.* 8, *qui Fulconis auctori-
tatem, cum maximam pecuniam hac occasione congregasset, valde dimi-
nutam esse tradit (cf. Chron. Laudun. a.* 1199).   4) *Qua de re papa
a.* 1196. *imperatori conquestus erat, MG. LL. Constit. I, nr.* 375, *p.* 523;
40 *cf. Rog. de Hoveden, SS. XXVII, p.* 176; *Gesta Innoc. III. c.* 12. 14;
Reg. de neg. imp. nr. 29, *ed. Baluze I, p.* 700, *cf. p.* 698; *Innoc. III.
epist. I, nr.* 25; *A. Hauck, 'Über die Exkommunikation Philipps von
Schwaben', in 'Berichte über d. Verhandl. d. K. Sächs. Ges. d. Wiss.
zu Leipzig. Phil.-hist. Kl.' LVI,* 1904, *p.* 137 *sqq.*   5) *Reg. de neg.
45 imp. nr.* 32. 33, *quae epistolae a.* 1201. *Mart.* 1. *Laterani datae, d. Iulii* 3.
Coloniae promulgatae sunt, Reg. imp. V, 1, *nr.* 217 *c.*

1207. latere suo, Hugonem^a videlicet Hostiensem et Velletrensem episcopum[1] et Leonem tituli Sancte Crucis in Ierusalem presbyterum cardinalem, ad eum direxit[2]*, ut auctoritate apostolica ad litem terminandam data ab utrisque pace ad diem et locum condictum reges con- 5 venirent ibique mediantibus cardinalibus aliisque principibus qualicunque condicione pax inter eos reformaretur. Itaque die condicta in inferioribus Reni^b partibus

(Aug. — Sept.). non procul a Colonia[3] convenientes, post multa passim tractata Ottoni a Phylippo^c per cardinales offertur, ut 10 accepta in uxorem filia eius[4] cum ducatu Alamannie aliorumque prediorum suorum reditibus, regio nomine deposito, ipsi de cetero ut regi pareret, Philippo exhinc sine controversia regnante. Ad hec Otto, quamvis iam desperatus, indigne ferens aliqua sibi pro regno offerri, 15 se regnum non nisi cum morte depositurum protestatus, Phylippo^c, ut sibi cederet, multo maiora obtulit. Talique ambitione non convenientes, infecto negocio ab utroque discessum** est, cardinalibus ad regem Phylippum^c se conferentibus eique favorem domni apostolici offe- 20 rentibus.

1202. 49. Anno dominice incarnationis M⁰CC⁰V⁰[5] dux Veneciarum[6] cum markione de Monteferrato[7] ac multis Italicis necnon et comes Flandrensis[8] plurimique de regione

*) 1 *manu quae videtur Liutoldi in marg. add.:* Non presu- 25 mitur, quod papa variando factum suum ab Ottone, quem primitus approbavit, recesserit, ut hic innuitur.

**) 1 *alia manu in margine add.:* Philippus rex creatur, *unde* Philippus rex *inter* discessum *et* cardinalibus, *omisso* est, *in textum recepit* 1 a. 30

a) Ottonem 2.   b) Rheni 2.   c) Phil. 2.

1) *Postea Gregorium IX. papam.* 2) *Reg. de neg. imp. nr.* 141; cf. *Innoc. III. epist. X, nr.* 62 (a. 1207. *Maii* 15). 3) *Immo Philippo cum principibus in locis Nordhausen* (Aug. 15) *et Quedlinburg* (Sept.) *manente cardinales cum Ottone in loco Harlingenburg prope Goslariam* 35 *frustra tractaverunt, Reg. imp. V, 1, nr.* 158 a. 159 a. 238 a. b. *Quae auctor cum iis, quae a.* 1206. *prope Coloniam inter reges agebantur* (*Reg. imp. V, 1, nr.* 136 d. 235 q), *perperam confudit.* 4) *Cf. Ann. Marbac. q. d., ed. Bloch, p.* 77; *Chron. Ursp., SS. XXIII, p.* 370; *Reg. de neg. imp. nr.* 169. 5) *Hoc anno Martinus abbas Parisiensis* 40 *domum rediit; infra p.* 81, *n.* 4. 6) *Heinricus Dandulus.* 7) *Bonifacio I.* 8) *Balduinus IX.*

Galliarum, Ierosolimitane ecclesie subvenire nitentes, cruce accepta per Greciam iter arripiunt, ubi a Grecis et maxime a Constantinopolitanis multis versuciis et iniuriis irretiti sunt. Unde permoti, profligata circa urbem
5 regiam universa regione belloque cum imperatore habito ipsoque cum multis occiso[1] urbem obsessam expugnantes irrumpunt in rapinamque efferati nec ecclesiis parcentes auri et argenti aliarumque rerum inestimabiles thesauros diripuerunt, Venecianis cum Pisanis Genuensibusque[a]
10 ac multis de omni Italia[b], Ungaria, Germania, Gallia, Hyspania[c] ad auxilium eorum spe lucri vicissim tendentibus[2]. Itaque multis occiduis regionibus divicie Grecorum invecte sunt, ac precipue ornatus templi, quod Iustinianus imperator in[d] honorem agye Sophie quondam
15 construxit[3], multo auri extans pondere cum reliquiis sanctorum innumerabilium, quibus hec civitas prestabat omni orienti, Veneciam ex maxima parte translatus est, aliis regionibus civitatibusque eisdem reliquiis thesaurisque admodum ditatis. Preterea abbas quidam nomine
20 Martinus Cysterciensis[e] ordinis de monasterio Parisio, quod situm est in Alsacia, eandem expedicionem aggressus huic expugnationi Constantinopoleos interfuit indeque maximam partem vivifice crucis aliarumque reliquiarum dominicarum cum multis sanctorum reliquiis
25 ornatis auro et argento et lapidibus preciosis in patriam transtulit[4] hisque totam Germaniam cum Alsatia admodum nobilitavit. *Sic itaque districtus iudex omnipotens Deus iniurias peregrinorum suorum vindicavit[5], que a Grecis ab antiquo omnibus Ierusalem per fines
30 suos tendentibus semper irrogata est[f], *deus ultionum Dominus, redd*ens *retributionem superbis*, nec tamen in ira sua misericordie[g] oblitus[6], quia hoc flagellum non a paganis, sed a Christianis super filios pestilencie induxit, hoc nimirum meritis sanctorum exigentibus, ne preclare

Right margin notes:
1204. *(April.* 12. *et* 13).

1205.

.332.

Ps. 93,1. 2.

35 a) Gen. *alia manu mut.* ian. 1.   b) yt. 2.   c) Hisp. 2.   d) in *bis* 2.
e) Cist. 2.   f) *ita* (ē) 1. 2.   g) miǣ 1.

1) *Postea a.* 1204. *Sept. Alexius V. Murzuphlus captus et necatus est.*   2) *Ad voces cf. supra c.* 36, *p.* 55, *l.* 23 *sq.*   3) *Cf. Otto Fris. Chron. V,* 4, *p.* 233.   4) *Cf. Chron. Ursperg., SS. XXIII, p.* 369,
40 *l.* 40 *sqq.; Guntheri Hist. Constantinopol. c.* 19. 22—26, *Canisius, Antiquae lectionis t. V,* 2, *p.* 382—384. 387—393.   5) *Iudith* 16, 20: Dominus enim omnipotens vindicabit in eis.   6) *Ps.* 76, 10: Aut obliviscetur misereri Deus? aut continebit in ira sua misericordias suas?

eorum reliquie manibus paganorum polluerentur, sed a
Christianis alio translate debito colerentur honore.   Itaque Latini necnon Teutonici pulsis sive occisis Grecis
1204. civitatem regiam obtinentes comitem Bonifacium regem
(Maii 9). creaverunt[1] totamque Greciam devastantes variis preli- 5
orum eventibus cum Grecis decertaverunt.   Sed de hiis[a]
hactenus.

1208.   50. Anno dominice incarnationis M⁰CC⁰VIII. Phylippus[b] rex subiectis sibi multis modis pene omnibus
Ottonis[c] fautoribus ipsum postremo persequi deliberat 10
contractoque valido exercitu contra Brunswic[d] ire disponens in civitatem Babinbergensem divertit, exercitu iam
in procinctu constituto, ibique flebotomatus aliquandiu
(Iun. 21). quiescere voluit. Itaque Otto palatinus de Witelinsbach[e],
remordente memoria iniurie sibi in ablatione filie a Phy- 15
lippo[b] rege exhibite — desponsatam enim illi filiam[2]
pretenta consanguinitatis propinquitate[3] negaverat —
tempus oportunum ratus[4] atque instigacione marchionis
de Anedehse[5] animatus in vindictam exarsit sociorum-
que frequencia stipatus, quasi in expedicionem iturus, 20
Babinberc ad regem Phylippum[b] divertit et, quasi ei in
aurem locuturus, cubile regis familiariter pulsavit, gladio
sub veste latente[6]. Intromissus igitur continuo exerto
gladio regem invasit unoque ictu capite letaliter vul-
neratum occidit, vulnerato etiam Heinrico[f] dapifero de 25

a) hec *pro* de hiis 2.   b) Phi*l.* 2.   c) Ottoni 2.   d) Bruniswic 2.
e) Wintelisbach 2.   f) Henr. 2.

1) *Immo Balduinus comes Flandriae imperator d.* 9. *Maii electus,
d.* 16. *Maii a.* 1204. *coronatus est, Bonifacio marchioni regno Thessa-
lonicensi cedente.*   2) *Beatricem maiorem, uxorem Ottonis IV. impe-* 30
ratoris, habent Ann. Marbac. q. d. p. 77 *et 'Kaiserchronik, Bair. Forts.'
v.* 331 *sqq.* 352, *MG. Deutsche Chron. I, p.* 401 *sq.; Cunigundem (perperam Constanciam), uxorem Wenceslai I. regis Boemiae, Heinr. Heim-
burg. a.* 1203, *SS. XVII, p.* 713; *de Beatrice minore, postea regina
Castiliae, quam habet Conradus de Fabaria, Contin. Cas. S. Galli c.* 7, 35
SS. II, p. 168, *l.* 46, = *c.* 9, *ed. G. Meyer von Knonau, 'Mittheil. zur
vaterländ. Gesch. N. F. VII. St. Gallische Geschichtsquellen IV.', 1879,
p.* 152 *sq., vix recte cogitat E. Winkelmann, 'Philipp von Schwaben',
p.* 539; *'Kaiser Otto IV.', p.* 536.   3) *Ottonis palatini proavus Philippi proaviae sororem ex matre in matrimonio habuerat; cf. H. Graf* 40
von Walderdorff in 'Forschungen zur Deutschen Gesch.' XIII, p. 591 *sqq.*
4) 2. *Mach.* 4, 32; *supra c.* 30, *p.* 42, *l.* 10.   5) *Heinrici marchionis
Istriae.*   6) *Cf. Chron. Ursperg., SS. XXIII, p.* 370, *l.* 35 *sqq.;
Chron. regia Colon. cont. III., p.* 226; *aliter Arnold. Lub. VII,* 12,
SS. XXI, p. 244; *Reg. de neg. imp. nr.* 152.   45

Walpurg[a,1], qui eum comprehensum retinere voluit; sic- 1208.
que cubili erumpens ascenso equo cum sociis secessit[b],
rege statim exspirante[c]. Exercitus igitur audiens regem
occisum[d] veloci regressu repatriavit, sibi rebusque suis
5 quisque prospiciens. Nam quaqueversum omnes in rapinam efferati civitates ad ius Philippi spectantes pleras-
que rebus direptis succenderunt, monasteriis villisque
undique spoliatis, nullusque sine armis multoque comitatu securo itinere incedere valebat[2]. Occiso igitur
10 Phylippo[e], anno belli civilis[f] huius XII.[3], Otto regnum,
pro quo diu[g] conflixerat, tandem obtinuit. Sed quia
admodum attenuatus fuerat, paulatim conversis ad se
principibus confortatur. A nativitate itaque sancti Io- *Iun. 24.*
hannis baptiste, quando videlicet occisus est Phylippus [e], *(Iun. 21).*
15 usque ad autumpnum attrahendis sibi regni possessionibus et conciliandis principibus instans, circa festum
sancti Martini curiam apud Frankinfurth[h] habuit[4] ibi- *Nov. 11.*
que[i] lege pacis promulgata regnum turbatum paulisper
tranquillavit. Post hec apud castrum Noricum col- 1209.
20 loquium habens[5] a Bawaria in Alamanniam pervenit *(Febr.)*
ibique in epiphania[k] Domini apud Augustam colloquium *Ian. 6.*
habens Ottonem palatinum de Witilinsbah[l] necnon
markionem[m] de Anadehse[n] lege Bawarica sententialiter
propter occisum Phylippum[e] proscripsit[6] eosque digni-
25 tatibus, beneficiis ac prediorum suorum reditibus[o] sine
spe recuperationis iudicialiter privavit, dignitates eorum
in alios transferens aliisque beneficia concedens[7], rediti-

a) Walpurch 2.   b) recessit 2.   c) expirante 2.   d) ociosum *alio atram.*
corr. occisum 1.   e) Phil. 2.   f) civi*l*i *(!)* huius civi*l*is, -s *alio atram.*
30 *suppl.* 1.   g) diu *om.* 2.   h) vranchinuurth 2.   i) itaque 1.   k) epyphania 2.
l) Wintilinsbach 2.   m) marchionem 2.   n) Anedehse 2.   o) beneficiis *iterum add.* 1.

1) *Chron. Ursperg. l. c.; cf. relationem legatorum cardinalium
ad papam, Reg. de neg. imp. nr. 152.*   2) *Cf. locos, quos congessit
E. Winkelmann, 'Philipp von Schwaben' p. 473, n. 1, imprimis Honorii*
35 *cont. Weingart., SS. XXI, p. 480, l. 48—51.*   3) *Immo undecimo.*
4) *Cf. H. Bloch, 'Die staufischen Kaiserwahlen und die Entstehung des
Kurfürstentums', Leipzig et Berlin 1911, p. 80.*   5) *Mense Februario
a. 1209. post curiam Augustanam, ad quam de inferioribus partibus
Rheni accesserat; cf. Reg. imp. V, 1, nr. 251 a — 260. 266 a. 267.*
40 6) *Sententiam in curia Francofurtensi latam denuo confirmavit.*   7) *Feoda,
quae palatinus et marchio ab imperio tenuerunt, d. 15. Nov. 1208.
Ludewico I. duci Baioariae concessit, Reg. imp. V, 1, nr. 243; sed
postea Augustae marchiam Istriae et Carniolae a duce resignatam
Wolfgero patriarchae Aquilegiensi confirmavit; cf. Reg. imp. V, 1,*
45 *nr. 258 a. 399 (1210. Maii 8); W. Lenel, 'Venezianisch - Istrische Studien',*

6*

bus prediorum heredibus eorum[1] delegatis, captisque
ibidem V pacis violatoribus, uno decollato, IIII suspensis[2].
Ubi etiam legatis civitatum Italie ad eum venientibus
insignia civitatum cum clavibus aureis et multis aliis
donis offerentibus[3] ac per hec subiectionem profitentibus 5
susceptis[4] in Saxoniam perrexit.

1209.   51. Anno dominice incarnationis M⁰CC⁰IX⁰ Otto
Mart. rex generale colloquium in quadragesima habens apud
Hagenowe expedicionem in Italiam[a] principibus edixit[b.] [5]
ibique occisum esse Ottonem palatinum de Witilinsbach[c] 10
a marscaldo Heinrico[d] de Kallindin in vindictam Phylippi[e] regis[6] nuncium accepit.   Igitur fortuna prosperis successibus arridente, ne principes, qui Phylippo[e]
faverant[f], et hii, qui Ottoni prius adherentes demum
apostataverant, regem conscientia remordente suspectum 15
haberent, medium quoddam necesse fuit interponi, ne
occasione, ut fieri solet, alicuius discordie conflata in
pristinum rursus exicium regnum involveretur. Ad hoc
1208. nullum magis ydoneum inveniri potuit, quam ut Otto
(Nov.).
rex acciperet in matrimonium Phylippi[e] filiam[7], que 20
connexione insolubili concordiam inter regem et principes stabiliret[8]. Et quia hoc sine licencia apostolice
auctoritatis fieri non licuit, cognatione *impediente —   *p.*
nam pater Ottonis avunculus[9] fuit Friderici[g] impera-
1209. toris, patris Phylippi[e] —, missi sunt[10] a sede apostolica 25
(Ian. 16).
cardinales duo, videlicet Hugo Hostiensis et Velletrensis

---

a) yt. 2.   b) indixit 2.   c) Vintilinsbach 2.   d) Hainrico 2.   e) Phil. 2.
f) fu*ant 1, *ubi ante* Phylippo *in marg. alia manu* cum *add.*   g) Fridrici 2.

Strassburg 1911, p. 174 sqq. ('Schriften der Wissensch. Ges. in Strassb.' 9).
Palatinatum Baioariae Rapoto II. comes de Ortenburg et Kraiburg 30
accepit.

1) Ludewico I. duci Baioariae et Ottoni I. duci Meraniae, fratri
Heinrici marchionis.   2) Cf. Chron. Ursperg. a. 1209, SS. XXIII,
p. 372, l. 43 sq.   3) Cf. supra c. 27, p. 39.   4) Cf. Ioh. Codagn.
Ann. Placent. a. 1208, ed. Holder - Egger (SS. r. Germ.), p. 33; Choun- 35
radi Schir. Ann. a. 1209, SS. XVII, p. 632; Reg. imp. V, 1, nr. 260.
5) Quod vix recte in dubium vocavit E. Winkelmann, 'Otto IV.' p. 485;
cf. Reg. imp. V, 1, nr. 273 a.   6) Apud Oberndorf villam prope
Ratisbonam, mense Martio a. 1209.   7) Beatricem maiorem, decem
fere annos natam.   8) Desponsatio iam m. Novembri a. 1208. in 40
curia Francofurtensi agi instituta est.   9) Fridericus Barbarossa et
Heinricus Leo ex fratre et sorore, Heinrico Superbo duce Baioariae et
Iudith, liberis Heinrici Nigri ducis, nati erant.   10) Vide epistolas
apostolicas, d. d. 16. Ianuar. 1209, Reg. imp. V, 2, nr. 6054 — 6059;
d. d. 18. Ian. 1209, ib. nr. 6060.   45

episcopus et Leo tituli Sancte Crucis in Ierusalem pres-1209.
byter cardinalis, qui priori [a] anno vivente Phylippo [b] pro
eadem causa, ut prelibatum est [1], legatione functi [c] erant,
ut necessaria dispensatione conubium hoc, gratia pacis
5 et concordie auctoritate beati Petri ex apostolica coni-
vencia [d] initum [2], ratum et legittimum statuerent idque
remoto omni scandalo ecclesia dispensante probabile con-
firmarent [3]. Qui ad regem venientes [4] eumque apostolica (Martio).
benedictione salutantes causam legationis sue, ut relatum
10 est, aperiunt eumque libenti animo consencientem ad hoc
ad defensionem [e] Romane ecclesie invitaverunt.   Itaque ad hec exequenda generalis curia principibus apud
Herbipolim indicitur in octava pentecostes [f.5].   Principes (Maii 24).
igitur ex diversis regni partibus ad hanc curiam con-
15 venerunt, legatique civitatum Italie subiectionem offerentes interfuerunt, Ottonemque regem regali ambitione
tota coronata [g] civitate cum maximo tripudio susceperunt,
ibique in palacium regale congregati, exstructo tribunali
rex consedit [h], cardinales habens collaterales, reliquis
20 principibus circumsedentibus.   Itaque Hugo Hostiensis
episcopus cardinalis primo exorsus de causa regalis
conubii, pro qua convenerant, rationabiliter Latino idiomate [i] allegavit [k], interpretem habens Wirziburgensem
episcopum [6], regique Ottoni, ut pro bono pacis et [l] con-
25 cordie ad abolendam preteritorum malorum memoriam
cum filia illustrissimi principis Phylippi [b] matrimonium
contraheret, auctoritate Dei et beati Petri per apostolicam obedientiam in remissionem peccatorum suorum
precepit. Rege igitur ad hoc devoto animo consenciente,
30 abbas Morimundensis [7] Cisterciensis ordinis surrexit
omniumque abbatum aliorumque claustralium utriusque
ordinis, Cluniacensis videlicet et Cisterciensis, personam

a) *ita* 1. 2; priore *Urstis.*   b) *Phil.* 2.   c) defuncti, de- *del.* 1.   d) ꝗuiecia
alio atram. corr. ꝗiuecia 1.   e) deffensionem 2.   f) penteč 1; penthecost' 2.
35 g) *ita* 1 *(cf. supra c. 40, p. 62, l.* 14*);* ordinata 2.   h) conscendit, *sed* -c- *supra lin.*
alio atram. add. 1.   i) ydiomate 2.   k) *alleg- e corr.* 1.   l) et *alio atram. supra*
lin. suppl. 1; *om.* 2; *cf. supra l.* 4 *sq.*

1) *C.* 48, *p.* 80.   2) *Cf. supra c.* 48, *p.* 80; *Reg. de neg. imp.*
nr. 153. 169.   3) *Reg. de neg. imp. nr.* 178. 181. 182 *(a.* 1209.
40 *Ian.* 18. 16*).*   4) *Quod m. Martio ineunte factum esse videtur, cf.*
E. Winkelmann, 'Otto IV.' *p.* 485; *supra p.* 84, *n.* 5.   5) *Cf. Arnold.*
Lub. VII, 17; *Reg. imp. V,* 1, *nr.* 280 *b.*   6) *Ottonem.*   7) *Mori-*
mund (dioc. Langres), cui tunc Heidenricus, prius abbas Walkenrie-
densis, praeerat; cf. G. Bode, 'UB. der Stadt Goslar' *I, p.* 394, *nr.* 381
45 *Arn. Lub. VII in.*

1209. assumens delictum hoc conubio contra consuetudinem
ecclesie quamvis dispensatorie committendum monastico
ordini auctoritate apostolica imposuit, regi pro hoc in-
iungens penitenciam, ut monasteriorum aliarumque ecclesiarum pro posse defensor[a] existeret, viduis et pupillis 5
iusto iudicio preesset monasteriumque Cysterciensis[b]
ordinis in fundo proprio edificaret ac post hec ecclesie
Hierosolimitane in propria persona subveniret. His
omnibus rege obediente, puella iam nubilis[1] a duce Leopaldo Orientali et Ludewico duce Bawarie adducta tri- 10
bunali sistitur ac de consensu interrogata, verecundata
admodum ruboreque perfusa se libenti animo consentire
profitetur. Mox a duce Leopaldo[c] cognato suo[2] per
manus cardinalium lege Francorum[3] regi Ottoni desponsatur, a quo amantissime amplexata publici signo osculi 15
mutuacioneque[d] anulorum subarratur, tractatisque diversis regni negociis a curia digrediuntur, reginaque
Saxoniam perducta apud Bruniswich aliquandiu mansura
collocatur[4].

1209.   52. Hisdem diebus Otto rex generalem curiam 20
Iun. 29. circa festum apostolorum Petri et Pauli[5] apud Augustam
Vindelicam celebrans, premissis prius ad apostolicum
cardinalibus[6] expedicionem movit in Italiam et per
Iulio ex. vel vallem Tridentinam ducens exercitum Veronam pervenit
ugusto in.) ibique a civibus ponte navibus compacto per Athesim 25
cum toto exercitu transductus favorabiliter excipitur[7].
Dispositis itaque inibi negociis imperii Gardam castellum
ab imperatore Heinrico VI.[e] Veronensibus quondam tra-
ditum[8] ab ipsis recepit et in eo presidia imperii more

---

a) deffensor 2.   b) Cist. 2.   c) -do *om.* 1.   d) *ita* 1. 2; mutationeque 30
Ussermann, Böhmer, Wilmans.   e) VI. *eadem manu eodemque atram. superscr.* 1. 2.

1) *Minime; supra p.* 84, *n.* 7.   2) *Avus Leopaldi Beatricis*
proavi frater ex matre fuerat; cf. ex. gr. Ottonis Fris. Gesta Frid. I, 9. 1.0.
Cf. etiam 'Braunschw. Reimchr.' v. 6550 *sqq., MG. Deutsche Chron. II,*
p. 541.   3) *Cf. MG. LL. Formulae p.* 230 (*et n.* 4). 271: solido et denario 35
secundum legem Salicam.   4) *Cf. Arnold. Lub. VII,* 17 *fin.*   5) *Rectius*
circa medium mensem Iulium. W. 'Braunschw. Reimchr.' v. 6573: uf
sente Iacobes tach (*Iul.* 25). *Cf. Reg. imp. V,* 1, *nr.* 287 a. 288
(*Iul.* 24).   6) *Post diem* 11. *Iunii a.* 1209. *reverterunt; Reg. imp.*
V, 2, *nr.* 9995.   7) *Otto Veronam intrasse non videtur; cf. Reg.* 40
imp. V, 1, *nr.* 291 *g; Gesta Frid. II,* 39, *ed. de Simson p.* 146, *l.* 9 *sqq.*
8) *A.* 1193. *Aug.* 15, *pretio mille marcarum argenti recepto; Stumpf*
nr. 4828. 4829; *cf. Böhmer, Acta imperii selecta nr.* 900, *p.* 613 *sq.*

antiquorum posuit. Exin Bononiam[1] copias traiciens 1209.
generalem inibi curiam cum principibus Italie celebravit[2] *(Sept. c. 1).*
ac inde Mediolanum[3] perveniens honorifice a civibus
suscipitur. Ubi moram faciens negociaque rei publice
5 disponens validum ex omni Ytalia[a] contraxit exercitum[4];
Pyreneumque[b] transiens Tusciam applicuit[5] indeque[c] *(Sept.).*
nuncios ad domnum apostolicum patriarcham Aqui-
legiensem[6] et episcopum Spirensem cancellarium suum[7]
Romam premisit. Qui ex persona regis compositione
10 inperialis consecrationis cum apostolico facta[8] ad regem
regrediuntur ipsumque cum universo exercitu ex parte
domni apostolici filiali affectu compositionem consecrationis intimantes salutaverunt. Qui mox ad Urbem
tendens exercitum castra metari ante portas Urbis fecit[9], *(Oct. 2/3).*
15 ipseque crastina die dominica ante festum sancti *Micha-
334. helis[d.10], que eo anno V. Kalendas Octobris evenit, a *Sept. 27.*
domno papa Innocencio et a Romanis[11] honorifice suscipitur datoque sacramento coram ecclesia[12] se iustum iudi-
cem ac viduarum et orphanorum tutorem necnon ec-
20 clesiarum et precipue patrimonii sancti Petri defensorem[e]

---

a) -a *alio atram. supra expunctum* -e 1; *it.* 2.   b) -que *om.* 1; Pir. 2.
c) indeque *om.* 1.   d) Michaelis 2.   e) deffensorem 2.

1) *Die* 1. *Sept. a.* 1209. *in castris in territorio Bononiensi super*
ripam Reni *diplomata dedit, Reg. imp. V,* 1, *nr.* 299. 300; *cf. Alb.*
25 *Milioli Lib. de tempor. c.* 207, *SS. XXXI, p.* 456.   2) *Quod in*
dubium vocat E. Winkelmann, 'Otto IV.' p. 487; *Reg. imp. V,* 1, *nr.* 298 *d.*
3) *Error. W. Cf. E. Winkelmann, 'Otto IV.' p.* 487 *sq.; Reg.*
imp. V, 1, *nr.* 300 *a. Mediolani Otto a.* 1210. *April.* 17—23. *et a.* 1212.
Febr. moratus est, Reg. imp. V, 1, *nr.* 379 *b* — 384. 463 *a* — 466.
30 4) *Nugae, quamvis ex parte consentiat Arnold. Lub. VII,* 18.   5) *Ubi*
Senae per aliquot dies stetit, si Arnoldo Lub. VII, 18. *credis; sed hoc*
ad diem 21. *Oct. a.* 1209. *referendum esse videtur; cf. Reg. imp. V,* 1,
nr. 300 *d.* 306 *b.*   6) *Wolfgerum, quem inter legatos ponens auctor*
erravit. Cf. MG. LL. Constit. II, nr. 33, *p.* 42; *Reg. imp. V,* 1, *nr.* 298.
35 7) *Conradum III.*   8) *Die* 8. *Sept. papam Viterbii convenerunt,*
'*Braunschw. Reimchron.' v.* 6597, *MG. Deutsche Chron. II, p.* 541.
9) *In Monte Mario, ubi d.* 4. *Oct. papae et ecclesiae populoque Romano*
per principes et nobiles securitatem iurare fecit; MG. LL. Constit. II,
nr. 34, *p.* 97; *Reg. imp. V,* 1, *nr.* 301.   10) *Potius dominica post*
40 *S. Michaelis festum, Octob.* 4. *W. Cf. E. Winkelmann, 'Otto IV.'*
p. 496 *sq.; Reg. imp. V,* 1, *nr.* 301 *a.*   11) *Qui armis Teutonicos im-*
petierunt.   12) *Secundum ordinem hoc iuramentum tunc temporis in*
ecclesia S. Mariae in Turri praestabatur; A. Diemand, 'Das Ceremoniell
der Kaiserkrönungen von Otto I. bis auf Friedrich II.' München 1894,
45 *p.* 64. 126. *Forma iuramenti, ibidem p.* 126, *cf. p.* 111, *longius recedit.*

1209. pro posse existere ab apostolico consecratus coronatur
(Oct. 4). imperatorisque et augusti nomen nonagesimus VI^us ab
Augusto sortitur. Consecrationem^a igitur desideratam
adeptus cum magno tripudio ab Urbe recedens in partes
Tuscie divertit*. 1.   5

          *) 2 *addit:* Hactenus Otto de Sancto Blasio. Et
          finis Deo gracias. 1482.

a) Consecratoē, *secundum* — *alio atram. suppl.* 1.

1) *Mense Octobri* 1209. *W. Die* 12. *Oct. ad pedem Montis-
Flasconis erat, Reg. imp. V,* 1, *nr.* 306. *Mense Decembri ineunte in* 10
ducatum Spoletanum profectus est, ib. nr. 329 *a.*

EX CHRONICA UNIVERSALI TURICENSI SAECULO XIII. EXEUNTE CONSCRIPTA EXCERPTA.

Ad codicem Turicensem C. 33 (Ottonis Frisingensis
C 3, Ottonis de S. Blasio 1) redeunt[1] codices complures,
qui Chronicam universalem Turicensem exhibent.
Quos inter codices Ottonis Frisingensis et Ottonis de S.
Blasio b. m. R. Wilmans posuit, quamquam ipse recte per-
spexit scriptorem non id egisse, ut auctoris textum integrum
transscriberet, sed multis decurtatis vel omissis aliis locis
multa addidisse, ex quibus eruditio et cognitio historiarum
antiquorum temporum, qualis saeculo XIII. in scholis vigue-
rit, satis clare eluceat. Et re vera totum opus et Ottonis
Frisingensis et Ottonis de S. Blasio huc receptum est, sed illud
pluribus locis ex aliis libris interpolatum aut mutatum, hoc,
Sanblasiani scilicet, multifarie decurtatum aut aliquo modo
retractatum[2].

Haec Chronica Turegi compilata esse locis ad res
Turicenses spectantibus hic illic insertis probatur: de sanctis
Felice et Regula et Exuperantio a Decio praeside Turegi
occisis (infra p. 100); de ecclesia imperialis prepositure
Thuricensis a Karolo Magno et monasterio regalis abbacie
a Ludewico (Germanico) fundatis (infra p. 103); de Bertha
et Hildegarde Ludewici regis filiis, quarum translationes
a. 1272. Oct. 23. et a. 1273. Dec. 28. factae commemorantur,
et diplomate Ludewici regis monasterio sanctorum Felicis et
Regulae dato (infra p. 106—109). Quam Chronicam non ante
a. 1285. et fortasse non post a. 1287. conscriptam esse inde

---

1) Infra p. 93, n. 3.   2) Singulos locos sub signis 1* (e cod.
Lond. Egerton 1944, = infra 1*a) et 3 (e cod. Vindob. 540, = infra 1**)
enotavit R. Wilmans in varia lectione, SS. XX, p. 305 sqq.

patet, quod pontificum Romanorum series eadem manu usque ad Honorium IV, qui sedit a. 1285. Apr. 2. — a. 1287. Apr. 3, producta est [1].

Ratio auctoris haec erat: In Petri Comestoris Historia scholastica initium faciens mox Ottonis Frisingensis Chroni- 5 *cam, cuius codicem Turicensem (C 3) habuit, fundamentum operis posuit, cui plurimis locis mutatae vel decurtatae aliunde, et potissimum ex Orosio, Isidori Originibus (Etymologiis), Annalibus Fuldensibus, Reginonis et Herimanni Contracti Chronicis, Bertholdi Vita Herimanni Contracti [2],* 10 *Legenda Karoli Magni [3] et ex ipsa Pseudo-Turpini Historia Karoli Magni [4], et maxime ex Martini Oppaviensis Chronica, plurima inseruit [5], praecipue in iis, quibus de antiquiorum temporum rebus agitur, partibus. Tum Ottonis de S. Blasio continuationem exscripsit [6], et ipsam multis locis mutatam* 15 *vel decurtatam, cui res annis 1209—1274, vel 1277, gestas ex Martino Oppaviensi [7] et Gilberti qui dicitur Chronico continuato, quod item in codice Turicensi laudato invenit, subiunxit, una tantum notitia Turicensi de Heinrici (VII.) regis contra patrem seditione addita, quae notatu non in-* 20 *digna esse videtur, infra p. 111.*

Chronicam universalem Turicensem in Germania meridiana tritam fuisse codices probant, qui plures exstitisse quam servati esse videntur. Quae etiam viros doctos inde a saeculo XVI. non fugit. Nam P. Pithoeus, qui eam 25 *perperam Ottoni de S. Blasio tribuit, in editione Ottonis Frisingensis, Basileae 1569, in fine ita scribit:* Non dubito facile omnes contempturos ea, quae in quibusdam exemplaribus ex Martyrologiis, Decretis, et Pontificum Vitis Ottonis libris IIII. prioribus interserta sunt a quodam 30 (ut ego quidem suspicor) Ottone Sanblasiano, qui a Con-

---

1) *In fine Chronici qui Gilberti dicitur, ab initio cum Chronica Turicensi coniuncti:* Honorius IIII. natione Romanus de domo Sabellorum eligitur in Perusio anno Domini M⁰CC⁰LXXXIIII⁰ *(perperam 1274. SS. XXIV, p. 139, n.**).* 2) *Cf. SS.V, p. 265. In qua edenda b.m. G.H. Pertz* 35 *codicem infra* 1** *signatum sub signo* 1a *adhibuit.* 3) *Ed. G. Rauschen, 'Die Legende Karls des Grossen', Leipzig* 1890. 4) *Turpini historia Karoli Magni et Rotholandi ed. F. Castets, Montpellier* 1880. *('Publications de la société pour l'étude des langues romanes' [7]).* 5) *In quibus indagandis a socio nostro W. Levison egregie adiutus sum. Etiam Histo-* 40 *riam peregrinorum novit, infra p.* 92, *n.* 11. 6) *Quam Ottoni Frisingensi compilatorem tribuisse patet ex his verbis, quae in codice* 1* *non iam exstant, c.* 20 *(omissis* Nam a maioribus — tumulantur, *supra p.* 26, *l.* 2—17*): Ut in cronica domni Ottonis Frisingensis poteris reperire.* 7) *Quo in codice quodam editionis tertiae (C) usus est, cuius* 45 *etiam continuationem pontificum (SS. XXII, p.* 442) *habuit.*

radi morte, id est ab anno Christi MCXLVI. appendice
brevi admodum Frisingensis Chronicon supplere voluit,
usque ad annum MCCLXXIII. *Sed ea, quae Wolfgangus
Hunger cancellarius Frisingensis in Annotationibus ad*
5 *Cuspinianum De caesaribus et imperatoribus Romanis habet*[1]*:*
. . . utcumque Ottonis exemplar Chronicorum (nam
Aenobarbica desunt) manu in membranis scriptum, quod
in Frisingensi Bibliotheca servatur, impressis codicibus consentiat: quia eleganter magis, quam erudite ac
10 emendate id esse exaratum, passim deprehendere potui,
potius ad codicem Monacensem Latinum nr. 1002, *olim
Frisingensem (Ottonis Frisingensis A* 3**a* 3*), quam ad codicem infra* 1**a signatum referenda esse videntur.*

Duae Chronicae universalis Turicensis formae inno-
15 *tuerunt, altera quae initio propius ad Ottonis Frisingensis
Chronicam accedit, servata in A* 1***, altera codicum A* 1** et
A* 1**a. Sed inde ab Ottonis Frisingensis libro II. utriusque formae codices ubique fere ad verbum conveniunt.*

Codices hi sunt:
20   1**) Codex Monacensis Lat. nr.* 23597, *membranaceus, in* 4⁰ *(15 : 22 cm), saec. XIII. ex. vel XIV. in.* [2]·
In folio paene toto exciso inter folia 94. *et* 95. *manu
saec. XVI. scriptum est:* Matheus Marschalcus [3] de Piber-
bach Canonicus Aug(ustensis) dominus huius libri; f_i 64ᵛ·
25 *in margine inferiore manu recentiore:* Regina Püchnerin
Andere Puchner in Fürsten-Mooss. *Saec. XIX. medio
inter libros domini Regnet praefecti in urbe Landau supra
Isaram servabatur*[4]· *Neque vero idem fuisse videtur codex,
quem a.* 1820. *Hoheneicher in oppido Partenkirchen inter li-*
30 *bros suos exstantem descripsit, quippe quem 'einen prächtigen
Codex in gross Folio auf Pergament' nominaverit*[5]·
Multa folia tota aut ex parte excisa sunt, quare textus

1) *Ioannis Cuspiniani De caesaribus atque imperatoribus Romanis
opus insigne . . . una cum Volphgangi Hungeri . . . annotationibus.*
35 *Basil.* 1561, *col.* 123. *et* 124. *Cf. Hoheneicher, 'Archiv' I, p.* 169.
2) *De quo cf. Catal. cod. manuscriptorum bibl. reg. Monac. IV,* 4, *p.* 79.
— *Wilmans in Ottonis Frisingensis Chronica edenda hunc codicem sub
C a 6 posuit.*   3) *De Pappenheim, ad quem habes litteras Conradi
Peutinger datas a.* 1505. *Mart.* 4, *in Peutingeri Sermonibus convivalibus,*
40 *ed. G. W. Zapf, Augustae Vindel.* 1781, *p.* 63. *Obiit a.* 1541; *cf. F. A.
Veith, Bibliotheca Augustana, alphab.* 2 *(Augsburg* 1786*), p.* 84 *sqq.;
cf. etiam Th. F. A. Wichert, 'Jacob von Mainz', Königsberg* 1881,
p. 297 *sqq.*   4) *SS. XX, p.* 304.   5) *'Archiv' I, p.* 170. *Immo
istum codicem, 'quem', teste Rogerio Wilmans, SS. XX, p.* 109, *'ille iam*
45 *diu ante (mortem suam) vendiderat', fortasse infra in codice* 1**a re-
cognoscere possumus.*

codicis hodie non solum initio, sed etiam alias non semel valde mutilatus ex apographo eius 1*a *restituendus est.* F. 1^r—3^v: [condita est Car]thago, ut quidam volunt, a Calcedone Tirio vel, ut alii dicunt, a filia eius Didone [1], que Eneam post excidium Troie hospitio et lecto dicitur 5 recepisse — Eo tempore Manlius Torquatus consul Romanorum filium suum [2]. *F.* 4^r. *prophetarum loci:* Idem infernus [3] subter te — orietur stella ex Iacob et consurget homo de Is[rael] [4]. *F.* 4^v: Sibilla *(minio).* Iudicii signum — sulphuris amnis [5]. Moyses *(minio), et alia manu, item* 10 *minio:* Deutronomii XXIX; *tum rursus alia manu:* Suscitabit vobis Dominus prophetam, ipsum sicut me audietis, *superscr.:* prophetam vobis suscitabit Dominus *alio atramento, quo et in linea pergitur:* Prophetam vobis suscitabit — exterminabitur de populo suo [6]. Iacob: Non 15 auferetur — exspectatio gencium [7]. *F.* 5^r: Incipit (Coronica *nigro atramento suppl.)* Frisingensis *(minio)* [8]. Ego initium miseriarum hominum *etc., ex Orosio I, 1, 4 sqq.* — *3, 4, vocibus interdum ex Ottonis Frisingensis Chronica intermixtis, ad quam* f₁ 10^r. *totum se confert* [9]: Ad orientem 20 igitur *etc. (= Ottonis Fris. Chron. I, 2 sqq.) —* f₁ 75^v: incredibilia videantur. Sed et hec hactenus *(= Ottonis Fris. Chron. VII, 33, p.* 366, *l.* 23 *sq.). Inter quaterniones VII. et VIII.* [10] *multa perierunt. F.* 75^v—86^r. *nulla distinctione facta pergit:* Anno dominice incarnationis 25 M⁰C⁰XL⁰VI⁰ summus pontifex Eugenius *(Otto de S. Blasio c. 1)* — cum magno tripudio ab urbe recedit *(c.* 52 *fin.)* [11];

---

1) *Petrus Comestor, Hist. scholast., lib. III. Regum c.* 3, *Migne, Patrol. Lat. CXCVIII, col.* 1350.   2) *Tum complura perierunt. Sequitur in Hist. scholast. lib. Esther c.* 3, *col.* 1495: virgis caesum 30 securi percussit.   3) *Isai.* 14, 9.   4) *Num.* 24, 17.   5) *Augustinus, De civitate Dei XVIII,* 23.   6) *Deut.* 18, 15. *Act.* 3, 22 *sqq.* 7) *Gen.* 49, 10.   8) *Manu recenti (saec. XVI.?) in margine superiore adscriptum est:* Nota quod in hac manuscripta cronica plura reperiantur, quam in edita Augustae 1508, ab anno autem 1146 usque ad finem 35 plane alterius est authoris quam Ottonis. *Quam Ottonis Frisingensis editionem nemo vidit. Cf. praefationem meam in Ottonis Frisingensis Chronicam p. LXXXVIII, n.* 3.   9) *Capita non numerantur nec semper libri distinguuntur. Aliunde plurima adduntur.*   10) *F.* 63^v. *finiens in verbis Ottonis Fris. Chron. IV,* 11, *p.* 199, *l.* 14 *sq.:* ex calore 40 prunarum et humore *(sic!), et f.* 64^r. *incipiens in verbis ib. VI,* 24, *p.* 287, *l.* 21: ergo conditione *etc.*   11) *Inter f.* 80^v. *finiens in verbis:* ad bellum procedit *(c.* 20, *p.* 24, *l.* 10) *et f.* 81^r. *incipiens in verbo:* asportari *(c.* 38, *p.* 58, *l.* 14), *quae duo folia cohaerentia primum et ultimum quaternionis integri fuerant, non pauca perierunt. In hac* 45 *parte in* 1* *deperdita bis ad Historiam peregrinorum compilator lec-*

sequuntur f_i 86^r — 88^v: Eodem anno accepta corona — et alii prelati circa mille *(SS. XX, p.* 334, *l.* 8 — 337, *l.* 15; *infra p.* 109—115*)* [1]. *F.* 89^r—98^v. *Gilberti qui dicitur Chronicon pontificum et imperatorum* [2], *hic illic compluribus notitiis* 5 *adscriptis:* Incipit cathalogus sive cronica omnium pontificum et imperatorum Romanorum — aliam duci Saxonie maritavit. Hec sunt acta tempore Gregorii pape decimi. *Sequitur manu, quae paulo diversa esse videtur, Provinciale quod dicitur Tancredi, initio mutilum,* f_i 99^r: Rosanensis 10 archiepiscopus nullum habet suffraganeum *etc., finiens in* f_i 104^r. *mutilo in verbis:* Explicit provinc[iale quod] excerpsit m[agister. T. de li]bris Roma[ne ecclesie, ubi] hec plen[arie continentur].

    Codex 1* *quin, quantum ad Ottonis Frisingensis et* 15 *Ottonis de S. Blasio Chronicas attinet, ex codice, quem in Ottone de S. Blasio edendo* 1 *signavimus, descriptus vel derivatus sit, dubium non est, cum et ubique textum eodem modo mutatum aut corruptum et non semel notas marginibus codicis* 1 *alia vel aliis manibus adscriptas in textum receptas praebeat* [3]. 20 *Hunc codicem ipse Berolini examinavi et ex parte contuli.*
    Ex 1* *descriptus est* 1*a.

    1*a) *Codex Londiniensis musei Britannici Egerton nr.* 1944, *membranaceus, in fol. min., foliorum* 124, *saec.* XIII. *ex. vel* XIV. *in.* [4], *in duobus columnis scriptus, cui* 25 *moderno tempore inscriptum est:* Purchased from M. Tross

---

torem remisit, ut ex ceteris codicibus patet, scil. ad c. 30, *p.* 44, *l.* 1 (*nuncio):* ut in Hystoria peregrinorum poteris invenire *(cf. Canisius-Basnage, Thes. monument. III,* 2, 1725, *p.* 502*), et c.* 35 *(decurrens, p.* 52, *l.* 23, *omissis:* Ut bene — captivatis, *c.* 36, *p.* 54, *l.* 19*):* De ob- 30 sidione igitur Accaron a Christianis facta et qualiter capta fuerit, de cetero consule Hystoriam peregrinorum, hoc solum addito, quod capta Accaron rex Anglorum *etc. (quae hodie in Hist. peregr. desunt).*
    1) *Perperam Wilmans, SS. XX, p.* 304, *Chronicam hic iam in verbis:* duci Saxoniae maritavit *(p.* 336, *l.* 49; *infra p.* 114, *l.* 27*) finire putavit.* — 35 *In marg. infer. f.* 88^v. *manu saec. XV. additur:* Finit Cronica Contracti. 2) *Edidit O. Holder-Egger, SS. XXIV, p.* 117 *sqq., ubi hic codex non indicatur.* 3) *Ex. gr. Ottonis Fris. Chron. III,* 21, *p.* 162, *n.* *; *Ottonis de S. Blasio c.* 46. *versus de electoribus (supra p.* 74, *n.* *) *in fine capitis subiuncti sunt. Cf. praeterea* 1*a *in locis in* 1* *deperditis: ex. gr. c.* 23, *p.* 35, 40 *n.* * *(de Wicmanno) et n.* ** *(de Heinrico II. rege Angliae); ib. p.* 32, *n.* d: obsessi *pro* oppidani. — *Gilberti quoque qui dicitur Chronicon ex* 1 *in* 1* *transscriptum esse eo probatur, quod ea, quibus id in* 1 *aliis manibus auctum est, in* 1*, *quantum superest (cf.* 1*a*), eadem manu eodem quo praecedentia modo scripta inveniuntur.* 4) *De quo cf.* 45 *Wilmans, SS. XX, p.* 108. 303 *sq., qui eum, necessaria causa non exstante, inter a.* 1285. *et* 1287. *exaratum esse putavit; G. Waitz, 'N. Archiv' IV, p.* 39—41, *ubi perperam saec. XV. assignatur.*

17 Octr. 1863. *F.* 1[r]: Ex Cronica Orosii et Eusebii hoc excipitur[1]. In principio erat verbum et verbum erat principium, in quo et per quod pater creavit mundum, qui dicitur quatuor modis *etc.*[2]; *f*₁ 5[v]: David regnavit annis quadraginta. Eo tempore condita est Carthago, ut qui- dam volunt *etc.*[3]; *f*₁ 10[r]: Incipit Cronica Frisingensis *(minio)*. Ego initium miseriarum *etc.*; *f*₁ 14[r]: Ad orien- tem igitur *etc.*; *f.* 95[v]. *sequitur Otto de S. Blasio eodem, quo supra p.* 92, *modo nulla distinctione facta et f.* 109[r]. *continuatione subiuncta*[4]; *f*₁ 111[v]—119[r]. *Gilberti qui dicitur Chronicon, finiens:* Hec sunt acta tempore Gregorii pape decimi. *F.* 119[v]. *vacat. F.* 120[r]—124[v]: Registrum de Curia Romana, quod vocatur provinciale Tancredi. Isti sunt episcopi sub Romano pontifice, qui non sunt in alterius provincia constituti *(minio)*. Hostiensis *etc.* — Zurothoniensis Archiepiscopatus Colosensis, qui dicitur Rado[5], est ultimus et non plures, *et minio:* Tabula supra- scripta continet patriarchatus, archiepiscopatus et episco- patus omnium provinciarum totius Christianitatis; *manu multo recentiore atramento rubro in spatio vacuo inter* plures *et* Tabula *adscriptum est:* 1298 *in* Tegernse, *sed numerus anni* 1298 *ex alio multo post effectus est*[6], *cum teste viro doc- tissimo Anselmo Desing etiam a.* 1757. *ibidem annus* 1508. *inveniretur*[7].

Codex 1*a ubique fere cum 1* ad unguem convenit, ex quo, cum nondum mutilatus esset, eum descriptum esse ut ponamus, sunt quae suadeant[8]. Hunc codicem, apud Wil-

---

1) *Cf. Ottonis Fris. Chron. VII,* 11, *p.* 323, *l.* 9 *sqq., quem locum in Chron. univ. Turic. in hunc modum mutatum habes:* Hucusque pro- tracta (pertracta 1*a) sunt ea, que ex Orosii et Eusebii ac aliorum, qui post ipsos scripserunt, libris posita repperiuntur, et *(om.* 1*a)* sequitur Cronica domini Ottonis Frisingensis.   2) *Quae maximam partem ex Petri Comestoris Hist. scholastica, Genesis c.* 1 *sqq., Migne, Patrol. Lat. CXCVIII, col.* 1055 *sqq., petita sunt.*   3) *Supra p.* 92, *l.* 3.   4) *In cuius fine f.* 111[r]. *post mille manu recentiore add.: τελὸσ.*   5) Rodo *legendum; cf. Ottonis Fris. Chron. I,* 12, *p.* 50 *(et Addenda p.* 493). 6) *Numerus* 2 *in loco raso scriptus est.*   7) *In Catalogo codicum Frising. episcopi; cf. 'N. Archiv' IV, p.* 41, *n.* 1; *'Archiv' VII, p.* 118 ('Chronica Frisingensis — 1274').   8) *Ex. gr. Ottonis Fris. Chron. III,* 11, *p.* 147, *l.* 19: *post* augustus *alia manu alioque atramento in margine add.* Tyberius 1*, augustus Tiberius *in textu* 1*a; III,* 17, *p.* 156, *l.* 29: *inter* dedit *et* Vespesianus *(!) ergo alia manu alioque atramento in margine add.* anno Domini LXXII 1*, dedit. Anno ab incarnacione Domini LXXII. Vespesianus ergo 1*a; III,* 24, *p.* 164, *l.* 8: *ad* XXII⁰ *in margine alio atram. add.* secundum Orosium XX⁰III. 1*, XXII⁰ vel secundum Orosium XXIII⁰ 1*a; infra p.* 100, *n.* * *(SS. XX,*

mans in editione Ottonis Frisingensis 13* *(Ca* 3*), Ottonis de S. Blasio* 1* *signatum, diligentissime examinavit et ex parte contulit* W. Levison.

Codex 1*a *esse videtur* Chronicon (Bibliothecae Epi-
5 scopalis *superscr.*) Frisingen. M. S. in membrana, quod quidem non est Ottonis et recentiore scriptura, sed multa imo plurima habet ex Ottone excerpta, *ex quo in editionis operum Ottonis Frisingensis Cuspinianeae exemplari olim a* K. H. *de Lang possesso manu saec.* XVII/XVIII. *ad*
10 VI, 20. *locus:* Cecidit in eo prelio — pater patrie est appellatus, *adscriptus est* [1].

Ex 1*a *descriptus est* 1*b [2].

1*b) *Codex Monacensis Lat.* 12 352 *(Raitenbuch* 152*), chartaceus, saec.* XVI. *ineuntis, foliorum* 58 [3]. *Olim*
15 *Conradi Peutinger fuit, cuius manu marginibus plura, sed nullius momenti, adscripta sunt, cum cuius libris a.* 1715. *in collegium societatis Iesu Augustanum delatus est* [4], *postea ad*

p. 191, *l.* 9*):* Et in Soludro castro Ursum cum sociis interemerunt *alia manu alioque atramento in margine* 1*, *in textu* 1*a*; VI, 34, *p.* 303,
20 *l.* 2—4 *(omissis* de — repperi*):* v̌ *eadem manu eodemque atramento in margine* 1*, Unde v(ersus) Regnat *etc.* 1*a. Cf. etiam* II, 42, *p.* 116, *l.* 20—24/25*:* missus—Symonem *et l.* 25*:* sacerdotem *om. cod. Turic.* *(C* 3*) et* 1*, *ubi* 1*a, *omissis etiam verbis* magnum ac Romanos initum prudens lector inveniet, *una linea et dimidia vacuis relictis manu*
25 *saec.* XVI. *in margine add.:* (Tale aliquid deest) Machabeo missus ob signum f̨ederis inter ipsum ac Romanos initi. Sic se rem habere prudens lector inveniet *(et litteris minoribus:* ex primo li. Macha.*).*

1) Sic — transigant *(p.* 284, *l.* 4—11*) omisit Chron. univ. Turic. Cf. praefationem meam in Ottonis Fris. Chron. p.* LXXXIII. — *For-*
30 *tasse* 1*a *idem codex est, quem a.* 1820. Hoheneicher *(supra p.* 91, *l.* 29—31*) possedit, quippe quem Chronicam universalem Turicensem continuisse constet ('Archiv'* I, *p.* 170*:* 'Die VII ersten Bücher des Chronicon, vielfach interpoliert, und bis zur Erwählung Kaiser Rudolphs I. fortgesetzt'*).* 2) *Ex. gr.* Otto de S. Blasio *c.* 20, *p.* 25, *l.* 25*:* profligatis
35 occisione sui *(!)* multorum polluerunt sui *(!)* captivacione, *alia manu* profl. sui mult. poll. *delet. et* sui capt. *mut.* suis captivis 1*a, profligatis occisione sui multorum polluerunt suis captivatione 1*b; *c.* 23, *p.* 33, *l.* 6 *(n. c) post* rursus *alia manu add.* se 1*a, rursus se 1*b; *in singulis locis a* Wilmans *enotatis* 1*b *cum* 1*a *(=* 1* Wilmans*) convenit, ex.*
40 *gr.* SS. XX, *p.* 312, *n. f. g. m.* 313, *n. a. b. d. f. i. p.* 315, *n. d. e. g. h. i. l. m. n.* 3) *Cf. Catal. cod. mss. bibl. reg. Monac.* IV, 2 (1876), *p.* 68*:* Conradi Peutingeri Annotationes historiarum et praecipue Caesarum origine Suevorum (ab a. 1146—1274). 4) *Exstat in indice manuscriptorum apud Chr.* G. von Murr, 'Journal zur Kunstgeschichte
45 *und zur allgemeinen Litteratur'* XIII, Nürnberg 1784, *p.* 314*:* Historia Caesarum. De Origine Suevorum, *quibuscum fortasse coniungendus est sequens* Liber annotationum.

G. W. Zapfi devenit[1], *qui eum a.* 1792. *Oct.* 28. *Canoniae
Raitenbuchensi donavit.* 1*b non nisi postremam Chronicae
partem, scilicet Ottonem de S.* Blasio cum continuatione,
continet. *F.* 1^r: Anno Dominice Incarnationis M⁰C⁰XLVI⁰.
Summus Pontifex Eugenius — f_i 38^r: et alii prelati circa 5
mille, *sequente Gilberti qui dicitur Chronico:* Incipit Catho-
logus *(!)* sive Cronica omnium pontificum et Imperatorum Romanorum — *f.* 58^r: aliam Duci Saxoniae maritavit.   Hec sunt acta tempore Gregorii pape Decimi.
Hunc codicem a v. d. E. König Monacensi benigne 10
indicatum ipse Berolini evolvi.
1*c) *Codex Vindobonensis bibliothecae palatinae*
nr. 9017 *(Hist. profi* 231. 232) *chartaceus, saec. XVI.*[2].
*Qui ex duabus partibus diversis manibus scriptis, solo tegu-
mento coniunctis constat: a)* f_i 1—15. Tractatus qui dicitur 15
Flores temporum[3]; *b)* f_i 1—16 *(prius sign. Hist. Lat.* 439)
posterior Chronicae universalis Turicensis pars[4] *in fine
mutila, neglegentissime scripta, incipiens:* Anno ab incarnatione Domini MCVI. in nativitatem Domini maximus
principum conventus Maguntie factus est *etc. (Ottonis* 20
Fris. Chron. VII, 11 *in.), finiens:* Via itaque per medium
exercitum usque ad imperatorem civibus, *et infra lineam
ultimam:* patefacta *(Otto de S. Blasio c.* 11, *p.* 12, *l.* 23—24).
Codex 1*c, *quem ipse Berolini evolvi, ab* 1*a *alienus*[5], *ad*
1* *vel aliud simile exemplar redire putandus est.*   25
1**) *Codex Vindobonensis bibliothecae palatinae*
nr. 540 *(Hist. profi* 672, *Lat.* 155), *membranaceus saec. XIII.*[6],

    1) Cf. 'Merkwürdigkeiten der Zapfischen Bibliothek', Augsburg
1787, I, p. 289 sq.; qui id opus a Conrado Peutingero compositum per-
peram putavit.   2) 'XVII.' secundum Tabulas codicum manuscript. 30
in bibl. pal. Vindobon. asservatorum VI (1873), p. 2; J. Chmel, 'Die
Handschriften der K. K. Hofbibliothek in Wien' I (1840), p. 697 sq.;
W. Wattenbach, 'Archiv' X, p. 467. — Wilmans in Ottonis Frisingensis
Chronica edenda hunc codicem 10 (Ca 5) signavit.   3) = 'Mag.
Iordanus de Quedlinburga, Tractatus, quomodo imperium Romanum a 35
Romanis ad Germanos translatum fuerit'.   4) F. 1^r. manu moderna
adscriptum est: Fragment. Chronic. ab anno 1106. usque ad ann. 1158.
Codicem 1*c ad Chronicam universalem Turicensem, non ad ipsa Ottonis
Frisingensis et Ottonis de S. Blasio opera pertinere, ex singulis locis
patet, ex. gr. Ottonis Fris. Chron. VII, 11, p. 323, l. 9—13: Hucusque 40
protracta (pertracta 1*a) sunt ea, quae ex Orosii ac Eusebii et aliorum,
qui post scripserunt, libris posita reperiuntur, et (et om. 1*a) sequitur
Cronica domni Ottonis Frisingensis; Otto de S. Blasio c. 2, p. 4, l. 24—30:
His diebus — inposuit om. (cf. SS. XX, p. 305, n. b).   5) Vide in
nota praecedente l. 41. 42.   6) Quem fusius descripsit J. Chmel, 'Die 45
Handschriften der K. K. Hofbibliothek in Wien' I (1840), p. 550—552;

*in fine Chronicae mutilus. Textum Chronicae univer-
salis Turicensis initio ab* 1* *eiusque propagine non semel
recedentem exhibet, qui praecipue saepius ad ipsa Ottonis
Fris. verba libri I. propius accedit omissis non paucis addi-*
5 *tamentis ceterorum codicum, sed inde a secundo Ottonis
libro ubique fere ad verbum cum* 1* *vel* 1*a *convenit*[1].
Codex 1** *quin Ottonis Frisingensis et Ottonis de S.
Blasio Chronicis in codice Turicensi (C 3) usus sit,
dubium esse non potest*[2]. *In tegumento legitur:* Anno Do-
10 mini M⁰CCC⁰XVIII⁰[3] in vigilia S. Iohannis bapt. facta
est reformatio huius monasterii[4]; f_1 1ʳ, *non eadem, quae
textum scripsit, manu:* Anno Domini M⁰CCCCXX⁰ in vigilia sanctorum apostolorum Petri et Pauli obiit dominus
Iohannes dictus Fleming quondam abbas huius mona-
15 sterii[5]; *sequuntur versus de origine Karthusiensium a.* 1084.
et de pugna Mühldorfensi a. 1323. (!), *quos habes apud
Chmel l. c. F.* 1ᵛ, *in scedula margini superiori allita manu
saec. XV.:* Inicium scolastice historie cum quodam ex-
cerpto incompleto; *tum textus Chronicae manu saec. XIII.:*
20 In principio erat verbum *etc. — f.* 8ᵛ: Hoc enim fecit
Darius occiso Balthasar. Fuerunt tamen reges Assirii,
sed non adeo monarchi, tamen potentes — XIIIIᵘˢ rex
Latinorum fuit Silvius Porcas, post quem XVᵘˢ rex Latinorum Silvius Amulius. *F.* 9—12. *vacant*[6]. *F.* 13ʳ[7]:
25 De rerum temporalium motu *(Otto Fris. Chron. I, prol.,
p.* 6, *l.* 10 *sq.) etc. — f.* 13ᵛ: invocemus, ut eius suffragio
que sibi sunt placita perficere valeamus. *F.* 14ʳ: Rerum
gestarum ab Adam prothoplasto *(ib. I,* 1 *in.) etc. —* f_1 159ᵛ:
cognacione, *et infra ultimam lineam:* impediente *(Otto de
30 S. Blasio c.* 51, *p.* 84, *l.* 23). *Solo tegumento coniuncta
sequuntur* f_1 160—174. *manu saec. XVI.:* Des Lanndes

*Tabulae codicum manuscript. in bibl. pal. Vindobon. asservatorum I
(1864), p.* 91; *'Archiv' X, p.* 477.
1) *Loco supra p.* 94, *n.* 8, *l.* 44—46. *allato in* 1** *verba vel secun-*
35 dum Orosium XXIII⁰ *omissa sunt.* 2) *Ubique cum iis, quae cod. Turic.
peculiaria habet,* 1** *convenit; ea, quae ad Ottonem de S. Blasio p.* 33,
n. * *et n.* ** *alia manu in margine addita sunt,* 1** *eadem manu adscripta exhibet.* 3) 1418. *legendum; cf. J. Fr. Keiblinger, 'Geschichte
des Benediktiner-Stiftes Melk' I*[2], *Wien* 1868, *p.* 487. 4) *Scil. Melli-*
40 *censis.* 5) *Cf. Ann. Mellic., SS. IX, p.* 517; *Keiblinger l. c. p.* 481.
6) *F.* 9ʳ. *in margine superiore manu saec. XV.:* Sequitur cronica
Ottonis episcopi incompleta. 7) *In margine superiore manu
saec. XIV.:* Incipit chronica nova . . .; *manu saec. XV., rubro:* incipit
cronica Ottonis episcopi Frisingensis, *et superscr.:* fuit filius sancti
45 Leopoldi.

Osterreich freyhait *(Privilegia Heinrici IV., Friderici II., Rudolfi I., Wenceslai, Karoli IV.).*

Diversis manibus complura marginibus adscripta sunt, e quibus pauca selecta hic afferimus. Manu cursiva saec. XIII. ex. scripta: f_1 126^r *(ad Ottonis Fris. Chron. VI,* 5 *31 fin.):* Sub hoc imperatore C[onrado], anno imperii eius X^0, anno vero Domini M^{0}XXXVI^0 Ulricus comes de Lenzburg dictus predives instauravit et nobiliter dotavit ecclesiam Beronensem[1], que[2] dicitur Münster in Ergû Constantien. dyoc., et regalem preposituram ibi 10 constituit, quod postea successor eius H[einricus] et filius confirmavit anno Domini MXLV.[3]; *manu saec. XIV. ineuntis: de Attila,* f_1 90^r *(ad IV, 28 fin.):* Destruxit etiam cum aliis civitatibus Germanie Basileam in ripa Reni, quam postea Heinricus imperator nacione Bawarus 15 reedificavit[4]; *de Heinrico II. (ad VI, 27):* Fecit etiam, quia a fundamentis reedificavit ecclesiam kathedralem Basiliee *(!)*[5], que prius per Attilam Hunnorum regem destructa fuerat, circa annum Domini CCCC^{0}LVI^0 *(!)*; f_1 147^r *(ad Ottonis de S. Blasio c. 21, p. 29, l. 8):* Nota, 20 hic prima mentio fit de dominis nostris comitibus de Habsburg, qui postea regnum Romanum optinuerunt et adhuc tenent cum ducatu Austrie vel Orientali; f_t 149^r *(ad c. 24, p. 36, l. 14 sq.).* Nota ducatum Saxonicum collatum dominis comitibus de Anhald, scilicet uni eorum, 25 de quo nati sunt, qui nunc duces Saxonie sunt.   Unde et quasi eisdem armis cum illis utuntur et vocant se congnatos duces et comites; f_1 156^v *(ad c. 41 fin.):* Hic est Rychardus rex Anglorum, de cuius virtute et probitate multa dicit Gaufredus Anglicus in Poetria novella[6]; 30 *manu cursiva saec. XV.:* f_1 127^v *(ad Ottonis Fris. Chron. VI, 33):* Tunc temporis claruit Adalbero episcopus Wirczpurgensis, fundator Lambacensis monasterii[7], socius beatorum episcoporum Altmanni episcopi Pataviensis[8] et

---

1) *A.* 1036. *Febr.* 9; *B. Hidber, 'Schweizerisches Urkunden-* 35 *register' I, nr.* 1304; *'Urkundenbuch des Stifts Beromünster' nr.* 1, *p.* 66 *sqq. (in appendice ad 'Geschichtsfreund. Mitteilungen des Hist. Vereins der V Orte' LVIII sqq.).*   2) *que bis c.*   3) *Stumpf nr.* 2268 (1045. *Ian.* 23).   4) *Manu saec. XV. add.:* Pasel . . . . . .; *cf. notam sequentem.*   5) *A.* 1018. *vel* 1019. *Oct.* 11., *cf. Hirsch-Bresslau, 'Jahrb.* 40 *d. Deutschen Reichs unter Heinrich II.' III, p.* 82 *sq.*   6) *Galfridus de Vino-salvo v.* 324 *sqq., Pol. Leyser, Historia poetarum medii aevi, Halae* 1721, *p.* 880 *sqq.*   7) *Qui sedit a.* 1045—1090. *Cf. P. F. Kehr, Regesta Pontificum Romanorum, Germania pontificia auctore A. Brackmann I,* 1 (1910), *p.* 209, *qui monasterium Lambacense a.* 1089. *Sept.* 14. *dedicatum* 45 *esse putat.*   8) *Qui sedit a.* 1065—1091.

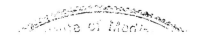

Gebardi Salczpurgensis archiepiscopi[1]. Sed[2] monasterium
Admontense fundatur ab eodem archiepiscopo Gebardo
Saltzpurgensi M⁰LXXIIII⁰ anno[3].

Hunc codicem, cuius variam lectionem ad Ottonem de
5 S. Blasio enotaverunt Muratori et eum secutus Wilmans,
qui codicem 3[4] signavit, examinavit V. Samanek.

Codex Turicensis 'rubea pelle superductus'[5], quem
Chronicam universalem Turicensem exhibuisse satis patet,
cum inter codices modo enumeratos recognosci non possit,
10 hodie latere videtur. De quo in libro Statutorum maioris
ecclesiae Turicensis a. 1346. incepto (Cod. Turic. bibl. civitatis C 10), tit. XXXVII. De quibusdam gestis Karoli
Magni imp. et confessoris, sic legitur[6]: Felicis recor-
dationis dominus Otto Frisingensis ep. notat in Chronica
15 sua, in qua scribitur de gestis antiquorum . . . usque
ad Gregorium IX. (lege X.) et regem Rudolfum, qui fuit
natione de Habsburg. Et inter ceteros de magno sancto
Karolo libro V. capitulo XXXI. ita scribit: Anno ab
inc. D. 801, ab Urbe vero condita 1552. Karolus fit
20 imperator. Et iste Karolus est fundator eccl. prepositure
Thuricensis. Hic 33⁰ regni sui anno cet.; in iis quae
sequuntur, ecclesiis ab imperatore constructis breviter comme-
moratis, pluribus de fundatione Turicensis ecclesiae bonisque
eius agitur.

25   Codices hoc modo inter se coniuncti esse videntur:
(Compilator).

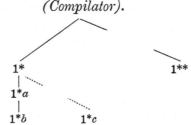

1) Qui sedit a. 1060—1088.   2) S₃ c.   3) Dedicatum
a. 1074. Sept. 29. Cf. Brackmann l. c. I, 1, p. 89.   4) Eundem in
Ottonis Frisingensis Chronica edenda sub Ca 7 posuit.   5) Cf.
30 M. Büdinger, 'Von den Anfängen des Schulzwanges', Zürich 1865,
p. 44, qui ex libello quodam a nobis non viso (Hotz, 'Zur Geschichte
des Grossmünsterstifts und der Mark Schwamendingen' p. 325) haec,
quae Felix Frei in Promptuario saec. XVI. in. tradidisse dicitur, attulit:
Quidam varias ecclesias in diversis regionibus praedicto magno Carolo
35 constructas et fundatas in fine Chronice Ottonis Frisingensis superducte
ruhea pelle subnectit: item ecclesiam imperialis prepositure Thuricensis
cet. (cf. infra p. 103, l. 13).   6) Apud Büdinger l. c.

7*

Ex codice 1*a* *a Georgio Heinrico Pertz exscripto
complura R. Wilmans in notis ad Ottonis Frisingensis
Chronicam edidit*[1] *et partem postremam inde ab a.* 1209.
usque ad a. 1274, *vel* 1277, *Ottonis de S.
Blasio Chronicae
subiunxit*[2]; *alia G. Waitz, 'N. Archiv' IV (1879),*
p. 39—41, *ex eodem codice* 1*a desumpta typis mandavit.
Nec nobis Chronica digna, quae integra ederetur, visa est,
sed ex maxima mole pauca tantum, et ea potissimum, quae
ad res Turicenses spectant, seligentes hic subiunximus, codicem* 1* *secuti, adhibitis, ubi necesse fuit, codicibus* 1*a et* 1**.
Rem orthographicam secundum codicem 1*, *et eo deficiente
secundum* 1*a, *moderati sumus.*

B e r o l i n i, *mense Aprili a.* 1912.

ADOLFUS HOFMEISTER.

O. Fr. Chr.
III, 43.
 . . . . . Victorem etiam cum CCCLX in urbe Troia, que nunc
Xanctis dicitur, interemerunt[3]. Inter quos etiam Felix et Regula
et Exuperantius per deserta rupium ab eadem legione
recedentes veniunt ad villam, que dicitur Clarona, ibique aliquandiu morantes et docentes descenderunt ad
regium castrum Turegum, ubi Decius preses, dum[a]
eos comprehendisset, afflictos vario genere tormentorum
transmisit ad patriam claritatis eterne*. Cum autem
hec legio Thebea vocetur, nota hos versus:

Hic si vis breviter cognoscere, que tibi Thebe
Hos dent Thebeos, aurem cordis michi prebe.

Distinctio Thebarum, quia tres dicuntur fuisse[b].
Grecia fert Thebas, Thebanorum genitricem,
Que discordes[c] Ethioclem parit et Polinicem.

Egipto Thebe seu Thebais est bene fortis,
Quondam dum centum fuit inclita predita portis.
Hanc preterfluit hic Nilus, septemplice visus
Gurgite diffundi, quem de se dat Paradisus.

> *) Et in Soludro castro Ursum cum sociis interemerunt
> *alia manu alioque atramento in marg. add.* 1*, *quae in textum
> recepit* 1*a.*

a) *ita* 1* *(eadem manu superscr.);* cum 1*a.   b) *minio* 1*. 1*a.   c) *ita* 1*;
discordem 1*a.

1) *Ex gr. SS. XX, p.* 173, *n.* * *(ex Isidori Etym. IX,* 3, 16 *sq.*
12—15. 6—11. 18—20. 25—29; 4, 8—11. 27 *sq.; XVIII,* 1, 1—11;
2, 1. 7 *sq.);* 177, *n.* * *(partim ex Isid. Etym. VIII,* 8); 184, *n.* * *(ex
Mart. Opp., SS. XXII, p.* 411. 446); 191, *n.* *.   2) *SS. XX, p.* 334—337.
3) *Ottonis Fris. Chron. III,* 43, *p.* 177, *l.* 2 *sq. Ea quae sequuntur
usque ad p.* 102, *l.* 21. *edidit Wilmans, SS. XX, p.* 191, *n.* *.

Ex hac Thebei sunt hii gens nigra colore
Continuo solis validoque perusta calore.
Cathmus Agenorides Thebas fundavit utrasque,
Fato pulsus ad ignotas terras variasque.
Thebais historia seu[a] fabula sepe vocatur
Aut mulier, que de Thebis venisse notatur.

Iudee castrum Thebe datur, hic generatur
Helyas, qui Thebites exinde vocatur.
Sed castrum Thebe multis Thesbe vocitari,
Helyam quoque Thesbiten hinc credo vocari.

Et ne scriptoris vicio virtus hebetetur[b]
Lectoris, tribus hiis Thebis distinctio detur[c].
Tres, ut in hystoriis lego, dicuntur fore Thebe,
Virgoque sit Thebe, superis pincerna sit Hebe.

Thebeos Egiptus, Thebanos tibi prebet
Grecia, Iudea[d] Thebites mittere debet.

Distinctio seu divisio Gallie[e].

Gallia, mons Appenninus montesque Pireni
Te claudunt, simul occeanus cum litore Reni.
Gallia, si scriptum sequimur veterumque relata,
Diceris esse triplex, bracata, comata, togata.

Gallia Belgica, que multis bracata vocatur,
Urbibus[f] innumeris et famosis decoratur.
Hic est Agripina[g], Methis, Treveris speciosa.
Hic fluit Aulona, Matrona, fluit quoque Mosa.
Hic Ardenna nemus magnum satis atque decorum
A Rheno protenditur ad fines Treverorum.
Et dic, quod Trebeta, quem dira noverca fugavit,
A Babilone sibi Treverim pro sede locavit.
Ista noverca Semiramis armipotens animosa
Bracas invenit, mulier nimis ambiciosa.
Ut puto, Gallia Belgica plus hunc[h] Maximianum[i]
Horrens Amandum sibi preficit ac Heylanum[k].

Gallia Lugdunensis sepe comata vocatur;
Longis namque comis gens istius usa notatur.
Mons Iuris Rodanique fluenta lacusque Lemanni
Et Lygeris claudunt hanc et maris unda Britanni.

a) *ita emendavit Pertz;* hostor se 1*. 1*a; *manu recentiore in marg. add.:* Thebais historia sed fabula 1*a.   b) *ita proponit Schmeidler;* hebetur 1*; habetur *alia manu mut.* habeatur 1*a.   c) *ita* 1*. 1*a.   d) *ita emendavit Schmeidler;* Iudeos 1*. 1*a. e) minio 1*. 1*a.   f) *ita* 'Literar. Centralblatt' 1869, *col.* 511; Viribus 1*. 1*a. g) *ita* 1*.   h) *ita* (hc) 1*; habet 1*a.   i) maximia 1*; maximianum 1*a.   k) *ita* 1*. 1*a *(ubi manu recentiore corr.* Elianum).

Hic^a sunt Lugduni^a, Cabilonis et urbs Eduensis,
Authisiodorensis, Meldensis, Senonensis
Urbsque Nivernensis, Trecensis, Parisiensis,
Andagavensis, Carnotensis, Rothomagensis,
Aurelianis et urbs Nannetis et urbs Venetensis,
Cenomannensis, Sagiensis et urbs Hebroensis.
Irrigat hanc Araris, alio qui nomine Sana
Dicitur, et Rodanus et Secana Parisiana.

Gallia Narbonensis sive togata vocatur
Aut ab aquis Aquitania protendi perhibetur
Inter Verumnam^b fluvium montesque Pireni
Oblique Ligeris circumdata gurgite leni.
Hic sunt Narbona, Clarusmons urbsque Tholosa,
Lemovicum^c, Bituris et Burdegalis populosa,
Santonis, Engolisma^d, Cadurx Petragoricumque.
Hic^e Dordona fluens latus hoc^f perfundit utrumque.
Dicque, quod a Francis dici solet Austria vere.
Neustria, que nova dicitur Austria, si rationi
Credis, vult inter Mosam Ligerim quoque poni.
Sed Burgundia Lugduno coniuncta videtur,
Immo sub tractu Lugduni clausa tenetur.

O. Fr. Chr. III, 43. Nec offendi debet lector, si sanctos martirium fugisse audit, ...
. . . .
. . . .
O. Fr. Chr. V, 32. . . . Ceterum^g actus eius ac bella, quae gessit, qui scire vult, legat
historiam eius et gesta a multis descripta[1].

Placet tamen huic operi inserere sub compendio
ecclesias, titulos et monasteria a piissimo ac sanctissimo
Eccli. 45, 1. Karolo fundata et a primario^h lapide constructa, *cuius
memoria in benedictione est,* cum quibusdam aliis perpaucis.

De innumeris autem ecclesiis, quas ipse gloriosus
imperator a primario lapide fundavit, quedam hic sum-
. Kar. I, 14. marie perstringuntur. In Saxonia[2] aput Heresburc, idolo
Yrmensul destructo, basilica valde formosa et alie quam
plures. Item Aniensis monasteriiⁱ archisterium, ubi Benedictum
nomine instituit patrem trecentorum monachorum. Item per totam
Gothiam et provinciam Winidorum et Fresonum. Item[3] in

---

a) *ita* 1*. 1*a.   b) *ita* 1*. 1*a; *manu rec. in marg. add.* Garumnam 1*a.
c) Lemouic̄ 1*. 1*a.   d) Engolisina 1*. 1*a.   e) h̄ 1*. 1*a.   f) hc 1*. 1*a.   g) *haec
in* 1* *hodie non exstant.*   h) prim. om. 1**.   i) mon̄ 1*a.

1) *Ottonis Fris. Chron. V,* 32, *p.* 257, *l.* 15—19, *de Karolo
Magno.*   2) *Cf. Legenda Karoli, ed. G. Rauschen, 'Die Legende
Karls des Grossen', Leipzig* 1890, *I, c.* 14.   3) *Id quod sequitur habes
Leg. Karoli III, c.* 7, *p.* 73.

Hyspania monasterium sanctorum martirum Facundi et *L.Kar.III,7*
Primitivi. Item in Aquitania XXIII monasteria secundum ordinem *L.Kar. I,*15
et numerum alphabeti [a.1]. Item de opere valde perspicuo eximia *L.Kar. I,*16
basilica sancte Marie Aquisgrani[2], ubi Romano imperio sedes
5 est regie maiestatis[1], et ibidem basilica sancti Iacobi[3]. Item
in Galicia[4] basilica sancti Iacobi, que est aput urbem Biterrensium[b], *L.Kar.III,*5
et basilica sancti Iacobi aput Tolosam et illam, que est in Gasconia
inter urbem, que dicitur Axa, et sanctum Iohannem Forduec[c] via
Iacobitana, et ecclesiam sancti Iacobi aput Parisius. Has omnes
10 et plures alias ecclesias prediis, auro, argento, gemmis,
quibuslibet ornamentis et reliquiis studuit insignire[5].

Hic etiam felicissimus princeps inter alia virtutis
sue opera ecclesiam imperialis prepositure Thuricensis
Constantiensis diocesis fundavit, viginti quatuor in ea
15 canonicos, ut inveni in quodam compendio, instituendo,
quam largis honoribus et possessionibus ditavit. Villam[6]
Rieden prope Albis familiis[d], mancipiis, domibus et[e] iuribus
ad eam pertinentibus, et in Hônco preter salicam terram duos
mansos et dimidium, in Turego segregata loca cum vineis, molendinis,
20 decimarum limitibus ex imperialibus salice terre curtibus, videlicet in Stadelhoven, Wibechingen, Ôsta, Ilnowa[f], Vellanden,
Mure prope Glatse, Hofsteten, Meilanum, Boswile[g]. Lodowicus tamen nepos Karoli[h] fundans monasterium regalis abbacie Thuricensis inter alia villam Vellanden, Mure et
25 Boswile abstulit prepositure et eidem monasterio abbatie
donat et contradit, ut in sequentibus patebit.

Erat[7] iste Carolus amplo corpore et robusto, statura pro-
cerus, capite rotundo, capillis primo brunus, sed in senectute
canicie pulchra, facie leta et rubente, in longitudine ad unum pal-
30 mum et dimidium, et barba longitudine fere simili, fronte unius
pedis, vultu hilaris, naso in mediocritate paululum excedente, oculis
leoninis, grandibus et vegetis, scintillantibus ut carbunculus, super-
ciliis oculorum ad dimidium palmi, visu adeo efferus, quod ipsum

---

a) alphebeti 1**.   b) Biterr. *manu rec. mut.* Biturr. 1*a; Buerrensium *Turp.*
35 c) Sordue *Leg. Karoli III, c.* 5.   d) cum fam. *DK.*   e) et *erasum* 1*a.   f) Illinga
DK.   g) Boswibe *hoc loco* 1*a; Bozwila *DK.*   h) Karili 1*a.

1) *Leg. Karoli I, c.* 15.   2) *Leg. Karoli I, c.* 16.   3) *Leg.*
Karoli III, c. 5.   4) *Cf. ex. gr. Leg. Karoli III, c.* 1, *p.* 68.
5) *Cf. Leg. Karoli III, c.* 5.   6) *Ea quae sequuntur bona nominantur*
40 *etiam in indiculo bonorum magni monasterii saec. IX. confecto apud*
J. Escher et P. Schweizer, 'UB. der Stadt und Landschaft Zürich' I,
1888, nr. 37, *p.* 8 *sqq., imprimis in adulterato saec. XII., p.* 12, *DK.*
nr. 280, *MG. Dipl. Karol. I, p.* 416—418 *('DK'); cf. Mühlbacher,*
'Die Regesten des Kaiserreichs unter den Karolingern', ed. 2, *nr.* 457.
45 7) *Ea quae sequuntur ex Ottonis Frisingensis Chron. V,* 32, *p.* 257, *Ein-*
hardi Vita Karoli c. 22. 24, *Pseudo-Turpino c.* 20, *p.* 39. *consuta sunt.*

iratum sine pavore vix aliquis poterat intueri, cervice obesa, brachiis et cruribus grossus, humeris amplus, fortis artubus, incessu firmo et virili. Fuit etiam in cibo et potu-temperans; cena quottidiana quatuor tantum ferculis utens preter assa, quibus de venatione allatis plurimum delectabatur, super cenam raro 5 plus quam ter solitus bibere, parum panis comedens[a] ad mensam, sed quartam partem arietis aut duas gallinas aut anserem aut spatulam seu scapulam porcinam aut leporem integrum consumere valens. Hec actenus; sed nunc ad historiam revertamur.

O. Fr. Chr.   Huius virtute regnum Francorum plurimum augmentatum est 10
V, 32.

. . . .

O. Fr. Chr.   . . . . . sicut[b] Saxones, qui et ipsi instabiles sed feroces sunt, orien-
VI, 5 fin.
egino a.868. tale semper infestabant[1]. Hiis temporibus gens Wulgarorum ferocissima ac bellicosa, relictis ydolis renuntiatisque gentilium super- 15 stitionibus, in Christum ex parte maxima credidit et abluta salutari baptismatis unda in religionem transiit Christianam. Hiis etiam diebus Huni Christianitatis fidem assecuntur[2]. In hac parte ratione cuiusdam addicionis quedam repeto supradicta.

Reges[3] Francorum tam presentis quam preteriti tem- 20 poris a nobilioribus Troiani sanguinis leguntur descendisse. Post mortem enim Iosue dum Hebrei sub iudicibus viverent, Helena uxor Menelai regis, generale totius orbis malum et pernitiosum mortalibus exemplum, ab Alexandro seu Paride filio Priami regis Troianorum rapitur. Qua rapta Greci, 25 coniuratione facta, bellico apparatu per quinquennium preparato, Troiam obsident, que decennali obsidione capitur et deletur. Troia sic destructa, quidam de nobilibus Troianis odio loci et patrie, quidam peioris eventus diffugiendo secesserunt, et Eneas cum XX navibus in Italiam. Duodecim 30 vero milia nobilium, inter quos Anthenor, in Pannoniam seu Ungariam devenerunt, ubi construentes urbem Siccambriam remanserunt usque ad tempora Valentiniani imperatoris, Romanis tributa solventes. Hic Valentinianus ipsos Troianos seu Siccambros appellavit Francos vel a ferocitate vel a 35 nobilitate, vel Franci dicuntur a quodam principe Francone[c],

---

a) comendens 1*a.   b) haec in 1* hodie non exstant.   c) Fracone 1*a.

---

1) *Ottonis Fris. Chron. VI, 5, p. 267, l.* 27 *sq.*   2) *Cf. additamentum ad Herimanni Chron. a.* 863, SS. *V, p.* 106, *n.* *[1]*, *quod ex Ann. Alamannicis, SS. I, p.* 50, *'Mittheilungen zur vaterländischen* 40 *Geschichte (St. Gallen)' XIX, 'N. F.' IX, p.* 250 *(cf. Ann. Sangall. mai., ib. p.* 274, SS. *I, p.* 76), *petitum esse videtur.*   3) *Ea quae sequuntur, quae maxime ad Gesta Francorum redeunt, etsi unde compilator immediate desumpserit, non constat, vix ullius pretii esse paret. Fortasse etiam sua ex frustis hinc inde quaesitis congessit.* 45

qui inter Danubium et Rhenum consedit[1]. Tandem sub
eodem imperatore predicti Troiani seu Franci, viribus et
numero et duce Marchomene, qui a quibusdam dicitur Marchomirus, confisi, de Siccambria egressi ad Rheni litora devene-
5 runt, Romanis tributa solvere denegantes, quia iste Marchomenes primus Romanis rebellavit, collum suum viriliter ex-
cutiens a tributo. Tandem idem Franci post multa prelia
ab ipsis acriter gesta Pharamundum filium Marchomenis in
regem elegerunt, qui sibi primus imposuit diadema, et sic
10 paulatim et successive ultra Rhenum progressi, tam ipsi
quam sui successores terras Galliarum ingressi quasdam urbes
interdum construxerunt, quasdam etiam constructas suis interdum ceperunt usibus subiugare. Isti Pharamundo filius
eius Clodio, cui Clodioni Meroveus, non filius, sed affinis
15 Clodionis, cui filius suus Clipericus[a] homo magne vilitatis,
cui Cliperico filius suus successit Clodoveus[b], qui a[c] beato
Remigio baptizatus primus Francorum regum fuit Christianus.
Isti Clodoveo filius Clotarius[d], cui filius suus Clipericus[e],
cui Dagobertus[f], cui Clodoveus[g], cui Theodoricus[h], cui
20 Childebertus[i], cui Dagobertus[k], cui Hildericus[l], cui Anse-
bertus[m], cui Arnoldus, cui successit Arnolfus, qui curie regalis linquens fastigia, factus heremita, ad episcopatum as-
sumptus est Methensem. Isti Arnolfo filius Ansegisi, pater
Pipini cognomine Brevis, legitur successisse. Iste Pipinus
25 primus genuit inter aliam prolem Karolum cognomine Mar-
cellum[n]; qui Karolus summe bellicosus, suis thesauris deficientibus, decimas ecclesiis abstulit et ipsas militibus et laicis
sibi fidelibus contulit solidando. Iste Karolus genuit secundum Pipinum valde brevem et mire fortem, qui sanctum
30 Othmarum abbatem Sancti Galli legitur multipliciter hono-
rasse[2], quia tunc[3] temporis Francia dicebatur et Francorum[4] ~~O. Fr. Chr.~~
erat terminus, quicquid ab Hyspanico mari usque in Ungariam   ~~V, 9.~~
et ab Alpibus in Saxonicum occeanum protendi vide-
batur. Francorum autem regnum tunc habuit duos nobi-
35 lissimos ducatus, ab occidente Aquitaniam et ab oriente Bavariam,

a) superscr. I. 1*a.   b) superscr. I. 1*a.   c) a om. 1**.   d) superscr. I. 1*a.
e) superscr. II. 1*a.   f) superscr. I. 1*a.   g) superscr. II. 1*a.   h) superscr. I. 1*a.
i) superscr. I. 1*a.   k) superscr. II. 1*a.   l) superscr. I. 1*a.   m) superscr. I. 1*a.
n) Martellum intellegendum.

40   1) Cf. Ottonis Fris. Chron. I, 25, p. 57.   2) Cf. ex. gr. Vita
S. Otmari c. 3, SS. II, p. 42; 'Mittheilungen zur vaterländ. Geschichte
(St. Gallen)' XII, 'N. F.' II, p. 99.   3) Ea quae sequuntur usque
ad insignitur, p. 106, l. 4, edidit G. Waitz, 'N. Archiv' IV, p. 39.
4) Ottonis Fris. Chron. V, 9, p. 241, l. 24.

O. S. Bl. c. 6. et tunc temporis Austria seu marchia Orientalis ducatui Bavarico iure beneficii subiacebat. Que postmodum per Fridericum[a] imperatorem a ducatu Bavarico seiuncta omni[b]
iure per se consistens iure et nomine ducatus insignitur[1.]
Iste secundus Pipinus genuit Karolum Magnum et Karlo- 5
mannum et filiam Giselam. Iste Karolus Magnus Francorum rex et Romanorum imperator inter plures filios et
filias Ludewicum filium regem Aquitanie reliquit imperii
successorem. Iste Ludewicus cognomine Pius ex Irmengarde
seu Hiltegarde uxore sua genuit tres filios, Lotharium im- 10
pium patris oppressorem, Pipinum, Ludewicum. Inter quos
imperium primo[c] ita divisit, ut Pipinus Aquitaniam, Ludewicus Bavariam, Lotharius primogenitus post eius obitum
Romano imperio presideret. Irmengarde vero mortua, ex
alia uxore genuit Karolum cognomine Calvum. Unde ipse 15
Ludewicus Pius postmodum inter quatuor filios sic imperium
divisit, ut Lotharius Ytaliam, Ludewicus Germaniam, Saxoniam, Pipinus Aquitaniam, Karolus Franciam et Burgundiam
haberet. Isto vero Pio[d] Ludewico et filio Pipino mortuis,

Reg. 842. de consilio magnatum imperii Karolus accepit occidentalia[e] 20
regna a Britannico occeano usque ad Mosam fluvium, ex qua parte

cf. O Fr. extunc usque nunc nomen Francie remansit, Ludewicus
Chr. V, 35. orientalia regna, scilicet totam Germaniam, Lotharius primogenitus totam Italiam cum Roma et mediam partem Francie,
quam de suo nomine Lotharingiam vocavit. Iste[2] Ludewicus, 25
nepos Karoli Magni, rex Germanie, tres genuit filios, Ludewicum, Karolum et Karlomannum, et Berchtam et Hiltegardem et plures alias filias. Et inter multa que fecit
egregia gloriose fundavit et largiflue dotavit, ut in suis
dignitatibus ostentatur, monasterium regalis abbatie intra 30
muros Thureg.[f] Constantiensis diocesis, in quo predic-
tas filias, Berchtam scilicet et Hiltegardem, sub religione
ordinis sancti Benedicti posuit et prefecit. Tandem ipse
anno ab incarnacione Domini DCCCLXXIIII. secundum Frisin-

Reg. a. 876. gensem[3] vel VI[o] iuxta Cronicam Reginonis aput Francone- 35
furt palatium diem clausit extremum V. Kl. Sept. sepultusque est in
monasterio sancti Nazarii, quod Lorosham[g] nuncupatur. Fuit autem
iste princeps christianissimus, fide catholicus, non solum secularibus,

---

a) Fidericum *(!), superscr.* I. 1*a.   b) om̄ 1*a.   c) primo *bis* 1**.   d) Pio
om. 1**.   e) *ita* 1**; orientalia 1*a.   f) Thureḡ. 1*a.   g) Larashain *corr.* Lorashain 1**. 40

1) *A.* 1156; *cf. Otto de S. Blasio c. 6, supra p. 6 sq.; G. Frid.*
II, 55.   2) *Ea quae sequuntur usque ad* subnotare, *p.* 108, *l.* 11,
edidit G. Waitz, 'N. Archiv', IV, p. 39—41.   3) *Ottonis Fris. Chron.*
VI, 6.

verum etiam ecclesiasticis disciplinis sufficienter instructus; que religi- *Reg. a.* 876.
onis, que pacis, que iusticie sunt, ardentissimus executor, ingenio p e r -
p r u d e n s, consilio providentissimus, in dandis sive subtrahendis publicis dignitatibus discrecionis moderamine temperatus, in prelio vic-
5 toriosissimus, t a m armorum quam conviviorum apparatibus studiosior.
Cui maxime op u s ᵃ erant instrumenta bellica, plus diligens ferri
rigorem quam auri fulgorem. Aput quem nemo inutilis valuit, in
cuius oculis perraro utilis displicuit, quem nemo muneribus corrumpere
potuit. Aput quem nullus per pecuniam ecclesiasticaḿ sive munda-
10 nam dignitatem obtinuit, sed magis ecclesiasticam probis moribus et
sancta conversacione, mundanam devoto servitio et fidelitate sincera.
Filii a u t e m h u i u s r e g i s, *cuius memoria in benedictione est,* *Eccli.* 45, 1.
regnum paternum s i c d i v i s e r u n t: Karlomannus Bavariam, Pannoni- *O. Fr. Chr.*
am, Car i n t h i a m, Bohemiam, Moraviam, Ludewicus orientalem *VI,* 6.
15 Franciam, Turingiam, Saxoniam, Fresiam, Lotharingiam, Karolus v e r o
Alemanniam et quasdam civitates Lotharingie propter vini copiam
accepit. Istarum duarum filiarum cineres sacrati cum
ossibus de lapideis sarcofagis subterraneis, in quibus distinctim sepulte per annos fere CCCC iacuerant, diligen-
20 tissime et divisim colliguntur. Sed in sarcofago altariᵇ
beate Virginis proximiore ossa et cineres illustris Berthe
anno Domini M⁰CC⁰LXXII⁰ decimo Kl. Novemb., in- 1272.
dicione prima, sub Gregorio papa X⁰, sub Eberhardo *Oct.* 23.
episcopo Constantiensi de Waltburch, sub Elizabetha
25 abbatissa Thur. dicta de Wezinkon ᶜˑ¹, in altero vero
novo sarcofago consimili et quasi contiguo ossa et cineres illustris Hiltegardis reconditi sunt decenter et de-
vote anno Domini M⁰CC⁰LXXIII⁰ quinto Kl. Ianuarii, 1272.
videlicet festo Innocentum, quod tunc in quartam feriam *Dec.* 28.
30 evenit, indicione predicta, sub papa, episcopo, abbatissa
antedictis.

Ut ᵈ autem affectus laudabilis, quem iste serenissi-
mus rex, cuius memoria *ab audicione mala non timebit,* *Ps.* 111, 7.
habuit ad monasterium, quod ipse fundavit magnifice
35 mira dote in honorem sanctissimorum martirum Felicis
et Regule, quorum corpora in eodem monasterio ab ipso
reverenter condita requiescunt, ac ob dilectionem spe-
cialem, quam liquido patet habuisse ad illustrissimas
filias suas Deo maxime devotas virgines immaculatas,
40 Bertham ᵉ scilicet et Hiltegardem, quarum corpora, ut

a) opes *rectius Regino.*   b) -ri *alia manu mut.* -ris 1*a.   c) *ita* 1**; Wer-
zinkon 1*a.   d) Tandem aff. 1**.   e) Berchtam 1**.

1) *A.* 1269—1298. — *De translatione Berthae et Hildegardis cf.
J. Escher et P. Schweizer, 'UB. der Stadt und Landschaft Zürich' IV,*
45 *nr.* 1507, *p.* 221, *ubi dies et menses desunt.*

premisi, in premisso monasterio requiescunt — vita et
conversatio ipsarum qualis fuerit, Iesus Christus filius
Dei omni tempore ad tumbas earum multipliciter revelat,
nam diversi variis languoribus irretiti illic sanitatis reci-
piunt incrementum — ut igitur tam desiderabilis affec- 5
tus et vere multipliciter commendandus in abscondito
non lateat, sed in auribus hominum et ecclesie sancte
noticiam transferatur, scripti munimine suffragante, placuit privilegium, quod invictissimus rex Ludewicus sepe-
dicto monasterio pro sui libertate tradidit et donavit, 10
precedentibus subnotare.

Dipl. Lud. In¹ nomine sancte et individue Trinitatis. L o dowicus divina
favente gratia rex. Si de rebus terrenis, quas divina sumus largitate
consecuti, ad loca sanctorum ob divinum amorem, regium morem decenter implentes, aliquid conferimus, hoc nobis esse profuturum ad 15
eterne remuneracionis premia capessenda liquido credimus. Quapropter
comperiat omnium fidelium sancte Dei ecclesie nostrorumque scilicet ᵃ
presentium et futurorum industria, qualiter nos pro serenissimi imperatoris avi nostri Karoli et prestantissimi L o dowici augusti dom i ni ac
genitoris nostri necnon et nostra sempiterna remuneratione ac pro con- 20
iugis prolisque nostre carissime perpetua mercede curtim nostram
T h uregum in ducatu Alamannico in pago T urgaugense ᵇ cum omnibus adiacentiis vel aspicientiis eius seu in diversis functionibus, id est
pagellum Ur a nie ᶜ cum ecclesiis, domibus ceterisque edificiis desuper
positis, mancipiis utriusque sexus et etatis, terris cultis et incultis, 25
silvis, pratis, pascuis, aquis aquarumve decursibus, adiacentiis, perviis,
exitibus et regressibus, quesitis et inquirendis, teloneo, moneta,
cum universis censibus et diversis redibitionibus, insuper etiam forestem
nostrum Albis nomine et quicquid in eisdem locis nostri iuris atque
possessionis in re est ᵈ proprietatis et ad nostrum opus instanti tempore 30
pertinere videtur, totum et integrum ad monasterium nostrum tradi-
mus ᵉ, ubi sanctus Felix et sancta Regula martires Christi r e quiescunt ᶠ, quod ᵍ situm est in eodem vico T h urego. Quod videlicet eo
rationis tenore complacuit nobis agendum, ut deinceps in posterum
ibidem omni tempore sanctimonialium nobilium² feminarum sub 35
regulari norma degentium vita conversatioque monasterialis monachico
cultu instituta celebretur et libentius propter huius loci supplementum
a nobis iam predictis martiribus dediti Dei famulatus illic exhibeatur

---

a) praes. scil. *UB.*   b) Durg. *UB.*   c) Uroniae *UB.*   d) propr. est *UB.*
e) *sequ.* quod — Turegum *(infra l. 33) UB.*   f) corpore quiescunt *UB.*   g) quod — 40
Thurego *hoc loco om. UB.*

1) *Diploma, cuius autographum exstat, d. d.* 21. *Iul.* 853,
Böhmer - Mühlbacher, '*Die Regesten des Kaiserreichs unter den Karo-*
lingern', ed. 2, *nr.* 1407; *J. Escher et P. Schweizer,* '*UB. der Stadt und*
Landschaft Zürich' I, *nr.* 68, *p.* 22 *sq., unde variam lectionem sub signo* 45
'*UB.' adscripsimus. Locos eos, quibus autographum in Chronica nostra*
interpolatum est, supra litteris maioribus indicavimus.   2) *Cf.*
A. Schulte, '*Der Adel und die deutsche Kirche im Mittelalter',* Stuttgart
1910 (*Stutz,* '*Kirchenrechtl. Abhandl.*' 63—64), *p.* 7, *n.* 1.

ac pro nostre debitorumque nostrorum omnium mercedis augmento *Dipl. Lud.*
diligentius Domini misericordia et uberius exoretur. Volumus etiam,
ut fidelium nostrorum noverit benivolentia, quod paterna pietate commoniti supradictum monasterium cum omni integritate una cum nostra
5 tradicione in locis prefatis dilectissim i s ᵃ fili a b u s nostr i s Hil t e gard i
et Berthe in proprietatem concessimus, ut, quantum Domino permittente valea n t ᵇ, in eodem monasterio Domino militante s ᶜ suoque
dominatui subiectam disciplinis regularibus et observantie monasterialis
institucione corriga n t ᵈ et nutri a n t ᵉ locaque ipsa sibimet concessa,
10 quantum vires suppedit a n t ᶠ, profectibus et emendacionibus augmentando proveha n t ᵍ et emende n t ʰ. Denique iubentes precipimus, ut
nullus iudex publicus nec comes vel qui libet ⁱ ex iudiciaria potestate
in locis prefatis vel in cunctis rebus ad e a dem ᵏ loca respicientibus
seu homines tam liberos quam ˡ servos, qui illic commanere videntur,
15 distringere aut infestare nec fideiussores tollendos aut ullas redibitiones
vel freda aut bannos exigendo aut alicuius iniurie vim ullo unquam
tempore inferre presumat. Sed sub nostra defensione et munitatis ᵐ
tuitione cum advocatis ibi constitutis res ille secure per diuturna tempora permaneant. Et ut hec auctoritas donacionis atque confirmacionis
20 nostre firmior habeatur et per futura tempora a cunctis fidelibus sancte
Dei ecclesie nostrisque presentibus et futuris verius credatur atque
diligentius conservetur, manu propria nostra subter eam firmavimus et
anuli nostri impressione signari ⁿ iussimus ᵒ. Data XII. Kl. Aug.
anno Christo propicio XX. regni domni L o dowici serenissimi regis 853.
25 in orientali Francia, indicione prima. Actum Reg e n sburc civitate, *Iul.* 21.
in Dei nomine feliciter; amen.

Circa hec tempora floruit Rabanus monachus, abbas *Mart. Opp.*
Vuldensis ¹ . . . .

. . . . *O. Fr. Chr.*
30 . . . . in ᵖ monasterio Augiensi regalis ² abbatie ad Roma- *VI, 9.*
nam ecclesiam immediate pertinentis humatus est ³. . . .

. . . .
. . . . cum �q. ⁴ magno tripudio ab Urbe recedit. *O. S. Bl. c.5?*

35   Eodem ⁵ anno accepta corona consecracioneque adepta *Mart. Opp.,*
XX, pugnam habuit cum Romanis et contra voluntatem domni pape regnum *Imp., p. 471*
334. Apulie intravit et totam terram profligavit, auferens r e g n u m 1210.

a) dilectissimae filiae nostrae Hildigardae *UB.*   b) valeat, familiam *UB.*
c) -s *superscr.* 1*a; militantem *UB.*   d) corrigat *UB.*   e) nutriat *UB.*   f) suppe-
40 ditent *UB.*   g) provehat *UB.*   h) emendet *UB.*   i) quislibet *UB.*   k) eandem *UB.*
l) et *add. UB.*   m) *ita etiam UB.; alia manu mut.* inmunitatis 1*a.   n) adsignari *UB.*
o) *sequ.* Signum (M) domni Hludowici gloriosissimi regis. Comeatus notarius ad vicem
Radleici recognovi et ss. *UB.*   p) *haec in* 1* *hodie non exstant.*   q) *ea, quae sequuntur,*
in 1** *hodie non exstant.*

45   1) *Mart. Oppav., SS. XXII, p.* 462. *Post complura ex Martino,*
Ann. Fuldensibus a. 857. 873, *Reginone (ed. Kurze p.* 25 *sq.) compilata*
redit Chronica ad Ott. Fris. Chron. VI, 6 *in., p.* 267, *l.* 29. 31 *sqq.:*
Anno ab inc. D. DCCCᵒLXXIIIIᵒ Karolus senior, patruus Lodowici,
rex occid. Francie, Romam veniens *etc.*   2) *Hoc habes 'N. Archiv'*
50 *IV, p.* 41.   3) *Ottonis Fris. Chron. VI,* 9, *p.* 271, *l.* 12, *de Karolo III.*
4) *Otto de S. Blasio c.* 52 *fin., supra p.* 88, *l.* 4.   5) *Ea quae sequun-*
tur edidit R. Wilmans, SS. XX, p. 334 — 337. *ex* 1*a; *Germanice vertit*
H. Kohl in 'Geschichtschreiber der deutschen Vorzeit', '2. *Gesammtaus-*
gabe', saec. XII., t. X, p. 91—101.

1210. Friderico regi Sicilie. Unde papa cum populo Romano permotus Ottonem excommunicacionis anathemate vinculavit.

Iart., Pont., ec. C, p. 438. Tempore huius Innocentii inceperunt duo ordines sollempnes, videlicet ordo fratrum Predicatorum et ordo fratrum Minorum. Ordinem fratrum Predicatorum incepit sanctus Dominicus in Tholosanis partibus, ubi contra hereticos verbo et exemplo predicabat, anno Domini M⁰C⁰XC⁰VIII⁰, pontificatus domni Innocentii pape anno VI⁰. Ordinem vero fratrum Minorum incepit sanctus Franciscus prope civitatem Asisiam anno Domini M⁰CC⁰VI., pontificatus eiusdem Innocentii anno XIIII, qui fuit annus conversionis ipsius, a quo post XXIIII annos de- 10 functus est; qui Franciscus ante conversionem suam vocabatur Iohannes.

ib., Imp., p. 471. Anno Domini M⁰CC⁰XIII⁰ᵃ communi consensu princi-
1212. pum, Ottone ut dictum est excommunicato, Fridericus IIᵘˢ in regem eligitur. Qui veniens navigio Romam, ab Honorio papa III⁰ et populo Romano honorifice susceptus, in basilica sancti Petri 15
1220. sollempniter coronatur¹, imperatorisque augusti nomen no-
1212. nagesimus · VIIᵘˢ ab Augusto sortitur. Hic veniens in Ale-
b., Pont., rec. . C, p. 439. manniam contra Ottonem invasorem ecclesie mirifice triumphavit.

Hic Honorius primo anno sui pontificatus ordinem Predicatorum
1216. confirmavit, beato Dominico natione Hispano eiusdem inventore pro- 20 curante. Nam Innocentius III.ᵇ papa, qui durus sibi in hoc fuerat, visione habita, quoniam beatus Dominicus Lateranensem ecclesiam cadentem humeris sustentasset, confirmare voluit, sed morte preventus non potuit. Hic papa Fridericum imperatorem primus
1227. excommunicavit, quia, ut dicitur, sibi post coronacionem 25 statim rebellavit regnum Apulie auferendo. Hic papa post multa utilia, que fecit, Decretales compilavit. Quo mortuo
1227. substituitur domnus Hugelinus episcopus Hostiensis, qui in papam consecratus Gregorius IX.ᶜ est vocatus.

Gregorius igitur IX. natione Campanus mense Martii die IX. 30 post festum sancti Gregorii aput Septisolium electus fuit; sedit annis XIIII. Hic sanctam Elisabeth filiam regis Ungarie, relictam lantgravii Thuringie, canonizavitᵈ. Hic sententiam, quam predecessor suus Ho-
1239. norius contra Fridericum fulminaverat, roborando renovavit², quia dum concilium Rome celebrareᵉ nititur et ab imperatore vie per mare 35 ac terram artantur, duo cardinales et multi prelati abbates et clerici,
1241. maxime per mare ad concilium venientes, per imperatoris fautores capiuntur. Hic papa per fratrem Raimundum ex pluribus voluminibus Decretalium unum volumen compilavit, mandans ubique doctoribus illo uti. 40

Fridericus II.ᶠ imperator occupans iam magnam partem patrimonii ecclesie, Gregorium papam in Urbe obsedit. Qui videns pene omnes Romanos esse pecunia corruptos, excepit capita apostolorum et processionem a Laterano usque ad Sanctum Petrum faciens animos Romanorum sic revocavit, ut pene omnes contra impera- 45

a) M⁰CC⁰XVIII⁰ corr. M⁰CC⁰XIII⁰ 1*.   b) III. *superscr.* 1*. 1*a.   c) IX. *superscr.* 1*. 1*a.   d) canononizavit 1*.   e) cel. *om.* 1*a.   f) II. *superscr.* 1*; *om.* 1*a.

1) *Hic rectum rerum ordinem, a Martino servatum, auctor turbavit.*   2) *SS. XXII, p. 471, l. 34.* 50

torem cruce signarentur; quod cesar, qui iam se credebat intraturum Mart. l. c.
Urbem, audiens longe ab Urbe retrocessit. Deinde Gregorius papa
tantis tribulationibus concussus Rome anno XIIII. mense Augusti 1241.
migravit ad Dominum, beato Dominico prius ab eo canonizato.
5 Cui successit Celestinus IIII[us] natione Mediolanensis; sedit diebus
XVIII[1]. Cui successit Innocentius IIII[us] natione Ianuensis; sedit 1243—54·
annis XI, mensibus[a] VI.

Fridericus imperator dum in Alemannia[b] negotia
regni tractaret, consensu principum adhibito Heinricum
10 filium suum regem Alemannie constituit. Ipse vero im-1220.
335. perator trans*alpinando in Italiam venit; ubi dum moram
faceret, Heinricus rex rebellionem[2] contra patrem nititur
attemptare, coartans civitates regni et precipue circa
Rhenum[3] fidelitatem sibi[c] promittere contra patrem.
15 Ut autem super hoc certior efficeretur, aliquot pueros
de singulis civitatibus obsides accepit[4]. Cui factioni
solum Thuregum dicitur restitisse[5]. Hiis et aliis multis 1235.
imperator compertis ipsum Heinricum captum in Apuliam du- 1242.
cens squalore carceris suffocavit. Mart., Imp.
p. 471.

20   Post hec Fridericus imperator cruce signatus, durante sententia excommunicacionis, mare transivit, liberans sine magno 1228.
labore sepulchrum Domini crucifixi de manibus incircum-
scisorum[6]. Postquam autem ab Innocentio IIII.[d] papa depositus 1245.
esset ab imperio, principes elegerunt contra ipsum Heinricum[7] lant- 1246.
25 gravium Turingie, quo post modicum tempus mortuo Willehelmus 1247.
comes Hollandie contra ipsum denuo a principibus eligitur, sed post
breve tempus a Frisonibus occiditur; et sic uterque electus benedic- 1256.
tione caruit imperiali.   Hiis temporibus floruit vita et scientia
dominus Hugo cardinalis fratrum Predicatorum ordinis, qui doctor

30   a) m̅. 1*; menses 1*α.   b) alemamia 1*.   c) sibi *eadem manu eodemque*
atramento superscr. 1*.   d) IIII. *superscr.* 1*. 1*α.

1) *Ita (pro XVII) Martini codices 10 et 11.*   2) *Cf. Mart.,
p.* 471: Hic Fridericus proprium filium, Heinricum nomine, regem tunc
Alamannie, accusatum sibi de rebellione, captum *etc.*   3) in Alsatia
35 *Ann. Marbac. a.* 1235, *ed. H. Bloch p.* 96.   4) *Cf. Ann. Marbac. l. c.;
Ann. Wormat. a.* 1233, *SS. XVII, p.* 43; *Gotifredi Viterb. cont. Eberbac.
a.* 1235, *SS. XXII, p.* 348 (extorsit maiorum pueros ei dari in signum
adiutorii obsides); *Chron. Ebersheim. c.* 43, *SS. XXIII, p.* 453 (optimorum
filios sibi dari postulat obsides); *Böhmer-Ficker, Reg. imperii V,* 1,
40 *nr.* 4349a. 4364a. 4380a; *J. Rohden in 'Forschungen zur Deutschen Geschichte' XXII, p.* 384, *n.* 3; *P. Reinhold, 'Die Empörung König Heinrichs (VII.) gegen seinen Vater', Leipzig* 1911, *p.* 57.   5) *Quod de
Wormatia tradunt Ann. Wormat. et Gotifredi Viterb. cont. Eberbac.
Sed non est, cur idem Turegi factum esse negemus, praesertim cum totus
45 locus noster ex alio auctore nobis servato minime pendeat.*   6) maiorem desolacionem Terre Sancte quam consolacionem relinquens, *Mart.*
7) *Nomen ex Gilb. q. d. Chron. cont., SS. XXIV, p.* 138.

eximius doctrina sana[1] et perlucida totam Bibliam postillavit; concor-
Mart., p.472. dantiarum etiam Biblie primus auctor fuit[2]. **Huius Friderici**
temporibus in Burgundia a montibus circiter quinque milia hominum
suffocantur. Nam unus maximus mons se dividens ab aliis montibus,
per plura miliaria cuiusdam vallis transiens, ad alios montes accessit, 5
in valle omnes villas terra et lapidibus operiendo. Tempore etiam
eius in Toleto Hispanie urbe quidam Iudeus comminuendo unam
rupem pro vinea amplianda in medio lapidis invenit concavitatem nullam penitus divisionem habentem neque scissuram et in concavitate
illa repperit unum librum quasi lignea folia habentem, qui liber tribus 10
linguis[a] scriptus, videlicet Hebraice, Grece et Latine, tantum de littera habebat, quantum unum psalterium, et loquebatur de triplici mundo
ab Adam usque ad Antichristum, proprietates hominum cuiusque mundi
exprimendo, principium vero tercii mundi posuit in Christo sic: *In
tercio mundo filius Dei nascetur ex virgine Maria et pro salute homi-* 15
num patietur. Et legens Iudeus, statim cum tota domo sua baptizatus
est[b]. Erat etiam in libro scriptum, quod tempore Ferrandi regis Castelle debebat liber inveniri. Simile **habes** in Constantino sexto.
ib., p. 461. Anno **cuius** primo quedam aurea lamina in Constantinopoli in quodam
sepulchro cum quodam defuncto ibidem iacente inventa est cum hac 20
scriptura: *Christus nascetur ex virgine Maria, et ego credo in eum.*

ib., p. 472.   Anno Domini M⁰CC⁰XXXIX. temporibus Friderici imperatoris
gens Tartarorum occupatis orientalibus et crudeliter subiectis, in duo
agmina se dividentes, Ungariam et Poloniam intraverunt, ubi cam-
1241. pestri bello habito multos nobiles et ignobiles tam viros quam 25
mulieres in ore gladii peremerunt, sic reddentes precipue
Ungariam in solitudinem, ut pre fame valida matres puerorum suorum
carnibus vescerentur et plerique pulvere cuiusdam montis pro farina
ib., Pont., uterentur.
p. 440 sq.   Alexander IIII[us] natione Campanus sedit annis VII, et cessavit 30
254 — 61. mensibus[c] III, diebus IIII. Huius tempore Manfredus filius naturalis
quondam Friderici imperatoris gerens se pro pedagogo Cŏnradi ne-
potis Friderici, ipso Cŏnradino non vere mortuo publicato, sibi ipsi
1258. coronam assumpsit, quod factum quia in preiudicium fuit domni pape,
primo excommunicatus, post contra ipsum magnus exercitus sed pa- 35
rum proficiens mittitur. Quem Manfredum Urbanus IIII.[d] na-
261 — 64. tione Gallicus, qui sedit annis III, mense[c] I, diebus III, qui successit Alexandro, cum exercitu crucesignatorum fugavit et
comiti Karolo fratri regis Francie regnum Sicilie, ut a Manfredo de-
tentore eius recuperaret, contulit. Cui successit Clemens III.[e] 40
265 — 68. natione Provincialis; sedit annis III, mensibus[c] IX, diebus XXI, et
Mart., Imp., cessavit annis III, mensibus[c] II, diebus X.
p. 472.   Anno Domini M⁰CC⁰LI⁰ Cŏnradus rex filius Friderici ut mortuo
1252. patre Sicilie regnum suscepit, per mare in Apuliam devenit et ibi
capta Neapoli muros illius funditus destruxit. Sed cum sequenti anno 45
1254. introitus sui in Apuliam infirmari cepisset, veneno mixto intulit sibi
mortem.

---

a) lignis *mut.* ligvis 1*.   b) est *om.* 1*a.   c) m̊ 1*.   d) IIII. *superscr.*
1*. 1*a.   e) III *(sic!) superscr.* 1*. 1*a.

1) *Ita Martini codices* 8—11.   2) *Martini rec. C.*   50

Anno Domini M⁰CC⁰LX⁰ᵃ supradictus Karolus, qui pro recu- **1265.** *Mart., Imp.* peratione regni Sicilie per Urbanum papam vocatus fuerat, navigio *p. 473.* venit. Deinde intrans Apuliam, bello campestri habito predictum Manfredum et regno et vita privavit. **1266.**

5 Anno Domini M⁰CC⁰ ut prius[1] rex Ungarie pro terris re- 1260. gem Boemie bello aggreditur, habens in exercitu suo diversarum orientalium nationum h o m i n e s, circa XL milia equitum. Cui rex Boemie

., 336. cum centum milibus equitum e t, u t dicitur, c u m VII mili b u s *equorum ferro coopertorum ad resistendum occurrit. Cumque in confini o 10 regn i ⟨bellumᵇ⟩ inchoatum fuisset, ex collisione equorum et armorum tantus pulvis de terra surrexit, ut media die vix homo hominem cognoscere potuisset. Tandem Ungari rege eorum graviter vulnerato terga vertentes, cum cedentes festinarent effugere, in quodam fluvio profund i s s i m o, quem transire debuerant, preter alios occisos circa 15 XIIII milia hominum submers i dicuntur, rege Boemie victoria habita Ungariam intrante. Rex Ungarie pacem querit, terras, que discordie causa fuerant, restituit et in futura m ᶜ amiciciam mediante matrimonio confirmavit.

Anno Domini M⁰CC⁰LXIIII⁰ cometes tam nobilis apparuit, 20 qualem nullus tunc vivens ante vidit. Ab oriente enim cum magno fulgore surgens usque ad medium emisperii versus occidentem comam perlucidam protrahebat et, licet in diversis partibus mundi forte multa sign a verit, hoc t a n t u m pro certo compertum est unum : ut, cum plus quam per tres menses duraverit, ipso primo apparente papa Ur- 25 banus cepit infirmari et eadem nocte, qua papa expiravit, et cometes 1264. disparuit.

Anno Domini M⁰CC⁰LXVIII. Cŏnradus olim nepos Friderici 1268. imperatoris parvipendens domni Clementis III.ᵈ pape excommunicationem e t contra domnum r e g e m Karolum, quem ecclesia regem 30 Sicilie fecerat, insurgens, ad Teutonicos quos habuit quam plurimis Lombardis et Tuscis adiunctis, pervenit usque Romam. Ubi cum imperiali more sollempniter receptus fuissetᵉ, associato sibi senatore Urbis domno Heinrico fratre regis Castelle et quam plurimis Romanis contra regem Karolum Apuliam intravit. Sed post durum campestre bellum 35 Cŏnradinusᶠ cum suis terga vertentibus capitur et a Karolo cum multis nobilibus decapitatur².

Anno Domini M⁰CC⁰LXX⁰ Lodowicus rex Francie non p e r- 1270. territus p r e c e t e r i s laboribus et expensis, quas olim fecerat ultra *Mart., p. 474.* mare, iterato cum duobus filiis, adiuncto sibi rege Navarre et quam 40 plurimis prelatis et baronibus, pro recuperatione Terre Sancte iter assumpsit. Verum ad hoc, ut Terr a m Sanct a m facilius recuperar e t, incidit ipsis consilium, ut regnum Thunitii, quod in medio consistens non par u m transfretantibus dabat impedimentum, primitus subicere- t u r Christianorum potestati. Et cum Portum et³ Carthaginem, que 45 est prope Thunicium, potenti manu cepissent, infirmitas, que illo anno maxime circa confinia maris viguit, exercitu m nimis i n v o l v i t; et

---

a) *ita* 1*. 1*a; 1265. *Mart.*   b) *ita ex Mart. supplevi;* prelium *suppl. Pertz.* c) *ita* 1*. 1*a; futurum *rectius Mart.*   d) III *(sic!) superscr.* 1*. 1*a.   e) fuissct *om.* 1*a.   f) Cŏnradinus *mut.* Conradus 1*.

50   1) *Id est a.* 1260, *ut Mart. habet, cf. supra l.* 1.   2) *Ita Martini codices* 8—11.   3) in Cartagine *vel* ad Cartaginem *Martini codices* 8 *et* 11.

Mart. l. c. primo quidem de regis Francie filiis unum, post legatum domni pape, deinde ipsum regem Lodowicum cum multis comitibus et baronibus necnon et aliis simplicibus de medio sustulit. Quam feliciter autem predictus rex terminaverit, rex Navarre domno Tusculano per litteras intimavit. Nam in infirmitate sua laudare nomen Domini non 5 cessavit, illam orationem quandoque interserens: *Fac nos, queso*[a], *Domine, prospera mundi huius despicere et nulla eius adversa formidare.* Orabat etiam pro populo[b], quem secum duxerat, dicens: *Esto, Domine, plebi tue sanctificator et custos* etc. Et dum apropinquaret

cf. Ps. 5, 8. ad finem, suspexit in celum dicens: *Introibo in domum tuam, Domine*[c] 10 etc. Et hoc dicto obdormivit in Domino.

1273. Anno[1] Domini M°CC°LXXIII° crastino beati Michahelis Rů-
Gilb. cont. dolfus comes in Habisburc et in Kiburg per principes electores regis Alemannie in curia Frankinvurt[d] sollempniter celebrata in regem Alemannie concorditer est electus. Quem absentem et, quid de se inter 15 principes agferetur, penitus ignorantem idem principes per burgravium de Nůrinberg[e] ad se cum suis literis electionem expressam de ipso factam continentibus vocaverunt et venientem ac magnifice prout decuit susceptum ad regimen regni in Frankinvurt[f] concorditer et sollempniter extulerunt. Qui de consilio principum in festo beati Luce in- 20 mediate sequenti in ipsorum presentia et infinite multitudinis prelatorum, nobilium ac aliorum hominum Theutonie, qui ad consecracionem eius de ultimis finibus Theutonie confluxerunt, Aquisgrani est cum illustri domna regina uxore sua, filia comitis Burchardi de Hohinberc[g] in Suevia, in regem Romanorum sollempniter consecratus. 25 In qua curia statim unam de filiabus suis Ludewico palatino Rheni, aliam duci Saxonie maritavit.

ib. Anno Domini M°CC°LXXIIII° circa festum apostolorum Phi-
1274. lippi et Iacobi domnus Gregorius X[us], natione Lombardus de civitate Placentia[2], spiritu Dei plenus celebravit Lugduni concilium gene- 30 rale, in quo Grecos ad obedientiam ecclesie Romane recepit; et ad[2]
Mart. cont. unitatem ecclesie redire promittentes Spiritum sanctum confessi sunt a Patre et Filio procedere, simbolum in concilio sollempniter decantando. Hic cum archidiaconus esset Leodiensis et devocionis causa ultra mare iter arripuisset, ibidem existens, in palatio Viterbiensi 35
1271. anno Domini M°CC°LXXII° in *papam a cardinalibus est electus. *p. 3
Gilb. cont. Hic novas constitutiones edidit, inter quas unam saluberrimam de festina summi pontificis electione condidit, per quam cardinales[h] strictissime cogebantur subito viduate ecclesie Romane providere. Quam sanctam constitutionem revocavit cum magno scandalo Iohannes papa 40
1276. XXI[us] in consistorio Viterbiensi, anno Domini M°CC°LXXVI°, VIII° Idus Octobris[i]. Unde, ut creditur, ultio divina secundo anno sui papatus, trabe de suo solario Viterbii super eum ruente et obruente,

---

a) q̄s 1*.   b) etiam ꝑplo 1*.   c) do 1*; *om.* 1*a.   d) *ita* 1*; Franckin-
wurt 1*a.   e) *ita* 1*; Nůrinberg 1*a.   f) *uta* 1*; Frankinwurt 1*a.   g) hoȟmberc 1*a. 45
h) carnales 1*.   i) Octob24 1*.

1) *Ea quae sequuntur ex Gilberti q. d. continuatione, quae in codice Turicensi hic adhibito autographa exstat (cf. praefationem in Ottonis Fris. Chronicam p. LXXII, n. 4), desumpta sunt, SS. XXIV, p.* 138.   2) *Ex Martini editionis tertiae continuatione, SS. XXII,* 50 *p.* 442.

tulit miserabiliter de hac vita, et sic, qui revocando tam utilem toti **1277.**
ecclesie constitutionem ipsam scandalizavit, cum tocius ecclesie scan- *Gilb. cont.* *Mart. cont.*
dalo est defunctus [1].   Huic etiam concilio Tartari affuerunt, qui **1274.**
baptizati ad propria redierunt.   Hic etiam Gregorius crucem ad *Gilb. cont.*
5 subsidium Terre Sancte per totum mundum predicari precepit. Decimas omnium ecclesiarum colligi iussit ad auxilium dicte terre. Omnes
mendicantes ordines seu religiones abolevit, exceptis nominatim fra-
tribus Predicatoribus et Minoribus, quos idem concilium universali ecclesie utiles iudicavit.   Hic papa mire experientie in secularibus *Mart. cont.*
10 non intendebat pecuniarum lucris, sed pauperum elemosinis. Huic
etiam concilio interfuit Romanorum rex Rodolfus [2]. Numerus autem prelatorum, qui fuerunt in concilio, fuit quingenti episcopi
et sexaginta abbates et alii prelati circa mille[a].

a) τελὸσ *manu rec. add.* 1*a.

15   1) *A.* 1277. *Maii* 20.   2) *In hunc modum fortasse auctor*
corrupit illud Martini continuati, SS. XXII, p. 442, *l.* 37—39: Huius
tempore rex Romanorum et rex Francorum . . . cruce signati sunt.

ADDENDA.

P. 9, *n.* i, *l.* 37. *lege* '*l.* 19.' *pro* '*l.* 24'.

P. 18, *l.* 28 — 29: *Cf. ex. gr. Hegesipp. Bell. Iud. III*, 9: urgebat Vespasianus iaculis, urgebat sagittis, missilibus quoque plurimi Iudaeorum ultra muros progressi destinata feriendi arte vulnerabantur.

P. 27, *n.* 6: *Hartmannus occurrit etiam, monente v. d. Schubert, Ulmae d.* 8. *Mart. a.* 1166, *Stumpf nr.* 4066 *(cf. nr.* 4067*), Herbipoli d.* 28. *Iun. a.* 1168, *Stumpf nr.* 4094, *et saepius usque ad d.* 18. *Aug. a.* 1178, *Viennae, Stumpf nr.* 4263. *Cf. I. Ficker,* '*SB. der Wiener Akad. der Wissensch., phil.-hist. Cl.*' *XL, p.* 499.

P. 29, *n.* 1: *Cf. etiam K. Hampe,* '*Histor. Zeitschrift*' *CIX* (1912), *p.* 77, *n.* 1.

P. 33, *n.* 5: *Cf. iam K. Hampe,* '*Histor. Zeitschrift*' *CIX* (1912), *imprimis p.* 65 *sqq.*

P. 47, *l.* 25: *Cf. ex. gr. Nithard. I,* 1 *fin.*: quae nec Romana potentia domare valuit.

P. 51, *n.* 2: *Cf. etiam Fr. Tournebize,* '*Histoire politique et religieuse de l'Arménie*' *I. Paris, Picard, sine anno* (1910?), *p.* 184 *sqq.* 272.

P. 55, *l.* 6: *De Anglorum fide inde a saeculo XII. etiam Francogallis suspecta cf. Ch.-V. Langlois in* '*Revue historique*' *LII* (1893), *p.* 310, *n.* 5. *et p.* 313 *sq.*

P. 59, *n.* 3. *adde: De Marquardo postremus egit H. Schreibmüller,* '*Pfälzer Reichsministerialen*', *Kaiserslautern* 1911, *p.* 33 — 35.

P. 108, *n.* 2. *adde: Cf.* '*Chronik der Stadt Zürich*', *ed. I. Dierauer,* '*Quellen zur Schweizer Geschichte*' *XVIII, p.* 24, *quem locum nobiscum communicavit H. Nabholz Turicensis.*

P. 109, *l.* 6 (et Berthe): *Hanc interpolationem, cum priores desint, etiam veteres translationes huius diplomatis Germanicae teste H. Nabholz Turicensi praebent, quarum vetustissima in libro qui dicitur* '*Hering'sches Urbar*' *saec. XV. prioris exstat; eandem habes in apographo bibliothecae civitatis Turicensis* '*Manuskripte*' *K. Apographa Latina, eodem testante viro humanissimo, textum genuinum, non interpolatum exhibent.*

INDEX NOMINUM.

Maior numerus paginam, minor lineas quinas indicat.

A.

Aachen *v.* Aquisgranum.
Aargau *v.* Ergů.
Abaelardus *v.* Petrus Baiulardus.
Accaron civ. (Syriae), *Akkon (Akka)* 2, 35. 42, 30. 48, 5. 52, 15 — 55, 10. 57. 64, 1. 68, 10. 69, 1; Ptolomaida 4, 10; Accaronitae 53, 25; Accaronica milicia 52, 30.
Acerrae *v.* Scerre.
Adala filia Diepoldi II. marchionis de Vohiburch, uxor Friderici I. regis et imp. 1, 15. 10, 20.
Adalbero episc. Wirczpurg. 98, 30.
Adam 112, 10.

(Adelbertus), Albertus.

(Adelbertus III.) archiep. Salzburg. 72, 20.
(Albertus II.) dux Saxon. 114, 25; uxor: Agnes.
Albertus III. comes de Habisburc 29, 5; uxor: Ita.
(Adelgozus II.) nobilis de Swabeggi 29, 10.
Admontense monast., *Admont (Steiermark, BH. Liezen)* 99, 1.
(Adolfus I.) archiep. Colon. 71, 20. 73, 5. 74, 20.
Adrianus papa IV. 1. 6, 10. 7. 9. 10. 14, 10.
(Aegyptus), Egiptus, *Aegypten* 100, 25. 101, 15.
(Aelianus), Heylanus (rebellis) 101, 30.
(Aeneas), Eneas 104, 30.
Aeugst *v.* Osta.
S. Agathae eccl. Catin. 60, 20.

Agenorides: Cathmus.
(Agnes) filia Rudolfi I. regis Roman., uxor Alberti II. ducis Saxon. 114, 25.
Agripina *v.* Colonia.
Alamannia, *Schwaben* 70, 20. 72, 15. 73, 5. 80, 10. 83, 20; Alemannia 26, 10. 35, 20. 107, 15; Almannia 30, 1. 70, 20; ducatus 70, 20. 71, 1. 80, 10; Alamannicus ducatus 108, 20; duces: *v.* Swevia.
(Alamannia), Alemannia, *Deutschland* 110, 15. 111. 114, 10; reges: *v.* Romani.
Alanus (de Insulis) mag. 3, 1. 64, 15. 65, 1.
Albericus quidam (Veronensis) 8, 5.
Albertus *v.* Adelbertus.
Albia fluvius, *Elbe* 36, 20.
Albis, *Albis mons prope lacum Turicensem* 103, 15.
Albis forestis (regius), *der Sihlwald prope Horgen (Kt. Zürich)* 108, 25.
Albisrieden *v.* Rieden.
(Aldefonsus VIII.) rex Hispan. (Castellae) 40, 15; filia: Berengaria.
(Aldefonsus X.) rex Castellae 113, 30; fr.: Heinricus.
Alemannia *v.* Alamannia.
Alexander *v.* Paris.
Alexander Magnus 51, 20.
Alexander papa III, Rolandus cancellarius 2. 14. 15. 20, 15. 28, 10. 31. 34, 30. 35, 10. 37, 10; *cf.* 9, 15.
Alexander papa IV. 112.
Alexandria, *Alessandria (Italien)* 2, 10. 31, 20. 32. — Alexandrini 32, 35.

de S. Blasio, *St. Blasien (Baden, Kr. Waldshut):* Otto.

Boecius 5, 15.

Boemia, *Böhmen* 12, 10. 33. 41, 1. 74, 1. 113; Bohemia 107, 10; rex 33, 10; r e g e s : Wladislaus II. *(primo* dux), Ottakarus I, Ottakarus II. — Boemici barones 21, 20; Boemicus exercitus 21, 15; Boemus, pincerna (princeps elector) 74, 30.

(Boleslaus IV.) dux Polan. 7.

Bonifacius I. marchio de Monteferrato 80, 20. 82, 1.

Bononia civ., *Bologna (Italien)* 87, 1.

Bordeaux *v.* Burdegalis.

Boswile, *Boswil (Schweiz, Kt. Aargau)* 103.

Bourges *v.* Bituris urbs.

Brabandia, *Brabant* 67, 5. 74, 5; d u x : Heinricus I.

de Brandenburg marchio, prepositus camerae (princeps elector) 74, 30.

Braunschweig *v.* Bruniswich.

de Bregancia, *Bregenz (Vorarlberg),* c o m e s : Rudolfus.

Britannicus occeanus 106, 20; Britannum mare 101, 35.

Brixienses *(Brescia, Italien)* 34, 15.

Brundusium, Brundisium civ., *Brindisi (Italien, prov. Lecce)* 48, 5. 64, 1.

Bruniswich, Brunswic, civ., *Braunschweig* 36, 15. 82, 10. 86, 15.

Bulgari 47, 1; Wulgari 104, 10.

Bulgaria 46, 20. 47, 1.

Burchardus comes de Hohinberc 114, 24 — 25; f i l i a : Gertrudis.

Burdegalis urbs, *Bordeaux (dép. Gironde)* 102, 10.

Burgundia 9, 1. 10, 25. 11, 1. 30. 31, 1. 40, 20. 102, 20. 106, 15. 112, 1; regnum 30, 5; c o m i t e s : Reginboldus, Otto; d u x : Karolus (Audax).

de Butin, *Pitten (Pütten) (Nieder-Oesterreich, BH. Neunkirchen),* c o m e s : Egebertus.

C. Ka-.

Cabilonis, *Chalon-sur-Saône (dép. Saône-et-Loire)* 102, 1.

Cadurx urbs, *Cahors (dép. Lot)* 102, 15.

Caelestinus *v.* Celestinus.

Calabria 11, 5. 15, 20. 60, 10. 63, 15. 69, 15. 72, 5; Calabricum bellum 63, 25.

Calixtus papa (III.) 28, 10. 31, 15. 34, 25.

de Kallindin, *Kalden castro diruto (Bayern, RB. Schwaben und Neuburg, BA. Donauwörth):* Heinricus marscaldus.

Campania, *regio Italiae (prov. Neapel, Caserta)* 39, 25. 56. 59, 15. 60. 69, 15; Campanus: Alexander papa IV.

Campania, *Champagne* 55, 20; c o m e s : Heinricus II.

Cantuariensis *(Canterbury, England)* a r c h i e p . : Thomas.

Capua civ. *(Italien, prov. Caserta)* 59, 20 — 60, 1; Capuae principatus 39, 10.

Carinthia 107, 10.

Karlomannus rex Franc., fil. Pipini regis 106, 5.

Karlomannus rex Franc. (orient.), fil. Ludewici II. regis 106, 25. 107, 10.

Carnotensis urbs, *Chartres (dép. Eure-et-Loir)* 102, 1.

Karolus Marcellus (Martellus), fil. Pipini 105, 25; f i l . : Pipinus.

Karolus, Carolus, Magnus rex Franc., imp., fil. Pipini regis 102. 103. 106. 108, 15; f i l . : Ludewicus.

Karolus II. Calvus rex Franc. (occident.), fil. Ludewici I. imp. 106.

Karolus III. rex Franc., fil. Ludewici II. regis 106, 25. 107, 15.

Karolus comes (Provinc.), I. rex Sicil. 112, 35. 113; fr.: Lodowicus.

Karolus (Audax) dux Burgund. 40, 20.

Carthago civ. 113, 40.

Castella, *Kastilien* 112, 15. 113, 30; r e g e s : Aldefonsus VIII, Ferrandus III, Aldefonsus X.

Cathmus Agenorides 101, 1.

Catinensium civitas, *Catania (Sizilien)* 60; e c c l . : S. Agathae; e p i s c . : Rogerius.

Celestinus papa III. 2, 25. 3, 5. 48. 55, 25. 56, 20. 58, 15. 72, 15.

Celestinus papa IV. 111, 5.
Cenomannensis urbs, *Le Mans (dép. Sarthe)* 102, 5.
Chalon-sur-Saône *v.* Cabilonis.
Champagne *v.* Campania.
Chartres *v.* Carnotensis urbs.
Chelmunz castrum, *Kellmünz (Bayern, RB. Schwaben und Neuburg, BA. Mindelheim)* 21, 5.
Chiavenna *v.* Clavenna.
Childebertus III. rex Franc. 105, 20.
Childericus *v.* Hildericus.
(Chilpericus), Clipericus I. rex Franc., fil. Clotarii I. regis 105, 15.
Chlo- *v.* Clo-.
Christianus I. archiepisc. Magunt. 23. 24. 35, 1. 49, 1.
Christiani 3, 10. 4, 20. 42. 43. 47, 5. 51, 5 — 54. 64. 65, 15. 67. 81, 30. 82, 1. 113, 40; Christianus 37, 5. 105, 15; Christianus exercitus 2, 30. 49, 25. 55, 10; Christiana milicia 52, 5, religio 104, 15; christianitas 24, 30; Christianitatis fides 104, 15.
de Chunigisberch, *Hohkönigsburg (Unter-Elsass, Kr. Schlettstadt):* Bertoldus.
Chunigisberc mons quidam (apud Adrianopolim) 47, 20.
Chur *v.* Curiensis.
Cidnus *v.* Cydnus.
Cilicia 45. 49, 15. 50, 5; metropolis: Iconium.
Cisalpina, *Deutschland* 8, 1. 17, 15. 19, 20. 28, 15. 56, 20. 57, 1; Cisalpinae partes regni 21, 25; Cisalpinae regiones 39, 24—25; Cisalpinum regnum 73, 25 — 74, 1.
Cisterciensis, Cysterciensis, ordo 81, 20. 85, 30. 86, 5; monast.: Morimund., Paris.
Claravallis, *Clairvaux (dép. Aube, arr. Bar)* 1; Clarevallensis abbas: Bernhardus.
Clarona villa, *Glarus (Schweiz)* 100, 15.
Clarusmons urbs, *Clermont-Ferrand (dép. Puy-de-Dôme)* 102, 10.
Clavenna civ., *Chiavenna (Italien, prov. Sondrio)* 33, 15. 35, 20.
Clemens papa III. 2, 25. 43, 25. 48, 1.
Clemens papa IV. 112, 40. 113, 25.

Clermont-Ferrand *v.* Clarusmons.
Clipericus *v.* Chilpericus, Hildericus.
Clodio fil. Pharamundi, rex Franc. 105; affinis: Meroveus.
Clodoveus I. rex Franc., fil. Chilperici regis 105, 15; fil.: Clotarius.
Clodoveus II. rex Franc. 105, 15.
Clotarius I. rex Franc., fil. Clodovei I. regis 105, 15; fil.: Chilpericus.
Cluniacensis ordo *(Cluny, dép. Saône-et-Loire, arr. Mâcon)* 85, 30.
Coelestinus *v.* Celestinus.
Colonia, *Köln (Rheinprovinz)* 73, 10. 80, 5; Agripina 101, 20; Colonienses 45, 10. 48, 1. 74, 15; civitas 45, 10; Coloniensis eccl. 19; Coloniensis episcopus 71, 20. 74, 20; Coloniensis (archiep., princeps elector) 74, 25; archiep.: Arnoldus II, Reginoldus, Adolfus I.
Como *v.* Cumani.
Concio legum *v.* Gunzinlech.
Konia *v.* Iconium.
Cônradinus *v.* Conradus.

Conradus, Cônradus, Cûnradus, Chûnradus.

Conradus II. imp. 98, 5; fil.: Heinricus III.
Cônradus III. rex (Roman.) 1. 4. 5, 5. 6. 20, 20. 26, 5; fil.: Fridericus; fr.: Fridericus; fr. (uterinus): Heinricus.
Cônradus IV. rex (Roman. et) Sicil., fil. Friderici II. imp. 112, 40.
Cônradus, Cônradinus, fil. Conradi IV. regis 112, 30. 113.
Cûnradus archiep. Magunt. 66, 20; = Cônradus III. archiep. Salzburg. 35, 1.
Cônradus episc. August. 18, 15.
Cûnradus cancellarius, I. episc. Herbipol. 66, 20. 67, 15. 68.
(Conradus III.) episc. Spir., cancellarius regis 87, 5.
(Conradus II.) episc. Wormat. 34, 10.
Cônradus dux Suev., fil. Friderici I. imp. 11, 1. 30, 30. 40, 15. 57. 70, 15; sponsa: Berengaria.

(Constantia) filia Rogerii II. regis
Sicil., uxor Heinrici VI. regis et
imp. 39. 40. 48, 15. 55, 25. 56.
66, 5. 70, 1. 72, 5; consanguineus: Ricardus.
Constancia civ., *Konstanz (Baden)*
10, 20. 39, 1; Constanciensis
chorus 10, 20; Constantiensis diocesis 98, 10. 103, 10. 106, 30;
episc.: Hermannus I, Diethelmus, Eberhardus.
Constantinopolis, Constantinopolitana civ., urbs 2, 30. 3, 14—15.
47, 20. 69, 30. 70, 10. 81. 112, 15;
urbs regia 31, 4—5; regia civitas 82, 1; Constantinopoleos *genit.*
81, 20; eccl.: agyae Sophiae. —
Constantinopolitanum imperium
69; Constantinopolitanus imperator 4, 30. 49, 5; imperatores:
Isaac II. Angelus, Alexius III,
Alexius IV. — Constantinopolitani 81, 1.
Constantinus VI. imp. 112, 15.
Cremenses *(Crema, Italien, prov.
Cremona)* 11, 10; civitas 11, 15.
Cremonenses *(Cremona, Italien)*
11, 10. 31, 10. 34, 5.
S. Crucis in Ierusalem (Romae)
presb. card.: Leo.
Cumani *(Como, Italien)* 31, 10. 34.
Curiensis *(Chur, Kt. Graubünden)*
v. Recia.
(Cydnus), Cidnus amnis (Ciliciae),
Tersus-tschai 51.
Cysterciensis *v.* Cisterciensis.

D.

Dacia, *Dänemark* 14, 20; rex
(a. 1159) 14, 20; *cf.* Dani.
Dagobertus I. rex Franc. 105, 15.
Dagobertus III. rex Franc. 105, 20.
Damascus civ. (Syriae), *Esch-Scham*
4, 15. 42; rex: Saladinus.
Dani 41, 1; *cf.* Dacia; rex: Walde-
marus I.
Daniel 13, 30.
Danubius fl., *Donau* 105, 1.
Decius praeses 100, 20.
Deutschland *v.* Alamannia, Cis-
alpina, Germania, Teutonia.
(Diepoldus II.) marchio de Vohi-
burch 10, 20; filia: Adala.

(Diepoldus) *v.* Theobaldus.
(Dietericus comes) *v.* de Misen
marchio.
Diethelmus episc. Constant. 71, 1.
Dimotika *v.* Themut.
Dola, *Dôle ad Doubs fl. (dép. Jura)*
40, 20; Tholensis curia (a. 1162)
40, 15.
S. Dominicus 110. 111, 1.
Donauwörth *v.* Werde.
Dordona fl., *Dordogne* 102, 15.
Duringin *v.* Thuringia.

E.

(Eberhardus II.) episc. Babinberg.
10, 1.
Eberhardus II. de Waltburch, episc.
Constant. 107.
Eberhardus episc. Ratisbon. 26, 5.
Ebrach *v.* Hebera.
Eduensis urbs, *Autun (dép. Saône-
et-Loire)* 102, 1.
Egebertus comes de Butin (Pütten)
11, 25.
Egiptus *v.* Aegyptus.
Elias *v.* Helyas.
S. Elisabeth filia Andreae II. regis
Ungar., uxor Ludewici IV. lantgr.
Thuring. 110, 30.
Elizabetha de Wezinkon, abbatissa
Turic. 107.
Emicho comes de Liningen 73, 20.
Eneas *v.* Aeneas.
Engolisma urbs, *Angoulême (dép.
Charente)* 102, 15.
Eresburg *v.* Heresburc.
Ergů, *Aargau* 98, 10.
Esdra (liber) 13, 30.
(Eskillus) archiep. Lund. 9.
Esther *v.* Hester.
Ethiocles 100, 25.
Etsch *v.* Athesis.
Eugenius papa III. 1, 5. 3, 20, 5, 10.
6, 5.
Evreux *v.* Hebroensis urbs.
Exuperantius martyr 100, 15.
Ezechiel 26, 1.

F. V. Germ.

SS. Facundi et Primitivi monast.
in Hispania *(Sahagun, prov. León)*
103, 1.

Fällanden *v.* Vellanden.
Felix martyr 100, 15.
SS. Felicis et Regulae monast.
Turic. 107, 35. 108; sanctimonialium nobilium feminarum 108, 35.
Vellanden, *Fällanden (Schweiz, Kt. Zürich)* 103, 20.
de Veringin, *Veringen (Preussen, RB. Sigmaringen):* Hainricus II. episc. Argentin.
Ferrandus III. rex Castellae 112, 15.
Flandrensis *(Flandern)* comes: Balduinus IX.
Fleming: Iohannes.
de Vohiburch, *Vohburg (Ober-Bayern, BA. Pfaffenhofen),* marchio: Diepoldus II.
Volco sacerdos, parroch. de Novilleio 3, 10. 75—79.
Fordue *v.* S. Iohannes.
Franci 104—106, 5; princeps: Franco; dux: Marchomenes (Marchomirus); reges: Pharamundus, Clodio, Meroveus, Hildericus *(perperam* Clipericus) I, Clodoveus I, Clotarius I, Clipericus I, Dagobertus I, Clodoveus II, Theodericus III, Childebertus III, Dagobertus III, Hildericus III, Pipinus, Karolus Magnus, Karlomannus, Ludewicus I, Lotharius I, Ludewicus II, Karolus II. Calvus, Karlomannus, Ludewicus II, Karolus III; Francorum lex 86, 10.
Franci, *Franzosen* 4. 37, 20. 40. 45, 5. 48, 5. 53. 56, 10. 102, 15; reges: Ludewicus VII, Philippus II, Lodowicus IX; principes 4, 5. 37, 20.
Franci (= peregrini) 43, 20.
Francia 105, 30. 106; Francia, *Frankreich* 56, 10. 75, 1. 76, 25. 112, 35. 113, 35. 114, 1; rex 76, 25; reges: *v.* Franci; Franciae alacritas bellandique scientia 52, 30. — Francia orientalis 107, 14—15. 109, 25.
Frankinfurth civ., *Frankfurt a. M. (Prov. Hessen-Nassau, RB. Wiesbaden)* 83,15; Franconefurt 106, 35; Frankinvurt 114.
S. Franciscus, Iohannes 110.
Franco princeps 104, 35.

Freising *v.* Frising.
Fresia, *Friesland* 107, 15.
Fresones 102, 35; Frisones 111, 25.
Friburgensis civ., *Freiburg (Baden)* 5, 5.

Fridericus, Fridricus.

Fridericus I. rex et imp., III. dux Suev., fil. Friderici II. ducis Suev. 1. 2. 4. 6—21, 25—23, 25. 25. 27—40. 44—48, 10—53. 84, 20. 106, 1; uxores: Adala, Beatrix; filii: Heinricus VI, Fridericus. Conradus, Otto, Philippus; filii 30, 10; liberi 30, 15; filia 37.
Fridricus rex Sicil., II. rex Roman. et imp., fil. Heinrici VI. imp. 69, 10. 71—73. 110—113, 25; filii: Heinricus, Conradus, Manfredus.
Fridericus I. dux Orient., fil. Leopaldi V. ducis 5, 1. 67, 1.
Fridericus II. dux Suev. 4, 1; fil.: Fridericus I. imp.; fr.: Conradus III. rex.
Fridericus dux de Rotinburch (IV. dux Suev.), fil. Conradi III. regis 12, 5. 20. 21, 15. 25, 20. 26. 28, 15. 31, 1.
Fridericus V. dux Suev., fil. Friderici I. imp. 2. 11, 1. 30, 15. 37, 15. 38, 20. 44, 20. 46, 15. 52. (Fridericus III.) burgr. de Nûrinberg 114, 15.
Frigia, *Phrygien* 50, 5.
Frisingensis, Frigisensis *(Freising, Oberbayern)* episc.: Otto I.
Frisones *v.* Fresones.
(Fulcherus) patr. Hierosol. 4, 10.
Fulco *v.* Volco.
Vuldensis *(Fulda, Preussen, Prov. Hessen-Nassau, RB. Kassel)* abbas: Rabanus.

G.

Gaiziburron, *Gaisbeuren (Württemberg, Donaukreis, OA. Waldsee)* 21, 15.
Galicia (Hispaniae) 103, 5.
S. Galli *(St.-Gallen, Schweiz)* abbas: Othmarus.

Italicus marchio (Anconae):
Wernherus II.
Iudas (Ischarioth) 67, 20.
Iudea 101.
Iudei 67, 20; Iudeus quidam 112.
(Iudith) uxor Ludewici I. imp.
106, 15.
Iudit (liber) 13, 30.
Iuris mons, *Jura* 101, 35.
Iustinianus I. imp. 81, 10.

Ke-, Ki-. *Cf.* C.

Kellmünz *v.* Chelmunz.
in Kiburg, *Kyburg castro (Schweiz,
Kt. Zürich)*, comes: Rudolfus de
Habisburc.
(Kilidsch Arslan II.) soldanus Icon.
37, 1. 45.

L.

Lambacense monast. (dioc. Patav.),
*Lambach (Ober - Oesterreich, BH.
Wels)* 98, 30.
de Landisberch, *fortasse Lands-
berg ad Lech fl. (Oberbayern)?:*
Heinricus.
Lateran(us) 110, 40; Lateranensis
eccl. (Romae) 110, 20; Latera-
nense concilium (a. 1179) 2, 10.
35, 10.
Latini 17, 10 (Italici). 82, 1. — La-
tine 112, 10; Latino idiomate
85, 20; Latina miliaria 12, 15.
Lauda nova civ., *Lodi (Italien,
prov. Mailand)* 18, 4—5.
Lausannensis *(Lausanne, Schweiz,
Kt. Waadtland)* episcopatus 30, 10.
Lemanni lacus, *Genfer See* 101, 35.
Le Mans *v.* Cenomannensis urbs.
Lemovicum urbs, *Limoges (dép.
Haute - Vienne)* 102, 10.
de Lenzburg, *Lenzburg (Schweiz,
Kt. Aargau)*, comes: Ulricus;
de Lenziburch nobiles (comites)
29, 15.
Leo card. presb. tit. S. Crucis in
Ierusalem 80. 85.
Leo II. princeps (rex) Armenio-
rum (Ciliciae) 51, 1.
Leodiensis *(Lüttich, Belgien)* archi-
diac.: Gregorius papa X.

Leopaldus, Lupoldus.

Leopaldus III. marchio Orient.
4, 30. 6, 15. 7, 1; fil.: Heinricus.
Leopaldus V. dux Orient. (Austr.),
fil. Heinrici ducis 5, 1. 48, 1.
53 — 55, 5. 57. 58. 66, 10. 67, 1;
filii: Fridericus, Leopaldus.
Leopaldus VI. dux Orient. (Austr.),
fil. Leopaldi V. ducis 5, 1. 67, 1.
74, 1 (Lupoldus). 86, 10.
Ligeris, Lygeris, fl., *Loire* 101, 35.
102.
Ligures, *i. e. Mediolanenses* 16, 25.
17, 10. 34, 20; Liguricum bellum
19, 30.
Liguria (Lombardia) 11, 10. 18, 15;
caput: Mediolanum.
Limoges *v.* Lemovicum.
de Liningen, *Leiningen, Alt- et
Nieder- (Bayern, Pfalz, BA.
Frankenthal)*, comes: Emicho.
Lodi *v.* Lauda.
Lodowicus *v.* Ludewicus.
Loire *v.* Ligeris.
Lombardi 113, 30; Lombardus:
Gregorius papa X, Petrus. *Cf.*
Italia, Liguria.
Lorosham, monast. S. Nazarii,
*Lorsch (Hessen, Prov. Starken-
burg, Kr. Bensheim)* 106, 35.
Lotharingia, *Lothringen* 106, 25.
107, 15.
Lotharius I. rex Franc., imp., fil.
Ludewici I. imp. 106.
Lotharius (de Supplinburg) imp.
6, 15. 39, 15; filia: Gertrudis.
de Lovin, *Löwen (Belgien, prov.
Brabant)*: Heinricus I. dux
Braband.
Lucius papa III. 2, 15. 37, 10.
38, 25.

Ludewicus, Lodowicus.

Ludewicus I. Pius rex Aquitan.,
Franc., imp., fil. Karoli Magni
106. 108, 15; uxores: Irmen-
gardis, Iudith; filii: Lotharius,
Pipinus, Ludewicus, Karolus.
Ludewicus II. rex Franc. (orient.),
fil. Ludewici I. imp. 103, 20. 106—
109, 20; liberi: Karlomannus,
Ludewicus, Karolus, Berchta,
Hiltegardis.

Morimundensis *(Morimond, dép.*
Haute-Marne, arr. Langres) a b -
b a s : Heidenricus.
Moringin, *Möhringen auf den Fildern*
(Württemberg, Neckarkreis, OA.
Stuttgart) 20, 15.
Mosa fl., *Maas* 101, 25. 102, 15. 106, 20.
Mulnhusin opp. *Mühlhausen (Prov.*
Sachsen, RB. Erfurt) 73, 5.
Mǔnster *v.* Beronensis eccl.
Mure prope Glatse, *Maur (Schweiz,*
Kt. Zürich, Bez. Uster) 103, 20.

N.

Nannetis urbs, *Nantes (dép. Loire-*
Inférieure) 102, 5.
Narbona urbs, *Narbonne (dép. Aude)*
102, 10; Narbonensis *v.* Gallia.
Navarra 113, 35. 114, 1 ; rex: Theo-
baldus II.
S. Nazarii m o n a s t.: Lorosham.
Neapolis civ., *Neapel (Italien)* 56, 10.
112, 45.
Neuburg *v.* Nuinburch.
Neustria, nova Austria 102, 15.
Nieder - Marsberg *v.* Heresburc.
Nilus fl. 100, 30.
Nivernensis urbs, *Nevers (dép.*
Nièvre) 102, 1.
Norici 1, 10. 4; Noricus ducatus
7, 1. 36; d u c e s: *v.* Bawaria.
Noricum castrum, *Nürnberg (Mittel-*
franken) 83, 15; de Nǔrinberg,
b u r g r. : Fridericus III.
Nuinburch castrum, *Neuburg, cuius*
rudera exstant inter Bregenz et
Feldkirch (Vorarlberg, BH. Feld-
kirch) 22, 10.
Nürnberg *v.* Noricum castrum.

O.

Octavianus cardinalis *v.* Victor
papa IV.
(Oder) fl. 7, 10.
St. Odilien *v.* Hohinburc.
Olyvetana *(Ölberg)* eccl. (prope
Ierusalem) 43, 1.
Orientalis ducatus, Austria, *Oester-*
reich 98, 20; marchia 6, 20. 106, 1;
marchio, dux 7, 5; dux 48, 1;
m a r c h i o: Leopaldus III;
d u c e s: Heinricus, Leopaldus V,

Fridericus I , Leopaldus VI.
— Orientales 54, 25. *Cf.* Austria.
Orleans *v.* Aurelianis.
de Ósinberc, *Usenberg castro di-*
ruto prope Endingen (Baden,
. *Kr. Freiburg):* Bertoldus.
Ósta, *Aeugst (Schweiz, Kt. Zürich,*
Bez. Affoltern) 103, 20.
Ostia *v.* Hostiensis.
(Otbertus) archiepisc. Mediolan.
12, 20.
Othmarus abbas S. Galli 105, 30.
(Ottakarus I.) dux (rex) Boem.
74, 1.
(Ottakarus II.) rex Boem. 113.
Otto IV. rex et imp., fil. Heinrici
(Leonis) ducis Saxon. 3. 35, 25.
. 67, 5. 73, 20. 74 79. 80. 82, 10
— 88. 109. 110; u x o r : Beatrix.
Otto I. episc. Frising. 3, 30. 14, 25.
106, 34 — 35.
Otto episc. Wirziburg. 85, 20.
Otto VI. senior palatinus de Witilis-
bach, I. dux Bawar. 8, 24 — 25.
9, 20. 10, 5. 16, 15. 36, 10; f i l. :
Ludewicus.
Otto VIII. palatinus de Witelins-
bach 82. 83, 20. 84, 10.
Otto comes Burgund., fil. Fride-
rici I. imp. 11, 1. 31, 1.
Otto de S. Blasio (monachus) 3, 30.
88, 5.

P.

Pairis *v.* Parisius.
Palense territorium (apud Alessan-
driam), *confuse* 31, 15.
Palernum civ., *Palermo (Sizilien)*
3, 1. 61, 20 (caput Siciliae archi-
soliumque) — 63; Balernum 70, 5.
Palestina 42, 10. 43, 20; *cf.* Terra
Sancta.
Pamphilia 50, 5.
Pannonia 104, 30 (seu Ungaria).
107, 10; *cf.* Ungaria
Papia civ., *Pavia (Italien)* 14, 20.
15, 1. 33, 5. 34, 5; Papiense con-
cilium (a. 1160) 14. 15. — Pa-
pienses 11, 10. 16. 31, 10.
Paradisus 100, 30.
Paris, Alexander, fil. Priami 104, 20.
Parisius, Parisiensis civitas, urbs,
Paris (dép. Seine) 13. 75, 5. 77, 15.

Recia Curiensis 22, 10. 65, 20.
Regensburc v. Ratispona.

Reginoldus, Reginaldus, Reinaldus, Reginboldus.

Reginoldus cancellarius, archiepisc. Colon. 10, 5. 16, 15. 19, 15. 22. 23, 5. 24. 26, 5.
Reinaldus (de Châtillon) princeps Antiocensis 42.
Reginboldus comes Burgund. 10, 25; Reginaldus 30, 1; Reinaldus 31, 1; filia: Beatrix.
Reginonis (Prum.) Cronica 166, 35.
Regula martyr 100, 15.
S. Regulae v. SS. Felicis et Regulae monast. Turic.
Reichenau v. Augiense monast.
Reinaldus v. Reginaldus.
b. Remigius 105, 15.
Remis civ., *Reims (dép. Marne)* 1, 5. 5, 10; synodus (a. 1148) 1, 5.
Renus, Rhenus fl., *Rhein* 34, 10. 48, 5. 67, 5. 73, 10. 74, 25. 80, 5. 98, 15. 101. 105. 111, 10. 114, 25; Reni partes inferiores 34, 10. 48, 5. 80, 5; p a l a t i n i : Heinricus, Ludewicus; palatinus Reni, dapifer (princeps elector) 74, 25.
Rhône v. Rodanus.

Ricardus, Richardus, Rychardus.

Richardus I. rex Angl. 2, 35. 45, 5. 53 — 55. 57. 58. 66, 15. 67, 5; Rychardus 98, 25; *perperam* 48, 5; fr.: Iohannes; s o r o r i i: Heinricus palatinus Rheni, Otto IV. imp.
Richardus comes, consanguineus Constantiae imperatricis 61, 10. 66, 5.
Richardus comes de Scerre (Acerrarum) 59, 15.
Rieden villa prope Albis, *Albisrieden (Kt. Zürich)* 103, 15.
Rocca d'Arce v. Roggatart.
Rodanus fl., *Rhône* 101, 35. 102, 5.
Rodolfus, Rŏdolfus v. Rŭdolfus.
Rogerius II. rex Sicil. 7, 30. 11, 5. 39. 56, 1; l i b e r i : Willehelmus I, Constantia; n e p o s *(perperam* filius*):* Willehelmus II.
(Rogerius) episc. Catin. 60, 15.

de Roggatart, *(Rocca d')Arce (prope Arpinum, Italien, prov. Caserta, circ. Sora):* Theobaldus.
Rŏlandus, Rŭlandus, cancellarius (eccl. Rom.) v. Alexander papa III.
Roma, Urbs, *Rom* 2, 5. 7, 25. 9, 25. 10, 5. 15, 15. 20, 15. 22, 20. 24. 25. 48, 10. 72, 1. 87. 88, 1. 106, 20. 109, 30 — 111, 1. 113, 30; e c c l.: S. Crucis in Ierusalem, Lateranensis, S. Mariae (in Turri), S. Petri. — Romana ecclesia 1, 20. 109, 30. 114; Romanae ecclesiae defensio 85, 10; Romanae ecclesiae defensor (= imperator) 79, 19—20; p a p a e : Innocencius II, Eugenius III, Anastasius IV, Adrianus IV, Alexander III, Victor (IV), Pascalis (III), Calixtus (III), Lucius III, Urbanus III, Gregorius VIII, Clemens III, Celestinus III, Innocentius III, Honorius III, Gregorius IX, Celestinus IV, Innocentius IV, Alexander IV, Urbanus IV, Clemens IV, Gregorius X, Iohannes XXI; Romana curia 9, 1; Romani (= curiales) 9. 10, 15. — Romanum imperium 39, 15. 45, 5. 69, 20. 103, 1. 106, 10; Romani imperii patrocinium implorare 44, 20; Romanum regnum 98, 20; Romanum regem concorditer statuere 74, 30; i m p. et r e g e s : Maximianus, Valentinianus I, Iustinianus I, Constantinus VI, Karolus Magnus, Ludewicus I, Lotharius I, Heinricus II, Conradus II, Heinricus III, Heinricus V, Lotharius, Conradus III, Fridericus I, Heinricus VI, Philippus, Otto IV, Fridericus II, Heinricus (VII), Conradus IV, Heinricus (Raspe), Willehelmus, Rudolfus I; s e n a t o r : Heinricus. — Romani 7, 25. 22, 25—24. 48. 87, 15. 104, 30. 105, 5. 106, 5. 109, 35. 110, 40. 114, 25. 115, 10; antiqui 23, 10; avaricia 48, 15; Romanorum rex 114, 25. 115, 10; Romanus populus 110; Romana potencia 47, 25.
Romania, *pars Asiae minoris* 49, 15.

9*

Sienis civ., *Siena (Italien)* 26, 10.
Simnach *v.* Sibineich.
(Sion), Syon 51, 10. 53, 5; Syon filii 52, 25.
Siponto *v.* Sepontum.
Sitten *v.* Sedunensis episcopatus.
Sodomiticum scelus 75, 5.
Soludrum castrum, *Solothurn (Schweiz)* 100, 30.
agyae Sophiae templum (Constantinopol.) 81, 10.
Sordue *v.* S. Iohannes Sord.
Spira civ., *Speyer (Bayern, Pfalz)* 5, 5. 38, 25; Spirenses e p i s c.: Gotefridus II, Conradus III.
Spoleti ducatus *(Spoleto, Italien, prov. Perugia)* 29, 1.
Stadelhoven, *Stadelhof (Zürich, Stadelhoferstrasse* 27*)* 103, 20.
Stadtberge *v.* Heresburc.
Staingadin monast. ord. Premonstr. dioc. August., *Steingaden (Ober-Bayern, BA. Schongau)* 26, 15.
Suevi, Suevia *v.* Swevi, Swevia.
de Sulzbach, *Sulzbach (Oberpfalz)*, p.r i n c e p s (comes): Berengerus.
Susa civ., *Susa (Italien, prov. Turin)* 27, 15. 28, 10.
de Swabeggi, *Schwabeck (Bayern, RB. Schwaben und Neuburg, BA. Mindelheim)*, nobilis: Adelgozus II.
de Swainhusin, *Schweinhausen (Württemberg, Donaukreis, OA. Waldsee)*, nobiles 29, 10.
Swevi *(Schwaben)* 4, 1. 6, 5. 37, 15. 44, 20. 46, 15; Suevi 52, 5; d u c e s: *v.* Swevia.
Swevia 11, 1. 21, 10. 30, 15. 36, 15. 57, 1. 71, 15. 72, 15; Suevia 114, 25; ducatus 4, 1. 30, 15. 57, 1; d u c e s: Fridericus II, Fridericus III (I. imp.), Fridericus IV, Fridericus V, Conradus, Philippus; *cf.* Alamannia.
Sycilia *v.* Sicilia.
Sydon *v.* Sidon.
Syon *v.* Sion.
Syria 42, 10.

T.

Tancredus rex Sicil. 56. 59, 5. 63, 20. 65, 15. 66, 5. 70, 5; u x o r:

Sibilia; f i l.: Willehelmus; filia 63, 20. 66, 5.
Tarentum civ., *Tarent (Taranto, Italien, prov. Lecce)* 65, 10.
Tarsus, Tharsus civ. (Ciliciae) 51. 52, 5.
Tartari 112, 20. 115, 1.
Templi milites 4, 20. 41, 15. 42, 1. 55, 5. 67, 15; Templarii 55, 15. 68, 10.
Terdona civ., *Tortona (Italien, prov. Alessandria)* 7, 20.
Terra Sancta 43, 15. 113, 40. 115, 5; *cf.* Palestina, transmarinus.
Tersus - tschai *v.* Cydnus.
(Teutonia), Theutonia, *Deutschland* 114, 20.
Teutonici 17. 19, 20. 33, 1. 34, 25. 37, 20. 70, 1. 71, 5. 82, 1. 113, 30; Teutonicorum audacia 33, 1, ferocitas 17, 1, milicia 70, 1, terror 71, 5; Teutonici milites 23, 20, advenae 59, 10; Teutonica milicia 55, 1, gens 72, animositas 24, 1, presumptio 62, 25; Teutonicum idioma 47, 20; r e g e s: *v.* Romani.
Teutonicus miles quidam (Ierusalem) 43, 5.
Tharsus *v.* Tarsus.
Thebe virgo 101, 10.
Thebae tres 100. 101, 10.
Thebae Aegypti 100, 25. 101, 1; Thebais 100, 25. 101, 5; Thebei 100, 25. 101.
Thebae Greciae 100, 25. 101, 1; Thebani 100, 25. 101, 15.
Thebe castrum Iudaeae 101, 5; Thebites 101; *cf.* Thesbe.
Thebea legio 100, 20; Thebei 100, 25.
Themut castrum, *Dimotika (Türkei, Wilajet Adrianopel)* 47, 10.
(Theobaldus II.) rex Navarrae 113, 35. 114, 1.
Theobaldus (de Schweinspeunt) de Roggatart 59, 19—20.
Theobaldus *v.* Diepoldus.
(Theodora Comnena) uxor Heinrici ducis Austr. 4, 30.
Theodoricus III. rex Franc. 105, 15.
Theodoricus (Magnus) rex Gottorum 40, 10.
Thesbe castrum Iudaeae 101, 5; Thesbites: Helyas; *cf.* Thebe.

Urbanus papa IV. 112, 35. 113.
Ursus martyr 100, 30.
Usenberg v. Osinberc.

V. (V Germ. v. F).

Valentianus I. imp. 104, 30. 105, 1.
Vannes v. Venetensis.
Velletrensis (Velletri, Italien, prov. Rom) card. episc.: v. Hostiensis.
Veneciae, Venedig (Italien) 34, 25. 80, 20; Venecia 81, 15; dux: Heinricus Dandulus. — Veneciani 53, 15. 81, 5.
Venetensis urbs, Vannes (dép. Morbihan) 102, 5.
Vercellae civ., Vercelli (Italien, prov. Novara) 31, 20.
erona civ., Verona (Italien) 86, 20; cives 86, 25; Veronenses 8. 32, 20. 86, 25; civitas 8, 5.
Verumna fl., Garonne 102, 10; Garumna 102, 35.
Victor martyr 100, 15.
Victor papa (IV.), Octavianus cardinalis 14. 15. 20. 28, 10.
Vienna civ., Wien (Nieder-Oesterreich) 57. 58.
Vindelica: Augusta.
Viterbium civ., Viterbo (Italien, prov. Rom) 114, 40; Viterbiense palatium 114, 35; consistorium 114, 40.

W.

(Waldemarus I.) rex Dan. 40, 19 — 41, 1.
de Walpurg, Waltburch, Waldburg (Württemberg, Donaukreis, OA. Ravensburg): Heinricus dapifer, Eberhardus (II. episc. Constant.)
de Warthusin, Warthausen (Württemberg, Donaukreis, OA. Biberach), nobiles 29, 10.
Welf, Welfo, senior, dux 2. 4, 5. 7, 5. 18, 20. 20 — 22. 26, 10. 28. 30, 15. 66, 10; fil.: Welf; fratruelis: Heinricus (Leo).
Welf iunior, fil. Welfonis ducis 20. 22, 5. 26, 10. 28, 20.

de Werde (Donauwörth, Bayern, RB. Schwaben und Neuburg) nobiles 29, 15.
Wernherus II. marchio Ital. (Anconae) 12, 1.
Wernheri markia, Ancona 12, 1.
de Wezinkon, Wetzikon (Schweiz, Kt. Zürich): Elizabetha.
Wibechingen, Wipkingen (Schweiz, Kt. Zürich) 103, 20.
Wicmannus Hildesheimensis (immo archiep. Magdeburg.) 35, 25.
Wido comes Ascalonis, rex Hierosol. 2, 20. 41. 42. 55, 20; uxor: Sibylla; vidua (perperam) 55, 20.
Wido comes Blanderanensis 16, 15.
Wien v. Vienna.
Wilare castrum, Pfalzgrafenweiler (Württemberg, Schwarzwaldkreis, OA. Freudenstadt) 21, 10.
Willehelmus II. comes Holland., rex (Roman.) 111, 25.
Willehelmus I. rex Sicil., fil. Rogerii II. regis 1, 15. 7, 30. 11, 5.
Willehelmus, Wilhelmus, II. rex Sicil., nepos (perperam filius) Rogerii II. regis 39, 10. 40, 1. 56, 1; amita (perperam soror, filia): Constantia.
(Willehelmus III.) rex Sicil., fil. Tancredi regis 63, 20. 65.
Winidi, Wenden 102, 35.
Wipkingen v. Wibechingen.
Wirziburc urbs, Würzburg (Unterfranken) 68, 1; Herbipolis 36, 5. 85, 10; palatium regale 85, 15; civitas 68, 5; mons S. Mariae 68, 1; ecclesia 68, 5; ecclesiae ministeriales 68, 5; Wirziburgensis, Wirczpurgensis, Herbipolensis, episc.: Adalbero, Conradus, Otto.
de Witelinsbach, Witilinsbah, Witilinsbach, Wittilisbach, Wittelsbach (Ober-Bayern, BA. Aichach), palat.: Otto VI (I. dux Bawar.), Otto VIII.
(Wladislaus II.) dux, postea rex Boem. 12, 10. 41, 1.
(Wolfgerus) patr. Aquileg. 87, 5.
Wormacia civ., Worms (Rheinhessen) 58, 10; Wormaciensis episc.: Conradus II.

INDEX RERUM ET VERBORUM.

Maior numerus paginam, minor lineas quinas indicat.

castellum, castrum 59, 5. 67. *saepius;* castella et civitates 36, 15. 41, 20. 42, 25. 47, 15. 59, 5. 64, 9 — 10. 74, 15; pro castello munire 21, 10. 68, 1; castelli vice munire 25, 15.

castigationis indicia 68, 9 — 10.

kathedralis ecclesia 98, 15.

catholica fides 4, 25; catholica (verba) 5, 15.

cattus, *instrumentum bellicum* 32, 30.

cenobium *v.* coenobium.

census 7, 10. 59, 1.

centenari(um) 58, 20.

certificare 58, 1.

chorus (eccl.) ·10, 20.

cingulum militiae sumere 38, 20; *cf.* arma.

circuitus: cuncta in circuitu terra 56, 10; omnes in circuitu nationes 61, 15. 71, 5.

cismarini reges 14, 20; cismarina ecclesia 44, 1; cismarinae partes 3, 25. 55, 20. 61, 15; regiones 59, 10.

civitas, civitates *saepius;* (Ital.) 15, 30. 16. 18, 1. 31, 10. 39, 1. 84, 1. 85, 15; (Apul.) 59; (Campan. et Apul.) 60; (Sicil.) 56, 5. 70, 10; (Grec.) 47, 15; (Terrae Sanctae) 41, 20. 42, 25. 64, 9 — 10; (Teuton.) 74, 15; (partium Rheni) 73, 20; (Heinrici Leonis) 36, 15; ad ius Philippi spectantes 83, 5; regni 111.

citare 15, 5; ad concilium 14, 25; ad iudicium subeundum 36, 1; citatus 61, 5. 71.

claustrales 85, 30.

claves aureae 39, 5. 84, 1.

clerus 12, 25. — clerici 14, 30. 77.

coacte 66, 1.

coadunare exercitum 3, 25; in militiam (crucis) 45, 10.

coctio 57, 15. — cocus 57, 20.

c(o)enobium 9, 25.

cognatio 84, 20.

cognatus 76, 25. 86, 10.

cohors militum 17, 15; cohortes in longum extendere 24, 5.

collateralem habere aliquem 85, 15.

collaudare in regem 3, 10. 71, 25; in defensorem Romanae ecclesiae 79, 19—20.

colloquium, colloquia, habere 20, 5 (cum principibus). 83; colloquii diem prefigere 72, 25 — 73, 1; ad colloquium occurrere (imperatori) 33, 15, venire 34, 30; colloquium solvere 73, 5; colloquium generale habere 84, 5.

coloni 31, 20.

coloratum auro in superficie metallum 67, 25.

comitatus paucis 57, 10. — sine comitatu multitudinis 72, 10; sine multo comitatu 83, 5.

comitatus, *Grafschaft* 29, 5.

commeatum offerre 45, 15; ad commeatum cogere 47, 15; commeatum rerum venalium subtrahere 47, 1.

compatriotae 68, 20. 72, 5.

competa (civitatis) *pl.* 62, 15.

compositio, *pax* 35, 5; compositionem imperialis consecrationis facere 87, 9—10, intimare 87, 10.

concedere beneficia 83, 25; ducatum 4, 1. 36, 10. 57, 1. 70, 20; regnum sub hominio 41, 1; res ecclesiarum 31, 5.

concilium Papiae a. 1160. 14. 15; concilium (Lateran. a. 1179) 2, 10; (Lugdun. a. 1274) 114, 30. 115; concilium celebrare 110, 30; ad concilium citare 14, 25; concilium congregare 35, 10, solvere 6, 5; concilio presidere 15, 10; *cf.* synodus.

concordanciae (decretistarum) lectionem gravantes 79, 5.

condicere diem 34, 25; ad diem condictam venire 73, 10; ad diem et locum condictum convenire 80, 5.

conductu dato 14, 20, 34, 30. 64, 10.

confessio verae fidei 42, 25.

conflatae species 59, 1.

confortare 83, 10.

coniugatus 41, 10.

consanguineus 66, 5; *(filius patrui)* 56, 1. — consanguinitatis linea tangere 6, 20; consanguinitatis propinquitas 82, 15.

consecratio (imperatoris) 1, 14–15. 3, 20. 87, 10. 88, 1; *cf.* 7, 25.

consecutus *pass.* 25, 30.

consensus principum 71, 20. 111, 5.

consiliarii 33,10 (imperatoris). 73,10.
consilium principum 6, 20. 14,15.
consistere per se 6, 25.
a conspectu cesaris eliminare 9,
  24—25; in conspectu cesaris pug-
  nare 19, 1.
pro constituto dare argentum 28,25.
consuetudo ecclesiae 86, 1; pro consuetudine ipsius terrae vestes habere 78,24—25; in consuetudinem
  reducere 15, 25.
consules 13, 1; consulum dignitates
  16, 1.
contemptoribus mutilationem manuum interminari 62, 29—63, 1.
  — contemptus sibi exhibiti memor 35, 20.
contemplative studere 66, 1.
continuationes longae 79, 5.
contradere predia (imperatori) 29, 1;
  se contradere in manus caesaris
  12, 15, potestati (caesaris) 60, 27
  — 61, 1.
conventu quodam congregati 10,10;
  conventus imperatorii, curiae
  10, 10; conventus maximus principum 15, 25.
conversatio 68, 10. 75, 1. 78, 20.
  108, 1.
coronare 2, 25. 25, 30. 48,15. 61, 10.
  88, 1. — coronam accipere 109, 35,
  imponere 41, 1, transfigere 61, 10.
  — coronacio 110, 25. — tota coronatur civitas 62, 10; tota coronata civitate 85, 15.
corruptum aurum 67, 25.
crucesignati 112, 35.
crux dominica 2, 20. 42, 20. 44, 9—10;
  vivificae crucis pars 81, 20; crucem accipere 81,1; cf. peregrina-
  tio; crucis Christi inimici
  46, 19—20; crucem suam tollere
  67, 5.
cubicularii 28, 1.
curationum gratiam impetrare alicui 78, 30 — 79, 1.
curia, Hoftag 15, 1. 16, 5. 40. 44, 25?
  86, 15?; curiam celebrare 2, 15;
  curias, imperatorios conventus,
  celebrare 10, 10; ad curiam co-
  adunari 39, 24 — 40, 1, congregari
  37, 19—21, convenire 85, 14—15;
  curiam dare, prefigere, alicui
  36, 1; curiam habere 83, 15, sol-

vere 40, 5; curiam generalem
  celebrare 15, 25. 39, 1. 44, 10. 46,
  4—5. 86, 20. 87, 1, habere 9, 5.
  10, 20, indicere 14, 18—20 (edicere
  14, n. g). 22, 1. 37, 15. 39, 20. 85,
  10. — curia Romana 9, 1.
curtes imperiales 103, 20.
custodiae mancipare 58, 5. 66, 5;
  in custodiam mittere 9, 5; arta
  custodia servare 69, 30.
custos (eccl.) 76, 15.

dapifer 74, 25. 82, 25 (de Walpurg).
de cetero 4, 30. 80, 10. — decontra
  31, 25. — de repente 22, 25. — desuper 32, 25.
declinare dolum et insidias 61, 1;
  insidias 71, 15.
decollare 42, 25. 84, 1.
decoriare pelle exutum aliquem
  61, 10.
decreta imperialia 16, 15. 33, 10.
decretistae 79, 4—5. — decretales
  110, 25.
dedignari subdi alicui 55, 5. 59, 10;
  suscipere aliquem 22, 5.
in dedicionem accipere 59, 5. 60, 1;
  ad dedicionem cogere 7. 18, 1.
  74, 15. — se dedere 33, 1.
dediticius 12, 15; dediticium facere
  18, 1. 25, 10. 50, 30; dediticios se
  ostendere 33, 5, demonstrare 39, 5.
ad defensionem Romanae ecclesiae
  invitare 85, 10; in defensorem Romanae ecclesiae collaudare 79, 19
  —20; defensorem existere monasteriorum aliarumque ecclesiarum
  86, 4—5; ecclesiarum et precipue patrimonii sancti Petri 87, 20;
  in defensorem imperii eligere
  73, 1.
defluxus 52, 15.
delectabiliter 62, 1.
delegaliter 30, 15.
delegare 31, 5 (dignitatem). 84, 1
  (reditus prediorum).
delibutus obsequiis 40, 5.
delictum imponere monastico ordini
  86, 1.
deputare vinculis 66, 10.
designare regem post se 31, 1.
  69, 10. 71, 20.

desolari plurimum (divisione) 74, 1;
desolata imperatoris presentia
Germania 20, 1. — desolatio ecclesiae transmarinae 44, 15.
desponsare lege Francorum per
manus cardinalium aliquam alicui 86, 10.
dextras petere 19, 5. 50, 29 — 30.
dyaletici 79, 1.
dignitas imperii 37, 20; (principum)
38, 1; dignitates potestatum, (consulum, iudicum) 16, 1. 70, 10; dignitates conferre 46, 5; dignitatibus ditare 30, 20, privare 83, 25;
ad dignitates eligere 16, 5; dignitates in alios transferre 83, 25;
dignitatum excellenciis sublimare
30, 15; dignitatis statum recuperare 36, 10; in dignitatis antiquae statum reflorescere 71, 10; in
dignitatem regiam extollere 41, 1.
ad digressa redire 68, 10.
diocesis 26, 20. 75, 1. 103, 10. 106, 30;
dyocesis 98, 10.
dispensare 85, 5.
dispensatio 85, 1.
dispensatorie 86, 1.
dissuasus ab aliquo 8, 1. 73, 10.
distinctim 107, 15.
districtio divina 67, 30. — districtus iudex (Deus) 81, 25; districta
penitentia 68, 10.
disueta iura 15, 25.
diversicolor 38, 1.
diversorium 37, 25. 57, 10.
divisim 107, 20.
doctor 6, 10.
dogmatizare 4, 25.
dolo dolum vincere 61, 1.
donativa erogare 59, 1; pro donativo expetere 34, 1.
ducatus, *Herzogtum saepius:* ducatum accipere beneficii loco 6,
19 — 20; ducatus cedit alicui 7, 1;
ducatum concedere 4, 1. 36, 10.
57, 1. 70, 20; ducatus iure et nomine constare 7, 1; ducatu potiri
7, 5; ducatu sublimare aliquem
36, 15; in ducatu succedere 67, 1.

e- *cf.* ae-.
ecclesiastici ordines 13, 1; principes 14, 30. 30, 10 (episcopi vel

abbates); thesauri 19, 10. 58, 25;
ecclesiasticae traditiones 14, 5;
ecclesiastica sacramenta 13, 20.
edicere curiam generalem 14, *n.* g,
expeditionem 84, 5.
edicto confirmare 16, 10; consti-
tuere 47, 10; edicta imperialia
16, 20.
efferatus indignatione in aliquem
60, 1; invidia 72, 5; in rapinam
efferati 81, 5. 83, 5.
electionem cassare 73, 10; facere
alicuius 73, 15, circa aliquem
72, 20; ratam habere 72, 20; electioni consentire 73, 14 — 15; electionibus interesse 74, 1. — eligere in regem 71, 20. 73, in imperii defensorem 73, 1. — electores principes 114, 10.
eminencia turris 43, 10.
ens *(part. praes.)* 57, 20.
ensis portitor 74, 25; *cf.* gladius.
episcopatus 27, 5. 30, 5.
episcopium 9, 25.
erectis signis 11, 15. 24, 5.
ericius, *instrumentum bellicum* 32, 30.
erogare 52, 5. 78, 20.
exactiones pro imperii necessitate
exigere 16, 10.
excellenciis dignitatum sublimare
30, 15.
excommunicare 58, 15. 112, 35. —
excommunicacionis sententia
111, 20.
ex(h)alare spiritum 69, 5.
exhilarare 58, 1. 62, 10.
exicio dare (civitatem) 43, 5; regnum 41, 10; exicio involvere rem
publicam 10, 1. — exiciali tabo
involvere aliquem 52, 10.
expediti milites 21, 1. 24, 15; expedita militia 67, 5.
expeditio (Italica) 7; (transmarina)
3, 30. 44, 30. 56, 10. 57, 5. 60, 5.
66. 67, 10. 68, 20. 72, 10. 81, 20;
expeditionem edicere 84, 5, indicere 7, 14 — 15. 84, *n.* b, instaurare 11, 5, movere 86, 20; expediciones promovere 74, 15; in
expedicionem ire 82, 20.
expugnare, *belagern* 2, 30. — ex-
pugnatio paganorum 51, 5.
exquisitis suppliciis afficere 61, 5.
exspirare, *sterben* 83, 1.

faleramentum (equorum, equestre) 38, 5. 62, 20. — falerata frena 63, 10.
falsitatis argui 58, 25.
fames 49, 20; auri 67, 15.
familia (ducis) 57, 20.
familiariter habere 61, 1; pulsare 82, 20.
fatalis locus et invisus 52, 10.
favorabiliter excipere 86, 25. — favor Romanorum 48, 15; domni apostolici 80, 20.
fenerator quidam (Paris.) 77.
feodali pena multatus 36, 5.
fidelitatem promittere alicui 111,10; in fidem suscipere 61,1. — fides catholica 4, 25; vera 6, 1. 42, 25.
filiali affectu salutare 87, 10; filiale flagellum 67, 30.
flebotomare 82, 10.
fortuitu 57, 20.
fortunae salutem committere 69,25; fortuna prosperis successibus arridente 84, 10; fortuna meliori uti 56, 20.
fossatum 18, 5. 54.
ex fragilitate timere casum 78, 15.
fratruelis, filius fratris 7, 5. 22, 1. 28, 20; filius patrui 28, 15.
frequencia sociorum stipatus 82, 19 — 20; cum maxima principum frequencia generalem curiam habere 10, 20.
per fumum signum ostendere 54,10.

galin(ae) munit(ae) 70, 15.
gemmae diversae 63, 20.
generalis curia 9, 5. 10, 20. 14, 15. 15, 25. 22, 1. 37, 15. 39. 44, 10. 46,1. 85,10. 86,20. 87,1; generale colloquium 84, 5.
gladium maiestatis tenere 9, 20; gladio accingi 37, 15; gladiotenus congredi 32, 15; cf. ensis.
gratiam imperatoris, imperialem, adipisci 39, 20. 40, 5; cesaris invenire 12, 15; regalem quererere 36, 9 — 10; imperialem reportare 39, 5; in gratiam recipere 33; in gratiam cesaris liberaliter habere 70, 1.
guerra 68, 5.

hereditas 30, 15. 56, 5. — hereditarium regnum 41, 10.
heresis Arriana 4, 25. — hereticus 4, 25.
sub hominio beneficia habere 30, 10; sub hominio concedere regnum 41, 1, suscipere imperium 9, 14 — 15; sub iure hominii (multa contrahere) 31, 5.
homo alicuius 20, 15.
hospes 27, 20. — hospitari 5, 5.
hostis ecclesiae 4, 25; hostes imperii 71, 1, rei publicae 35, 20; hostes, hostem, pronunciare 11, 10. 50, 1.

idioma 47, 20 (Teutonicum). 85, 20 (Latinum).
idoneum se preparare futuris cladibus 18, 5.
igne ferroque cuncta demoliri 16, 25; instare alicui 42,10. 67, 10; profligare 4, 15. 11, 10. 18, 1. 21, 5. 27, 10; ulcisci iniuriam 20, 20; vastare 56, 10.
illustris, illustrissimus (scilicet princeps) 42, 20. 66, 20; illustrissimus princeps (rex) 85, 25.
imperator bellicosissimus 63, 25; terra marique potens 51, 20. 71, 4—5; imperatoris honor 35, 1, ira 10, 15; imperatoris et augusti nomen sortiri 7, 25. 48, 15. 110, 15.
imperium nostrum 55, 25; occidentis 49, 10; cf. Romanum, Constantinopolitanum; imperii et sacerdocii concordia 34, 25; imperium et sacerdocium concordatur 35,1; imperio acquirere possessiones 29, 15, reditus annuos 16, 5; imperio auferre 39, 15; imperio irrogatam calumniam conqueri 9, 30; imperium dehonestare 48, 21 — 49, 1, dilatare 70, 15; contra imperium favere (hostibus rei publicae) 36, 1; imperium de manu apostolici recipere 9, 10; imperio obsequium alicuius recuperare 39,20; imperio subiacere 15, 30; imperio subvenire 33, 20. 34, 1; imperium sub hominio suscipere 9, 14 — 15; imperii asilum 48, 20,

44, 1. — lamentacio Hieremiae 52, 20.

lantgravius 74, 4−5.

in lancea et gladio sepulchrum Domini visitare 46, 27−47, 1.

lapides preciosi 63, 20. 81, 25.

letaliter vulnerare 82, 24−25.

legionibus ordinatis erumpere 17, 1.

e (ex) latere suo dirigere 64, 1. 80, 1.

lectio, *Vorlesung* 79, 5.

legatio 85.

legatus 37, 1. 39, 1. 69, 20. 84, 1. 85, 15; (apostol.) 9. 10, 15. 44, 15; (imperatoris) 16, 20. 33, 15. 39, 10.

lex Bawarica 83, 20; Francorum 86, 10; pacis 83, 15; legum domini 16, 1.

liberi 26, 10; omnes liberae condicionis ordines 13, 1.

liberaliter erogare 52, 5; largiri 20, 1 (dona). 63, 10; habere 70, 1.

ad libitum inclinare 51, 10; pro libitu conferre 58, 20, consummare 7, 20, disponere 20, 5. 69, 15; pro libitu suo (peccunia recepta) 29, 1.

linguarum vel regionum diversarum hominum multitudo 37, 20.

liquido demonstrare 18, 15.

machinae 12, 1. 18; bellicorum instrumentorum 12, 5; missilium 18, 10. 19, 1; machinarum instrumenta 32. 53, 15.

magister, magistri 3, 1. 13, 15. 78, 25. 79: Alanus, Petrus cantor, Petrus Lombardus, Petrus Manducator, Petrus (de Rossiaco), Prepositinus.

magnanimiter 24. 32, 15. 55, 15.

magnates imperii 106, 20.

maiestas imperatoria 14, 15; imperialis 33, 20; maiestati cedere 18, 15. 36, 5; maiestatis gladium tenere 9, 20; maiestatis reus 13, 5; l(a)esae maiestatis convictus 61, 10; maiestatis regiae sedes (Rom. imp. Aquisgr.) 103, 4−5.

maiores (exercitus) 26, 1; terrae 22, 1 (Swev.). 26, 15 (Alemann.). 42, 1 (Terrae Sanctae). 58, 15 (Angl.).

maltra tritici 77, 34−35.

mancipare custodiae 58, 5. 66, 5.

marca, *nummus* 45.

marchia 6, 20; markia 12, 1. 22, 15. 29, 1. 46, 5 (Ungar.). — marchio 7, 5. 46, 10. 82, 15; markio 80, 20. 83, 20.

maritima regio (Terrae Sanctae) 68, 30; maritima percurrere 70, 15.

Marte (a)equo congredi 49, 25.

marscaldus (de Kallindin) 60, 10. 84, 10.

in matrimonium accipere 5, 1. 84, 20; sibi matrimonio, in matrimonium coniungere 37, 1. 41, 15; matrimonium contrahere 85, 25; in matrimonio habere 29, 5.

mediare, *vermitteln* 4, 20. 10, 15. 12, 5. 35, 1. 80, 5.

mediotenus dividere 24, 20.

mendicantes ordines seu religiones 115, 5.

menia destruere 19, 10.

mercatum conferre exercitui 49, 20.

meretricum secta (Paris.) 78, 10.

meritorie 66, 1.

metalla *plur.* 63, 15; metallum sophisticum 67, 25.

miles 27, 20; = *exercitus* 1, 20. 50, 15. 52, 10; militem instaurare 16, 25. 21, 1; milites 11. 17, 15. 19, 1. 20, 1. 21, 25 (Welfonis). 23, 20 (Teuton.) — 25, 20. 32. 47, 5 (sancti sepulchri). 55 (Templi 55, 5). 58, 1. 59, 1. 63, 10. 70, 25. 76, 25; milites expediti 21, 1. 24, 15, lectissimi 16, 30, stipendiarii publici erarii 64, 1, voluntarii 69, 24−25.

miliaria Latina 12, 15.

militaris apparatus 46, 10; militari concursu 24, 15; militari disciplina exercitum componere 62, 25; militari palestra exercitatus 38, 20; militari palestra exercicii gratia exercitum exhilarare 62, 10.

milicia 18, 20. 19, 20. 21, 5. 22, 20; (Teuton.) 55, 1. 70, 1; (peregrinorum) 60, 5. 68, 20; in miliciam Christi coadunare exercitum 46, 5; milicia congregata 34, 5, expedita 67, 5, instructa 34, 10. 48, 5; milicia omni armorum splendore rutilans 63, 1; miliciam aggredi